华中师范大学中国农村研究院

智库书系·地方经验研究

丛书主编／徐 勇　邓大才

东平攻坚：
以产权改革攻克决胜阶段难题

张利明　方帅 等◎著

社会科学文献出版社
SOCIAL SCIENCES ACADEMIC PRESS (CHINA)

《智库书系》编辑委员会成员

主　　编 徐　勇

执行主编 邓大才

编　　委（按姓氏笔画排序）

丁　文　马　华　万婷婷　邓大才　王　静
王　勇　王义保　石　挺　卢福营　冯春凤
刘义强　刘金海　刘筱红　朱敏杰　任　路
李华胤　李海金　肖盼晴　何包钢　应小丽
吴晓燕　陆汉文　陈军亚　张大维　张向东
张利明　张晶晶　胡平江　郝亚光　姚锐敏
徐　勇　徐　剑　徐增阳　黄振华　董江爱
彭正德　熊彩云

总　序

地方经验研究是由华中师范大学中国农村研究院推出的系列著作。

中国作为一个古老的文明大国，能够在20世纪后期迅速崛起，展现出强大的活力，得力于改革开放。20世纪80年代兴起的改革开放，重要目的就是"搞活"，在搞活经济的过程中确立了市场机制。市场竞争机制不仅激活了经济，而且激活了地方和基层的自主性和创造性。极具战略眼光的顶层设计和极具探索精神的地方基层实践以及两者之间的良性互动，是中国政府推动现代化建设取得巨大成功的秘诀。中国改革开放的路径就是：先有地方创造的好经验，中央加以总结提高上升为好政策，然后经过若干年推广再确定为好制度。本书系正是在这一背景下推出的。

我们华中师范大学中国农村研究院自20世纪80年代开始，就关注农村改革，研究农村治理，并以实地调查为我们的基础和主要方法。调查一直是立院、建院和兴院之本。在长期实地调查中，我们经常会与地方和基层领导打交道，也深知地方和农村基层治理之不容易。地方和基层治理的特点是直接面对群众、直接面对问题、直接面对压力。正因为如此，地方和基层领导势必解放思想，积极开动脑筋，探索解决问题的思路和方法，由此有了地方创新经验。促使我们自觉主动与地方进行合作，通过理论与实践相结合，共同探索地方发展路径并总结地方创新经验，起始于2011年。当年初，地处广东西北部的云浮市领导为探索欠发达地区的科学发展之路，专程前来我院求助请教，我们也多次前往该市实地考察、指导和总结。至此，我们开启了地方经验研究的历程，并形成了基本的研究思路和框架。

地方经验研究的目的，主要是发现地方创造的好经验、好做法、好举措，突出其亮点、特点和创新点。中国的现代化是前所未有的伟大实践，必然伴随大量问题。对不理想的现实的批判思维必不可少，需要勇气；而促进有效解决问题的建设思维也不可或缺，需要智慧，两者相辅相成，各有分工，共同目的都是推动社会进步。作为学者，不仅要持公正立场评点现实，更要参与到实际生活中，理解现实，并运用自己的智慧与实践者一同寻求解决问题之道。历史的创造者每天都在创造历史，但他们往往不是自觉的，学者的参与有可能将其变为自觉的行为；历史的创造者每天都在创造历史，但他们往往并不知道自己在创造历史，学者的总结则可以补其不足。地方与基层的探索是先行一步的实践，需要总结、加工、提炼，乃至推介，使更多人得以分享。地方与基层的探索是率先起跑的实践，需要讨论、评价、修正，乃至激励，使这种探索能够可持续进行。我们的地方研究便秉承以上目的，立足于建设性思维。

地方经验研究的方法，绝不是说"好话"，唱"赞歌"。在地方经验研究中，我们遵循着以下三个维度：一是地方做法，时代高度。尽管做法是地方的，但反映时代发展的趋势，具有先进性；二是地方经验，理论深度。尽管是具体的地方经验，但包含相当的理论含量，具有普遍性；三是地方特点，全国广度。尽管反映的是地方特点，但其内在价值和机制可复制，具有推广性。正是基于此维度，我们在地方经验研究中，非常注意两个导向：一是问题导向。地方和基层实践者之所以成为创新的主要动力，根本在于他们每天都必须直接面对大量需要处理的问题。解决问题的过程就是实践发展的过程。二是创新导向。解决问题是治标，更重要的是寻求解决问题的治本之策，由此就需要创新，需要探索，也才会产生地方好经验。怎样才是创新呢？需要有两个标准：一是历史背景。只有将地方经验置于整个宏观历史大背景下考察，才能理解地方创新由何而来，为什么会产生地方创新。二是未来趋势。只有从未来的发展走向把握，才能理解地方创新走向何处去,为什么值得总结推介。

我们正处于一个需要而且能够产生伟大创造的时代。地方经验研究书系因时代而生,随时代而长!

主编 徐 勇

2015 年 7 月 15 日

目 录

理论研究篇

导　论 ··· 3

　（一）东平缘何需要攻坚 ····································· 4
　（二）东平攻坚的路径 ··· 7
　（三）东平攻坚的突破与升级 ······························ 10
　（四）理论研究篇章节安排 ································· 12

一　改革背景：决胜阶段下的攻坚难题 ················ 14

　（一）农业大县，"三农"问题亟待解决 ··············· 15
　（二）移民大县，发展问题亟待解决 ··················· 20
　（三）扶贫重点县，脱贫问题亟待解决 ··············· 25

二　统引：在政府担当中谋划攻坚蓝图 ··············· 31

　（一）高位引领，统筹规划 ································· 32
　（二）试点先行，以点带面 ································· 39
　（三）制度配套，机制保障 ································· 45

三　筑基：以产权改革撬动发展攻坚 ··················· 51

　（一）农村发展后继乏力 ····································· 52

（二）产权股份改革，激活发展动力 ………………………………… 57
（三）股份合作，聚合发展要素 …………………………………… 67
（四）股份经营，以市场机制提升发展效力 ………………………… 72

四 克难：以精准发力决战脱贫攻坚 …………………………………… 80
（一）借力产权改革，激发脱贫内动力 ……………………………… 80
（二）引入现代要素，创新脱贫思路 ………………………………… 88
（三）深化精准机制，助力长效脱贫 ………………………………… 94

五 提质：以社区创建助力移民搬迁攻坚 …………………………… 100
（一）整合资金，打造移民新社区 ………………………………… 101
（二）两区共建，促进移民长发展 ………………………………… 110
（三）新生活辅导，实现移民变居民 ……………………………… 118
（四）提升服务治理，创建和谐新社区 …………………………… 123

六 增效：在农民共享中推进社会建设攻坚 ………………………… 129
（一）实现产权共享，增强农民获得感 …………………………… 130
（二）在老人互助中推进幸福养老 ………………………………… 137
（三）强化移风易俗，树立文明乡风 ……………………………… 150

结 论 …………………………………………………………………… 163
（一）东平攻坚的内涵 ……………………………………………… 164
（二）东平攻坚的成效 ……………………………………………… 166
（三）东平攻坚的价值 ……………………………………………… 168
（四）东平攻坚的进一步思考 ……………………………………… 169

实践经验篇

产权攻坚：以股份合作制改革探索稳固长效脱贫之路 ……………… 175
产改"攒家当"："荒山"何以变"金山"？ ………………………… 197

股改"活存折":存出农民财产性增收"小金库" …………… 202

股改"牵红线":村民与集体何以"再携手"？ …………… 207

全链合力:共缔财政扶持资金"乘数效应" ………………… 212

产权股份"耕耘":激活脱贫攻坚内动力 …………………… 217

化资为股:挖掘扶贫资金"潜力股" ………………………… 222

慈善超市:打造精准脱贫"新航母" ………………………… 227

电商引擎:注入精准脱贫"加速度" ………………………… 232

企业助力脱贫:农民过上"鲜花般的生活" ………………… 237

链式升级:探寻农村社区化良性发展之路 ………………… 243

"护权让利":为何这里的移民搬迁无上访？ ……………… 251

新生活辅导:铺设农民市民化"快车道" …………………… 257

从"家"到"院":迈出幸福养老"第一步" ………………… 262

革故鼎新:文明节俭乡风何以深入民心？ ………………… 267

附　录 ……………………………………………………………… 273

后　记 ……………………………………………………………… 283

理论研究篇

导　论

　　习近平总书记强调，我国改革已经进入攻坚期和深水区，进一步深化改革，要敢于啃硬骨头，敢于涉险滩，更加尊重市场规律，更好发挥政府作用，以开放的最大优势谋求更大发展空间。在当前阶段，无论是从涉及人口、地域范围还是从推进的难度来看，农村无疑是改革攻坚最大、最重要的战场，面临各种各样的"硬骨头"，迫切需要一一突破。当前我国正处在全面建成小康社会的决胜阶段，在这一阶段，"三农"问题依然是突出短板，农村的脱贫攻坚和农民的脱贫致富依然是各级政府的工作重点。针对农村面临的改革攻坚难题，党和政府做出了一系列战略部署，着力深化农村各领域的改革，以此推进各个难题的解决。党的十八届三中全会对全面深化农村改革进行了系统部署，党的十九大报告提出了要实施"乡村振兴战略"，并对"三农"工作重点和主攻方向进行了纲要式部署。这些都为农村的改革攻坚工作指明了方向。

　　农村是中国改革攻坚的主战场，而如何深化改革，如何破解攻坚难题，则需要地方进行不断探索和实践，通过地方的改革活力，破解一个个难题，由此实现农民发展和乡村振兴。山东省东平县作为移民大县、农业大县和扶贫重点县，在三重压力的作用下，面临移民搬迁、农民脱贫、农村发展等一系列难题，而如何找好改革的突破口，攻克这些难题，成为摆在东平县政府面前的一项重要而紧迫的任务。为此，东平县坚持问题导向，立足地方实际，以农村产权改革为切入点、突破口，将产权改革与农民脱贫致富有效结合，将产权发展与移民搬迁有机衔接，不仅巩固了搬迁移民的脱贫成效，促进了贫困人口长效脱贫，而且促进了农民增收致富，让农民在改革攻坚中有更多的"获得感"。东平县通过农村产权改革实现了历史性突破，走在了全国农村改革和脱贫攻坚的前列。

（一）东平缘何需要攻坚

在党的十八届五中全会上，习近平总书记深刻分析了全面建成小康社会决胜阶段的形势，确定了到2020年全面建成小康社会的目标。这说明我国在改革发展过程中能够清楚地看到自身存在的问题和不足，并致力于一一解决这些问题、弥补这些不足。东平的改革攻坚实践，也正是从其面临的最突出、最紧迫的问题出发进行的探索。山东省东平县地处鲁西南，县内库区、滩区、山区、老区"四区"叠加，是全国第二、山东省第一移民大县，拥有移民人口24.5万人。作为山东省20个扶贫工作重点县之一，东平县是山东省易地扶贫搬迁人口最多的县，同时也是全国移民避险解困、黄河滩区居民迁建工程试点县，贫困人口接近4万人。此外，作为农业大县，东平县也面临着农业生产低效、农民增收乏力、集体经济薄弱等困境。面对这些难题和困境，东平县亟待探索改革攻坚之路。

1. 移民解困之需

东平县是全国第二大移民县，库区移民的脱贫解困问题一直是摆在东平政府面前的一大难题。20世纪50年代，国家修建东平湖水库，使得东平县拥有了24.5万移民，约占东平全县总人口的1/3。长期以来，库区移民生产条件恶劣，生活处境困难，一直处于贫穷、贫困状态。一方面，库区灾害频发，移民生存无保障。库区移民长年临湖而居，洪涝灾害、地质灾害等自然灾害长期威胁村民生命财产安全。一到汛期，水位上涨，洪水往往淹没农田和村庄；汛期过后，又很快进入旱季，移民日常的生活用水以及浇灌农田的农业用水短缺，移民只能靠丰年的储备粮维持生活，生存环境十分恶劣。对此，当地流传着这样一句俗语，"东平州，十年九不收，一收吃一年"。另一方面，移民居无定所，生存条件恶劣。受当时搬迁条件约束，库区人均安置建房仅0.51间，住房狭窄，几代人挤在一个院子里的情况很常见。在州城街道孟庄村，两兄弟为了能在一个院子住下，将只有15米长的院子又分成了两个小院子。同时，移民住房建设标准低，质量差，3.06万间住房成为危房，亟须修缮。

此外，库区移民多数无地可耕，一直面临生产难题。在东平县468个移民村中，54个村庄为无地移民村，无地移民有4.6万人。对于有地的移民村，其土地数量也非常少，人均只有几分地。老湖镇侯林村全村217人，仅有耕地40亩，人均不足两分地。基于此，大部分移民转为以捕鱼为生。但每年到了禁渔期，青壮年移民纷纷外出打工，导致村庄无人发展。2015年，库区移民的人均收入不足3500元，许多移民仍处于贫困状态。库区移民所面临的种种困境成为限制东平县发展的一大难题，也对政府改革攻坚提出了迫切要求，库区移民亟须找到解困之路，希望过上安居乐业的幸福生活。

2. 农民脱贫之需

东平县作为山东省20个扶贫工作重点县之一，是山东省易地扶贫搬迁人口最多的县。2016年共有省市级贫困村112个，贫困人口39629人，约占全县总人口的5%，脱贫任务非常繁重。但是长期以来，扶贫工作主要采用政府主导型模式，未能形成可持续的脱贫机制，导致贫困户"脱贫效益低下，持续脱贫乏力，返贫现象频发"。在扶贫资金的使用上，东平县虽然每年承接的财政扶持有3亿多元，但是由于碎片化投入、分散化使用，资金使用效率低、效益难持久。如，为解决移民贫困问题，州城街道沿湖7村的移民从2006年起，每人每月有50元的移民补贴，补贴期限为20年，但是"分散的补贴就像撒芝麻盐，撒下去就看不见了，成效不明显，农民还是贫困"。

同时，在以往的扶贫工作中，脱贫"方式陈旧、方法老套、机制不活"等问题导致脱贫工作陷入"资源难利用、对象难定位、需求难精准、效果难持续"的困境。加之部分地区主要采取简单的"输血型"帮扶，没有形成内在的"造血"机制，脱贫内动力不足，返贫率较高。因此，以农民需求为导向，寻找到有效的脱贫突围之法，实现稳固长效脱贫成为东平县委县政府的当务之急。

3. 农村发展之需

当前我国经济、社会正处于加速转型期，农村同样处于转型阶段，农民迫切希望"钱袋子鼓起来"。东平县作为农业大县，最大的资源莫过于土地资源，却一直面临着"农村难发展"这一现实难题。一是土地经营分散，农民难增收。东平县土地资源丰富，但是土地经营分散化、细碎化问题突出，17万农户家庭承包土地86万亩，户均经营5亩地，"一户四五亩、种地五六块"的现象比较普遍。由于规模偏小，经营分散，农民很难从土地上获得可观收入，导致增收困难。二是集体资源闲散，农民难受益。东平县村集体的荒地、荒山、荒坑、荒滩"四荒"资源丰富，有30多万亩。但是，长期以来，农村"四荒"等集体资产处于"无人问、无人管"的状态，导致集体资产乱圈乱占、低价发包、侵占变卖的问题比较严重，农民很难从集体资源中获益。三是集体经济薄弱，农村难发展。东平县作为传统农区，村庄产业以第一产业为主，集体经济普遍薄弱，经营性资产过百万元的村庄不足15%。许多村庄不仅村集体经济基础薄弱，集体经济的发展也缺乏出路。

面对农业生产低效、农民增收乏力、集体经济薄弱等困境，很多村干部也是无可奈何，纷纷表示缺乏好的项目，更缺乏发展契机，因此村庄劳动力纷纷外出务工，"空心村""老龄村"大量存在。因此，亟须通过体制机制改革，将能人、资本、产业引进农村，激活农村的土地要素，变"荒地"为"金地"，让农村发展重新焕发活力与生机。

4. 村庄治理之需

国家治理体系与治理能力的现代化，重点在基层，难点也在基层，农村基层治理现代化是国家治理现代化的关键。然而自家庭联产承包责任制实施以来，村民与村集体长期"分灶吃饭"，导致二者之间"利益纽带缺失、信任程度降低"，最终使得村庄陷入"干部难作为、村民难满意、治理难发力"的窘境。东平县同样面临这些问题，具体表现在三个方面：一是村民参与率低，干部工作难度大；二是村民自我管理能力弱，村庄秩序较为混乱；三是村民归属感低，村集体向心力不足。马流泽村张书记说道："过去开会没人来，到会率能有一半就已经很不错了。"与此同时，过去东平县农村基层党的建设欠缺。党组织活动频率较低，党员积极性不高,引领力、带动力不强。"上面发文件,叫干什么就干什么",脱离了人民群众。另外,在市场经济已经深入人心的当下,部分党员也都外出务工,无心服务群众。在调研中,有些党员感叹地说:"在农村,稍微有本事、能力的党员,都出去打工、挣钱去了,谁还待在家里种地呀,没能力的也起不到带头作用。"

因此,为了实现移民脱贫、农民致富、村庄发展和治理有效,更为了实现"乡村振兴"的伟大目标,就亟须突破传统的发展模式和治理思维,在农村创造一个良好的发展机遇,搭建一个有序的发展平台,带领农民走上"致富路"。只有这样,才能不断强化党的领导、实现基层的有效治理,最终才能增强农民的"获得感"。

(二) 东平攻坚的路径

对于广大农村地区,尤其是欠发达地区而言,囿于客观因素的限制,外来资源在没有其他要素撬动的情况下很难进入,而要想让改革可持续、见成效,只有依托自身的优势资源。对于东平县来说,借助农村产权改革破解系列难题,是其在长期改革实践中的现实选择,同时也是带动其他层面改革的必然选择。东平攻坚以产权改革为基础、为主线,通过政府担当、市场撬动、社会合作的有机结合,通过一系列有针对性的举措,促进改革攻坚一步步深入。

1. 政府担当,以顶层设计推进产权改革

农村改革是一项复杂的系统工程,尤其是对于东平县而言,其面临的事务更是千头万绪,如何找准突破口和着力点,走好改革的"最先一公里"至关重要。为此,东平县充分发挥政府担当的作用,立足其农业大县土地资源多、集体资源多的实际,在土地上下功夫,将产权改革作为突破口,通过着力推进土地股份合作制改革和集体产权股份改革,充分激活乡村的内在资源,为改革攻坚注入了坚实动力。第一,推进土地股份合作制改革,激发内在资源动力。针对土地分散经营、农民增收致富难的现实困境,东平县积极在土地上下功夫,推进土地股份改革,引导农民土地入股,发展规模化经营,有效放活了土地经营权。第二,推进农村集体产权股份合作制改革,盘活内部资产动力。针对集体资源闲置、资产管理混乱、农民集体产权难受益的问题,东平县通过清产核资、分类设股、确股定权,深入推进农村集体产权股份合作制改革,有效盘活了集体资源和资产,充分维护了农民集体财产权益。第三,推进国家投入股权化改革,提升外部扶持动力。作为移民大县和扶贫工作重点县,东平县每年承接大量国家财政资金。为克服以往财政资金平均分配、"撒胡椒面"的弊端,东平县借力产权改革,通过整合资金、资金入股,促进了资金的产权化、股权化,确保了国家财政投入的可持续,有力提升了外部扶持动力。通过稳步推进产权改革,东平县有效盘活了内部的土地资源和集体资产,不仅找到了改革攻坚的突破口和着力点,而且有效维护了农民权益。

2. 市场撬动,以股份合作拓展改革空间

产权改革为东平县的改革攻坚找到了有力的突破口和切入点,为了充分发挥产权改革的积极作用,拓展产权改革的发展空间,东平县充分把握农村发展的新趋势、新动向,积极发挥市场在资源配置中的作用,不断拓展产权改革的空间和路径。一方面,依托产权改革,以股份合作为纽带,将土地、资本、技术、管理等要素有机聚合起来,促进经济持续发展。在产权改革的同时,积极实施"能人回请"计划和递进培养工程,吸引富有乡土情结的外出经商者、企业家等返乡,借助乡贤能人的力量,向农村注入资本、管理等现代要素,建立新组织,发展新产业。另一方面,通过引入工商企业、新型经营主体等市场主体,因地制宜地发展自主自营、合作经营、委托经营,通过多元经营促进多样化发展。此外,东平县在产权股份改革的基础上,充分利用企业化管理机制、专业化经营机制等现代市场机制,通过市场机制重组乡村资源,深化多种形式的产权股份合作,发展现代经营和现代生产,有力带动了农村集体经济持续发展和农民持续增收。

3. 社会合作,以长效机制提升攻坚效力

为了提高改革攻坚的持续性、长效性,东平县委县政府在着力推进产权改革的同时,积极发挥企业、社会组织、农民等其他主体的作用,通过相互合作、协同推进,形成可持续、可长效的机制,由此提升改革攻坚的效力。一是社会参与,引入协同推进机制。东平县在改革攻坚过程中,一改以往政府和干部"唱独角戏"的情况,充分调动政府、企业和社会各方面的参与积极性,通过协同推进,形成改革攻坚合力。在脱贫攻坚中,创新性地搭建"慈善超市"平台,并以此为载体,吸纳政府、企业、社会爱心人士等各个主体参与到精准脱贫工作中来。与此同时,借助政府和企业的双重力量,建立长效培训机制,为贫困人口提供多样化的技能培训,以提高其脱贫的"造血"能力。二是技术助推,创新网络驱动机制。为适应网络化、信息化发展的大趋势,东平县积极发展电商项目,充分发挥电子商务"全天候、全方位、零距离"的优势,突破了交通区位瓶颈制约,使传统农区的农民对接了大市场,推动互联网创新与脱贫工作深度融合,真正带动农民增收致富。三是乡土支持,创新内生内动机制。为解决以往改革工作中"政府干、农民看"的问题,东平县充分发挥农民的主体作用,探索建立扶贫互助协会,通过农民互助和抱团发展,不仅解决了资金短缺问题,而且拓展了农民发展机会和条件,有力提升了脱贫致富的内在动力。

4. 对接民生,以农民共享放大改革红利

东平县以产权改革为起点,将产权改革、产权发展与改革攻坚工作有机结合,让农民充分享受产权发展带来的收益,实现了农民的脱贫致富和共享发展。在产权改革的基础上,促进移民社区建设,完善农村养老服务,促进农村乡风文明和社会建设,让农民充分享受到改革发展带来的红利。其一,开创产权脱贫新思路,农民共享股权化收益。东平县以产权改革促进股份合作,发展现代生产,农民以土地入股、股份入社等方式参与到股份改革和现代生产过程中,使得农民的承包权、经营权、收益权等产权权益得到延伸和扩展,农民以此享受持续性的红利,这有效促进了农民脱贫致富。其二,打造移民搬迁新社区,农民共享社区化发展。为从根本上解决库区移民的生存和发展问题,东平县以高标准的社区建设为着力点,通过整合移民资金、顺应移民需求、保障移民利益、建设移民新社区,解决移民"居无定所"的难题,与此同时,创新"两区共建"机制,推进移民社区和产业园区同步建设,发展多元产业,以产业带就业,以就业促进移民长效脱贫。其三,开展幸福养老新举措,农民共享均等化服务。东平县通过产权改革,有力促进了集体经济发展和农民增收致富,在此基础上同步进行社会建设,围绕农村如何养老这一普遍性难题,开拓了"村居养老、互助养老、幸福养老"的养老新路子,让农民享受到优质的养老服务。其四,深化移风易俗新风尚,农民共享现代化文明。东平县坚持经济建设与文化建设"两手抓",坚持物质文明与精神文明"齐步走",在以产权改革促进经济发展的同时,以"移风易俗"为抓手,通过搭建平台、创规立制、多元激励,促进移风易俗真正"进村入户",让文明乡风外化于行、内化于心。

(三) 东平攻坚的突破与升级

东平县的改革探索以农村产权制度改革为开路先锋,以与产权股份合作为纽带,将产权改革与脱贫攻坚、移民搬迁、集体经济发展有机结合,不仅促进了搬迁移民长效脱贫和农民增收致富,而且促进了农业经济、农村社会和农民权益的全面提升。可以说,产权攻坚的价值远远超出产权制度改革本身的范畴,是对地方脱贫攻坚和可持续发展的一次重大创新。

1. 系统性:将产权改革贯穿综合改革全过程

在当前决胜阶段的大背景下,我国农业地区,尤其是欠发达农业区域面临着一系列问题,因此必须要找准破解系列难题的关键"钥匙"。山东省东平县立足农业大县和移民大县的实际,抓住土地这一核心要素,以产权改革为突破口,通过土地股份改革和集体产权股份改革,盘活内在资源和资产,为改革攻坚注入内在动力;在此基础上,将产权改革贯穿综合改革的全过程,通过股份合作、股份投入、股权惠民,有效促进了农民增收、集体经济发展和贫困户脱贫,破解了当前农业地区发展过程中的系列难题。东平县将产权改革作为破解农业地区攻坚难题的有效突破口,通过产权改革的"一子落",激发改革攻坚棋局的"全盘活"。

2. 机制性:以产权改革构建长效脱贫机制

精准脱贫、持续脱贫不应仅仅停留在"输血"层面,还应找到"造血"的关键机制。习近平总书记对此强调要"注重激发贫困地区和贫困群众脱贫致富的内在活力,注重提高贫困地区和贫困群众自我发展能力"。基于此,东平县探索出一条以产权股份改革为突破口,实现脱贫可持续的有效路径。具体而言,东平县立足移民大县的实际,以产权为着力点,将产权改革与移民搬迁脱贫有机结合,通过移民资金产权化、财产化,创新股份投入机制,集中用于社区建设,让移民享受到最大收益;将产权改革与"两区共建"相衔接,促进产业发展与移民就业,避免了以往移民搬迁

"一搬了之"的弊端，实现了移民长效脱贫。与此同时，通过产权发展，激活股份合作机制，农民以土地入股融入市场化、现代化的生产中，在产业发展的带动下，分配土地股份收益，形成可持续的"造血"机制，有力促进了农民增收致富。由此可见，产权发展是构筑脱贫攻坚长效机制的坚实动力，依托产权发展，形成了长效的股份投入、股份合作与股份收益机制，从而使农民能够持续受益。

3. 现代性：在产权攻坚中融入现代要素

现代化是农村改革的大方向，也是农村发展的重要动力。东平县在改革攻坚的实践过程中，非常重视现代要素的融入和发展，通过产权改革与现代要素的有机融合，不断提升改革的效力。一方面，在产权改革和产权发展过程中，充分发挥企业、合作社等现代主体的作用，以现代主体和市场机制聚合资本、技术、管理等现代要素，以此促进现代经营和现代农业的发展，为农村集体经济注入现代要素，让农村和农民在现代经营中充分受益。另一方面，在改革过程中，积极利用现代市场机制，对于在产权股份改革基础上建立的合作社，引入企业化管理机制，引导合作社依法成立股东大会、理事会、监事会等法人治理机构，促进合作社开展现代化经营。此外，借助现代信息技术手段提升产权改革效率，在产权改革的基础上积极发展农村电商，建立县、乡、村三级电商服务平台，开展电商培训，发展电商产业，通过电子商务促进农村产业转型和产业发展。

4. 有效性：通过产权攻坚惠及农村农民

农村改革重要的是能出实效，能有效解决发展过程中面临的难题，只有切实有效，才能真正让农村农民受益。东平县在产权攻坚的过程中，也非常注重改革的有效性。从产权改革来看，根据不同区域、不同村庄的特点，因地制宜地探索产权改革的有效实现形式，由此发展出了土地股份合作制改革、集体产权股份合作制改革、国家投入产权化改革等不同的产权改革形式，充分激活农村发展的各类资源和要素。东平县在产权改革的基础上，积极探索集体经济的有效实现形式，在发展集体经济过程中不搞"一刀切"，而是根据村庄的实际和农民的意愿，发展适合本村的集体经济实现形式。此外，在移民搬迁、脱贫攻坚过程中，也都注重改革的有效性，探索出多种有效的发展路径，使得农村和农民在改革过程中实实在在地受益。

（四）理论研究篇章节安排

理论研究篇以山东省东平县的改革攻坚实践为素材，着重论述了东平县是如何借助农村产权改革来攻克发展中遇到的各种难关的。通过系统梳理和分析产权改革的过程，全景展现东平县改革攻坚的图景和脉络。本书之所以命名为"东平攻坚"，原因在于东平县不仅集库区、滩区、山区、老区这"四区"为一体，而且集移民大县、农业大县、扶贫重点县为一身，面临着紧迫而又艰巨的移民搬迁、贫困人口脱贫等攻坚难题。针对攻坚难题，东平县以产权改革为基点，以产权发展为主线，不仅促进了搬迁移民长效脱贫和农民增收致富，而且促进了农业经济、农村社会和农民权益的全面提升，走出了一条以产权改革攻克难题的道路，为全国其他农业地区、欠发达地区开展改革攻坚提供了可参考、可借鉴、可推广的思路和经验。

从具体内容来看，理论实践篇着重对东平县以产权改革为基础的攻坚实践进行了全方位的论述，对改革攻坚的过程进行了细致分析，同时借助理论分析对改革攻坚的实践进行了提升。理论实践篇所采用的素材、数据、案例等均来源于对东平县的实地调查。在结构安排上，理论实践篇共分为八个部分。其中，导论部分对东平攻坚的情况进行了总体介绍。

第一章首先对东平改革攻坚的背景进行了阐述，分别从农业大县、移民大县和扶贫重点县的角度依次对东平农村发展过程中面临的困难和困境展开论述，由此突出东平改革攻坚的必要性、迫切性。

第二章从政府担当的角度出发，重点对东平县政府是如何从战略高度出发来对农村的改革攻坚工作进行统筹规划、安排部署的进行了论述，着重论述了政府在改革攻坚中所发挥的作用。

第三章到第六章分别对东平改革发展攻坚、脱贫攻坚、移民搬迁攻坚、社会建设攻坚的过程进行了论述，从改革路径的角度重点分析了东平攻坚的过程。其中，第三章以农村产权改革为切入点，论述了东平县是如何立足本地实际，借力产权改革、股份合作和市场机制来推进农村发展攻坚，从而为整个改革攻坚打下了基础的。第四章以脱贫攻坚为核心，着重阐述东平县如何借力产权改革，引入现代要素，聚焦精准发力，从而构建出长效脱贫机制,破解脱贫攻坚难题。第五章则以移民搬迁攻坚为核心,重点分析东平县通过将移民资金产权化、财产化,合力建设新型移民社区,同时着力发展产业园区,坚持"两区共建",不仅使移民安居,更促进移民乐业,从而有效促进了移民搬迁攻坚。第六章以农民共享为落脚点,重点论述了东平县在产权改革的基础上,不仅促进了产权共享和农民增收,而且在经济发展的同时推进养老服务和社会建设,促进移风易俗和精神文明建设,有力提升了改革攻坚的综合成效。

结论部分对东平县改革攻坚的实践进行了总结,阐述了东平攻坚的主要内容,并对东平攻坚的成效和价值进行了概括提升,同时提出了对东平攻坚的进一步思考。

一

改革背景：决胜阶段下的攻坚难题

国家"十三五"规划提出，"十三五"时期是全面建成小康社会的决胜阶段，因而必须认真贯彻党中央战略决策和部署，准确把握国内外发展环境和条件的深刻变化，确保全面建成小康社会。诚然，当前中国社会发展已经处于提档升级的新阶段与关键期，国家经济实力、社会生产力、人民生活水平均有大幅提升。但是也应看到，在全面建成小康社会的决胜阶段，带领农民脱贫致富依然存在诸多困难，全面建成小康社会，最艰巨、最繁重的任务依然在农村，特别是在贫困农村。对于东平县这样一个移民大县、农业大县和扶贫重点县而言，实现全面建成小康社会的目标就不得不处理好农民增收、移民发展与农村脱贫等问题，其中任何一个问题解决不好都有可能"拖后腿""添负担"，从而打乱全面建成小康社会的预计进程，甚至阻碍全面建成小康社会目标的顺利实现。可见，妥善处理好决胜阶段和攻坚阶段下的难题尤为重要。

东平县地处山东省西南部，是泰安市所辖区县之一。因地势低洼、平坦，东平县长久以来一直是山东省的传统农区，土地资源丰富，全县农用土地面积112万亩，但由于近年来农村人口的增长和外出务工劳动力的转移，土地碎片化、荒片化现象日渐加重，家庭经营困难重重，"三农"问题愈发突出。此外，20世纪50年代，为了治理黄河水患，国家兴建东平湖水库，东平县境内 24.5 万群众成为移民，其中，4.6 万移民没有土地，其上岸之后的生存保障问题、生活着落问题与生产出路问题均无法得到解决，故而长期挣扎在贫困线上。据统计，东平全县共有省市级贫困村 112 个，建档立卡贫困户 16032 户、39629 人，加之县内库区、滩区、山区、老区"四区"叠加，使得贫困人口的贫困程度深、致贫原因复杂，脱贫任务重、难度大、进程慢，东平县也因此被山东省列为 20 个扶贫工作重点县之一。在农业大县、移民大县和脱贫重点县的三大压力下，东平县在移民脱贫、农民增收、村庄发展等方面面临重重困境和攻坚难题，这严重影响着东平县全面建成小康社会的进程。因此，要结合地方实际找准改革攻坚的发力点，破解发展中的攻坚难题，成为东平县政府、社会、村庄和群众的广泛共识。也正是基于这一现实大背景，东平县积极寻求改革之路，在结合地区实际的基础上，探索出一条以产权改革来攻克决胜阶段难题的新路径。

（一）农业大县，"三农"问题亟待解决

中国是一个农业大国，"三农"问题一直是各项工作的重中之重。可以说，解决好"三农"问题，促使农业提质、农村发展、农民增收等直接关系到国家的经济发展与社会稳定，同样也决定着全面建成小康社会的速度和质量。东平县总面积 1343 平方公里，山区、库区和平原各占三分之一，有着"一山、一田、一湖水"的说法，全县土地资源丰富，仅家庭承包地就有 86 万亩，属于典型的传统农业大县。但是受历史和现实因素制约，特别是受近年来农村人口增加、城镇化建设步伐加快和农村青壮年劳动力持续外流等因素影响，东平县由土地分散、集体薄弱、体制僵化等引起的农业发展低效、村庄发展低质、农民发展乏力等问题突出，"三农"发展陷入重重困境。此时，如何有效破解"三农"难题，从而促使农业、农村、农民良性发展，成为东平县委县政府的头等大事。

1. 土地分散，农业发展低效

众所周知，农业发展的主要渠道在于农业生产，而农业生产的收益获得则在于规模化的土地经营。具体来说，土地规模化经营既有利于农民采取先进的生产技术，充分发挥土地潜能，又有利于实现农产品生产、加工、销售的一体化，从而尽可能缩减各个环节的成本支出。可以说，土地规模化经营势必会成为未来中国农业发展的必由之路。反观东平县实际却发现，由于受制于历史、地形等因素，东平县的土地资源在利用上困难重重，长期以来严重的土地分散化、细碎化现象，致使土地规模效应难以发挥，农业发展的高效能难以实现。

一方面，土地分散，难以有效利用。综观东平县，全县农用土地面积112万亩，其中，家庭承包地86万亩，农户17.1万户，户均土地占有量5亩多，但是由于土地分散，县域范围内"一户四五亩、种地五六块"的现象较为普遍。银山镇南堂子村更是如此，其现有农户360户，村民1453人，全村耕地不足800亩，其中本村耕地不足400亩，其余耕地均分布在外村。据了解，外村地是由村中经济条件好的村民，在中华人民共和国成立之前购买而来的，土地质量较好，但是其零散地分布在临近的5个村庄，土地细碎化，导致村民耕作起来极为不便；加之特殊的地理位置，使得南堂子村仅有的400亩耕地绝大多数为山坡地，几乎没有大面积成块且平整的土地可供村民使用。每到种植季节，因土地细碎和家户种植作物的不同，远远望去地里谷子、高粱、棉花、红薯等参差不齐，故山坡地被村民戏称为"花花田"，更有村民调侃，"那片山坡上不是有30块地吗？怎么只看到29块？""你没看见山上有人在干活吗？还有一块就在他草帽底下盖着呢！"此外，随着南堂子村人口的不断增加，人均耕地数量也由原来的一亩减少为现在的半亩左右，并且随着宅基地对耕地的不断挤压、各村民小组人口增长速度的不同和"生不增地死不减地"政策的持续施行，新增人口对耕地的占有情况也出现不同，户与户之间开始明显分化，土地细碎化、分散化现象进一步加剧。

另一方面，土地经营分散，生产效益低下。受地形限制，至今东平县绝大部分农村仍采用单家独户式的经营模式，市场对农业发展的冲击较大。简而言之，即在社会化大生产和合作经营型农业面前，传统小农显得势单力薄，其对市场信息、市场需求等的获取并不及时，对农药、化肥、种子等生产必需品的价格上涨更是无能为力，所以农业发展低效。正如老湖镇周林村有30年种植经验的刘伯伯所说："2000年，因为农药、化肥、种子的价格上涨，每亩地的成本比上一年高出了30%~50%。但是当年的农作物价格却没有涨，卖不出好价钱。"同时，受东平县自然条件限制，县域内的水浇地数量少、肥力保持成本高，加上山地产量低，往往收不保支，种地被当地村民认为是"赔本儿赚吆喝的买卖"，如果遇上干旱年景，种了也是白种，还浪费种子钱。此外，由于受农作物熟制影响，整个东平县农村流传着这样一句话："一个月种麦，一个月收麦，一个月过年，九个月闲。"综上，高风险、低产值带来的是农业发展的低效率，东平县逐渐意识到，仅靠农民在分散的土地上进行小农生产已经无法满足农业发展需求，更不可能促使农业提质，故此时如何解决好农民赖以生存、生产的土地的问题就显得异常重要。

2. 集体薄弱，村庄发展无力

随着我国经济发展和城市化进程的逐步推进，农村大量劳动力开始涌入城市掘金，村庄常住人口急剧减少，村级公益事业和公共服务的有效供给难以实现。此外，由于劳动力的持续外流，村庄内部产业发展受限，村集体经济"空壳化""负债化"问题突出。加之农村大量民生需求本就依靠薄弱的村庄集体经济，因而不少村庄开始面临"没钱难办事、没钱事难办、没钱办事难"的尴尬处境，村庄发展更是有心无力。

一方面，集体经济"空壳化"，导致村庄基础设施难发展，公共服务难落地。东平县作为传统农区，很多村庄时至今日依然以第一产业为主导产业，集体经济普遍薄弱，经营性资产过百万元的村庄不足15%。据统计，在东平县716个行政村中，集体产业收入3万元以下的薄弱村有417个，占比为58.2%，其中空壳村有156个，占比为21.8%。如果将农村看做整个东平县县域经济发展的"短板"，那么薄弱村就是"短板中的短板"。以老湖镇周林村为例，自1982年"分田到户"实行"大包干"之后，村民生产积极性得到大幅度提升，但是原有的一些村办工厂因为经营不善、发展受阻等遭到变卖，村集体经济的衰落也由此开始。"春播夏种，早五晚六，自家田自家种，自家粮食自家用，集体经济没法弄"，村民赵相芝口中的顺口溜便是这一情况的真实写照，在当时看来，村庄集体的机动地租金和村民上交"公粮"之中的地方附加税，便是周林村所有集体经济收入的来源。进入21世纪之后，随着农业税的取消，地方附加税也因此消失，周林村的集体经济收入骤减；到了2003年，国家对农村机动土地提出"大稳定，小调整"的原则，加之周林村人口的逐年增加，导致村庄经济收入的来源变得更加匮乏。村支书王玉贵说道,"那时候村集体基本没有了稳定的收入来源,每年就等县里部门或者乡镇给一些财政贴补,或者从村里收取计划生育的超生费中,反补一些给村集体使用",村庄成为名副其实的"空壳村"。无独有偶,彭集街道东史庄村在2013年之前,村集体仅靠机动地外包和上级的转移支付来艰难度日,除此之外村庄内部再无任何经济产业,集体经济发展缺乏出路,最终导致村委会的基本办公设施支出都无法通过集体收入得到满足,村庄公共服务更是难以落地实施。

另一方面,集体经济"负债化",导致干群关系难融洽,村庄发展难起步。过去东平县村级债务普遍较重,截至2012年11月,全县村级债务已经高达35194万元,之后在各级政府的协力帮助之下,成功化解公益性债务6691.68万元,但仍有28502.32万元的债务亟待偿还。以安村为例,村集体不仅无资产、无收入,还对外负债24万元,集体经济负债带来的是干群关系的恶化,干群矛盾与冲突频发。据安村村民介绍,村民对村干部极度缺乏信任,逢年过节村干部只得关掉手机躲在家中,在安村甚至还出现了"谁上台整谁、谁下台谁整"的恶性循环。据统计,从2011年开始,安村共进行过3次村委换届,但都没有选出村主任,由此开启了连续9年没有村主任的局面,安村陷入村集体组织"空转"的泥沼不能自拔。另外,村级债务逐渐成为农村经济的绊脚石,严重影响了农村各项工作的顺利开展。东平县很多村庄因债务成因复杂、化解难度较大,如今只能为债所累,负债村与其他村庄在招商引资、产业发展等方面竞争时,明显处于劣势,很多村庄干部因此出现了"等、靠、要"思想,即寄希望于政府和国家,村庄发展难以起步,并且在村庄之间显现"富者更富,穷者更穷"的不平衡态势,村庄发展低质化问题突出。

3. 体制僵化,农民发展乏力

习近平总书记指出,要想实现全面建成小康社会和全面深化改革开放的目标,必须深化已进行30多年并取得重要成果的行政体制改革,破除制约经济社会发展的体制机制弊端。对于东平县而言,牵绊全面建成小康社会目标顺利实现的,不仅在行政体制,更在土地体制和人才体制。

一是土地体制僵化。土地,作为一个国家重要的自然资源,是农民赖以生存与发展的物质基础,对东平县这样一个传统的农业大县而言,其重要性更是不言而喻,但是现行土地制度存在诸多问题。首先,家庭承包地分配机制僵化。《农村土地承包法》规定在承包期内,承包地"生不增死不减",当时制定该举措主要是为了稳定和完善以家庭承包经营为基础、统分结合的双层经营体制,维护土地承包当事人的合法权益。但是近年来,随着农村经济发展和农业结构的不断调整,该体制显现僵化困境。东平县每年新增人口为7000多人,但是在"增人不增地,减人不减地"原则的束缚之下,去世人口的土地仍然归家庭所有,新增人口无法及时享受土地权益,出现了"死人占用活人生存资源"的怪相。其次,集体土地使用机制僵化。以东平县的"四荒"土地为例,其原本是指村民房前屋后的小片地块及荒山、滩涂等闲散土地,由于单片面积小、地块分散等原因,村集体并未对其进行有效管理,村民占用十分随意。一般来说,在村庄内部,对于"四荒"地采取"先来后到"的占有原则,一旦占定之后,其收益权就会暂时固定下来,很长一段时间内不会做出调整,没有占有的村民则无法享受其带来的收益。但是根据长时间的观察发现,已经占有"四荒"地的农民生产粗放、管理无序,不仅使得"四荒"地浪费严重,而且使得村庄内部矛盾频发,农民难以从集体资源和资产中获益。最后,土地流转体制僵化。可以说,承包地分配格局僵化和集体所有土地使用格局僵化直接带来了土地流转的困境。农用地无法及时在村庄内部实现调整、优化,一些急需土地且有劳动力的农户无法通过社会流转而得到土地,一些因劳动力少而无须大块土地的农户却因为种种原因获得土地,农村发展表现出不均衡和低质化特性。

二是人才体制僵化。习近平总书记强调,"办好中国的事情,关键在党,关键在人"。在全面建成小康社会的决胜阶段,人才显得愈发重要,但是东平县因为种种原因,人才体制与当今社会脱节。一方面,人才培养机制缺失。近年来,随着农业机械化、规模化的大力推进,农村对具有科学文化素质、掌握现代生产技能、具备经营管理能力的新型职业农民需求日盛,但是东平县由于受经济发展水平、经营管理理念等的桎梏约束,对新型职业农民的培养相当不足,甚至可以说是缺失。以州城街道孟庄村为例,村委会为了促进农民发展,积极引进冬暖式大棚种植,并且从村庄机动地中给每个发展冬暖式大棚的家庭提供2~4亩土地,但是因为没有给村民提供经营和管理技术等的培训，最后分棚了事。另一方面，人才引入机制缺位。对于东平县内绝大多数村庄而言，能人缺乏是其面临的主要问题之一，很多村庄能人在改革开放伊始，为了求得自身发展而外出务工、经商，近些年来在城市站稳脚跟之后便鲜少回村，即使过年过节回家探亲，也只是"看一眼、坐一下、说几句"，并没有为村庄做出贡献。加之村庄内部缺乏成熟的人才引入渠道和吸引外出能人回村的各项优惠政策，人才"看得见、进不来、用不上"，人才的积极性和潜能无法在村庄范围内得以施展，很多想为、愿为村庄做事情的外出能人也只能是"有力无处使"，村庄人才瓶颈制约明显。在此情况下，村庄内部仅剩老弱妇孺，其在本身生产、生活能力低下的情况下，发展更是无从谈起。

（二）移民大县，发展问题亟待解决

东平湖是黄河中下游最大的湖泊，1958年为保黄河安澜，国务院批准修建东平湖水库。为此，沿湖527个村庄整体外迁，24.5万群众成为移民，或支援东北边疆，或被安置到省内各地，为建设水库做出了巨大的牺牲。其中，4.6万人成为无地移民。他们失去了赖以生存的家园和土地，收入微薄，住房狭窄，生活艰难。东平湖水库消弭黄河水患的同时，也使得东平县成为全国第二、山东省第一的移民大县，而广大移民也成为一个不容忽视的特殊群体，这一现实使得东平县的精准脱贫工作更具复杂性和特殊性。

1. 移民生存环境艰难

东平湖水库24.5万移民中，支援东北边疆的11万人，自行投靠亲友的1.3万人，省内各地安置的12.2万人，其中5.1万人留在了东平。然而受历史因素、自然灾害影响，库区移民长期处于自然灾害多、生存环境差、贫困程度深的生存困境之中。最主要的一个问题是自然灾害频发，安全堪忧。东平湖区自然灾害频繁，历史上有"东平州，十年九不收"之说。据统计，仅1949~1957年，东平湖畔就发生过5次大的水灾。

由于东平湖水库"二级运用"功能的定位，东平湖水库既是南水北调工程的蓄水库，同时也是黄河的泄洪区，这导致每当汛期来临时，水位上涨，村民的生产、生活长期受到水患的威胁。一到汛期，移民们的心就提了起来，往往在移民们还来不及反应的时候洪水就气势汹汹地淹没了农田和村庄，移民们种植的作物一转眼就被滔滔湖水吞没，甚至一不小心就会有人被湖水卷走失去性命。由于常年经湖水浸泡冲刷，多数移民的房屋都容易腐蚀松散，存在一定程度的安全隐患。而当水位下落后又很快进入了旱季，移民生活用水都会陷入短缺，自然也无法满足农业灌溉的需求。这样的不稳定性使得沿湖移民的生产和生活受到了严重影响。州城街道马口村就是这样一个村庄，该村1956年迁出东平湖区，几经辗转才在东平湖畔定居，能种植粮食的基本良田很少，村民们在东平湖水位较低的时候开垦湖滩地种植作物，然而洪水时常淹没整个村庄，一到汛期，村民心头的弦都是绷紧的，一听到警报响，马上收拾财产，匆匆去往附近的高地避难，有时候作物马上要收获了，却被大水全部淹没，辛辛苦苦劳作，到头来竹篮打水一场空，只能望湖兴叹。等到洪水退去，村民们再从高地返回村庄，收拾被毁坏的家园，重新在废墟上建起简陋的居所，靠着丰收时储备的粮食生存。这按村里人的话说就是："十年九不收，一收吃一年。"

除了水患灾害外，地质灾害也威胁移民安全。东平湖水库迁出的移民中还有一些搬迁到了山区滑坡体地带。这些地方坡度较陡，坡面高低不平，一是道路狭窄陡峭，交通不便，二是没有太多肥沃的土地供村民耕作，村民的生产无以依靠，生活无以为继，三是位于斜坡上向下滑动的那部分土体或岩体上，地质特殊，存在坍塌和滑坡的安全隐患，尤其是雨季，雨水渗入土层，降低了土层或岩层的摩擦系数和黏聚力，极易发生地质灾害，给村民的生命安全造成了极大的威胁。以老湖镇前埠子村为例，该村村民均为无地移民，从东平湖底迁移至北面山区滑坡体地带，地质灾害威胁如同一座大山沉甸甸地压在村民心中，给村民增添了许多忧虑。

另一个影响移民生存条件的因素则是多次搬迁。自1949年以来，东平湖库区的农民经历了三个阶段的大规模移民迁徙。第一阶段是因救灾和支边而搬迁。1950~1960年，为救灾和支持边疆建设，由国家组织库区移民外迁，共迁出移民万户，8.02万人。第二阶段因建水库而搬迁。1958年为修建东平水库，将修建水库工程占用区内的村民全部迁出。1958~1960年，东平县迁出151个自然村、72555人，其中，老湖区49个自然村、38221人；新湖区102个自然村、29444人。第三阶段因返库生产而搬迁。外迁移民由于生产未安置好、生活困难、水土不服、思念故土等原因陆续返回库区。如州城街道孟庄村支部书记徐延全所说："我小时候的记忆都是到处搬家，有时候租房子住，有时候就盖简陋的临时房。"然而搬迁次数过多，使得这些村民无法稳定下来进行生产生活，甚至没有固定的生活来源，存在着吃饭难、就医难、行路难、用电难、吃水难、住房难、就业难、子女上学难等突出问题。州城街道孟庄村就在一个典型例子，1956~1966年这十年间该村迁移了十几次，从湖底迁到湖堤，又迁到外面，还有一部分人迁到东北落户，一直到1966年才整体迁到现在的位置定居。多次迁移之下，村里土地极少，资源极其匮乏，村民生活苦不堪言。对此徐延全感慨道："我们村子穷就穷在搬迁，一搬三穷！"

2. 移民生活条件堪忧

东平库区移民开始于20世纪50年代，受当时搬迁条件约束，湖区移民安置标准低，生存环境较差，库区人均安置建房仅0.51间，住房狭窄。加之移民们的房屋和土地都被东平湖水淹没，移民们能够转移的财产十分有限，对于贫穷的他们来说，直到今天，住房仍然是最大的难题。

一是住房简陋，破损严重。由于环境和经济条件限制，大部分移民只能建起简陋的砖石结构的房子，有些甚至只能住进泥坯房。经过岁月的洗礼，这些房屋逐渐老化、破损，修补的痕迹随处可见，却依然在为东平湖移民遮风避雨。然而这样的住宅对于现在的人们来说，已经太过简陋了，有些甚至已经破损严重，难以修复。据统计，移民住房中有3.06万间已成为危房，亟须修缮。以老湖镇侯林村为例，村内房屋中20%是土房，50%是砖房，由于结构简陋年代久远，一到雨季就很容易出现受潮和滴漏问题，遇到暴雨就会出现"屋外下大雨，屋内下小雨"现象，令村民烦不胜烦。州城街道王庄村的许多房屋不得不用木杆顶住屋顶，防止坍塌，有些房屋的屋顶甚至已经出现了破洞，只能用塑料布简单遮罩一下。然而即使如此，贫穷的移民也无力新建住宅，只能在又破又旧的老宅中勉强生存。

二是居住拥挤。随着时间变化，世代繁衍，移民家中人口越来越多，然而村里有限的土地无法给大量新生人口分配新的宅基地，再加上几十年过去，移民拿着微薄的移民补贴，却没有稳定的生活来源，只能靠捕鱼或者打临工为生，完全没有能力翻新住宅或者建新住宅。第二代、第三代，甚至第四代的移民只能与父辈祖辈挤在同一间又小又破的老房子里，连腾挪之地都没有留下，十分拥挤。州城街道孟庄村有一户村民，家中兄弟两个先后成家，然而家中贫困，买不起新房，也分不到宅基地建房，为了让两家夫妻住下，家中只能将仅有的15米长的院子分隔成了两个小院子分给兄弟俩居住，窄小的老宅中竟挤进了三户人家。这并不是个例，在东平县大部分移民村庄，几代同挤一间小房子早已不是什么新鲜事。

三是缺乏基础设施。大多数移民村庄分到的土地面积都很狭小，几乎所有的土地都给村民建了住宅，村内建筑十分拥挤，随着人口繁衍，村里的人越来越多，房屋扩建的也越来越多，乱搭乱建的现象也不胜枚举，不多的空地被挤压殆尽。相对的，留给公共设施的土地则被挤压到了极点。第一，交通条件差。村内道路修建标准低，大多极其狭窄，且多为土路，一到雨天就泥泞不堪，交通十分不便。老湖镇后埠子村就是如此，这个村建在山上，村中道路十分狭窄，仅能容一辆车通行，遇到雨季道路就变得湿滑泥泞，降雨量大时甚至会淹没道路，给村民的出行造成了极大的困扰。第二，水电设施不配套，受历史经济条件影响，东平湖水库的水电设施修建质量不高。虽然从1986年开始，国家陆续投入了资金，对库区水电设施进行修缮，但还是未解决根本问题。库区移民仍然面临用水难题。据统计，东平县库区有145个村人畜饮水困难。第三，在卫生、医疗、教育等方面公共产品供应不足。受区位限制，村级医疗条件不健全，很多移民村没有卫生室。乡镇医疗设施落后，难以留住医疗人员。在教育方面，库区移民子女就读的中小学校舍简陋，升学率偏低。虽然义务教育已实行多年，但还是有部分孩子不得不中途辍学。

3. 移民生产条件匮乏

东平县是传统的农业大县，对于农民来说最重要的资源莫过于土地资源，最重要的财产也就是土地，而东平湖库区移民却面临着土地资源少、质量差的巨大难题，生产条件极度匮乏。

移民土地资源少主要有以下两方面的原因。一是受历史因素影响。20世纪50年代，由于建设东平湖水库，需占用大量的农田，迫使库区内居住的群众全部搬出或者部分外迁。大部分村民选择搬迁至湖堤以外或就地后靠安置在沿湖山坡。当时的搬迁标准为用3亩湖地换1亩山坡地。随着水库的修建，需要修筑的大湖围坝、二级湖堤、移民村台等工程占地达8.76

万亩农田。此外，由于当年移民政策缺乏对移民的生产生活项目的安排，大量移民盲目搬迁和回迁，大量移民没有土地成为历史遗留问题。二是受自然因素影响。黄河河床和湖底的逐年淤积抬高了出湖通道，造成湖水在较高水位滞留，由此导致原来移民能耕种的浅滩地面积越来越少。加上库区移民人口的自然增长，移民人均耕地大量减少。土地资源也是工业制造业发展的必备生产要素，而无地移民村庄占据的极少的土地资源，已经严重限制了这些区域工业制造业的兴建发展。

移民土地资源数量少，而土地质量差成为制约移民发展的又一瓶颈。移民搬迁至湖堤以外或就地后靠安置在沿湖山坡，土地少而贫瘠。如湖韵苑社区的七个村子多为无地移民村，能种植粮食的基本农田很少，即使个别村子有一些土地，人均也仅有几分土地，生产资源缺乏。老湖镇侯林村全村人口总计217人，而耕地仅有40亩，平均下来，人均不足两分地。

由于土地资源贫乏，分布在东平县老湖区周围的上万无地移民转而依靠东平湖为生。俗话说："靠山吃山，靠水吃水。"东平湖的湖鱼、湖虾等渔产品给了东平湖移民另一条生路。如商老庄乡新光村村委会主任贺延柱所说："我们都是无地移民，只能靠水上弄点钱，要不干什么去呢？"然而移民们虽然拥有83123亩的东平湖水面，但由于这些水面地处湖中心位置，距离湖岸较远，水位深且不稳定，无法利用网箱、围网发展水产养殖业，也无法种植水生植物，移民们只能单纯依靠捕鱼养活自己。随着经济发达地区产业的发展、东平湖水质的下降以及鱼类品种的减少，捕鱼业开始弱化。南水北调工程开展后，东平湖成了该工程东线的重要枢纽，为了保护水域环境，政府实行禁渔期制度，移民在每年长达5个多月的禁渔期内不能从事捕捞作业，这使得东平渔民原本就不多的收入来源再次收缩。于是越来越多的青壮年劳动力选择了外出打工。然而，仍有很多老弱群体留了下来，他们没有能力外出打工，只能留下来继续依靠东平湖生存，很多老渔民常年来往于水面，落下了许多老毛病，而身无长物的他们既没有时间也没有能力去医治。

还有一个严重的问题则是移民生产方式的简单粗放。大部分移民进行的都是传统的小规模农业生产，生产方式简单粗放，科技运用有限。这主要源于两大限制。一是环境的限制。大部分移民村庄都位于东平湖畔，由于东平湖水位涨落不定，土地容易被淹没，若是种植生长周期长的作物，作物往往等不及收获便被上涨的湖水淹没，因此大多数移民只能种植一些周期短收益低的作物；也无法运用现代化农业技术，不得不沿用传统的粗放农业方式。例如州城街道并称沿湖七村的七个村子，基本都是无地移民村，1966年七个村子整体回迁到东平湖畔时，为解决无地问题，政府拨款在湖滩开辟了三千多亩"抬田"，人工将耕地抬高用于耕作，但相对于东平湖的水位，"抬田"的地势仍然较低，还是很容易被淹没，依然无法种植周期长的作物，于是村民便选择了在"抬田"上利用简单的小棚种植生长周期短的蔬菜，然后每日带到街道上去卖，收入十分单薄，人均年收入不足2000元。二是人才外流，留守移民本身能力有限。由于历史遗留原因，移民大多贫困，文化水平十分有限，现代农业知识不足，没有能力引进新技术。加之年轻一代都选择了外出打工，留在村里的多是老弱病残，劳动能力十分有限，只能依靠传统的耕作或者养殖勉强维持生活，付出的劳动多，收益却十分有限，基本都是靠天吃饭，靠运气吃饭。州城街道王庄村的谢学芬老人就是如此，她与患脑梗没有劳动能力的老伴以及智力低下的儿子同住，家里既没有地，也没有劳动力，全家的生活仅靠老人养兔子支撑，老人的笼子里养了几十只兔子，没有什么现代化设备也没有科学技术支撑，仅仅依靠老人简单的投喂，一个月只能收入五百余元。

（三）扶贫重点县，脱贫问题亟待解决

贫困，不仅作为一个经济概念，指社会物质、经济、文化生活的贫乏，更关乎基本的公民权利与能力，其实质是一种权利和能力的贫困。正因如此，2013年11月，习近平总书记在湖南湘西考察时首次做出"实事求是、因地制宜、分类指导、精准扶贫"的重要指示；2014年1月，中共中央办公厅详细规划并制定了精准扶贫工作模式，从而推动"精准扶贫"思想落地，并提出"扶贫对象精准、措施到户精准、项目安排精准、资金使用精准、因村派人（第一书记）精准、脱贫成效精准"的六精准原则。从以上种种皆可看出国家对精准脱贫工作的高度重视。但是对于东平县而言，其作为山东省20个扶贫工作重点县之一，因地形限制、农民收入来源单一等，贫困程度深、致贫原因复杂、扶贫资源少、脱贫任务重且难度大。

1. 自然条件恶劣，贫困人口多

东平县是山东省20个扶贫工作重点县之一，是全省易地扶贫搬迁人口最多的县，也是全国移民避险解困、黄河滩区居民迁建工程试点县。全县共有112个省市级贫困村，建档立卡贫困户达16032户，共计39629人。这些贫困人口主要分布在库区、滩区、山区，遍布东平县各大乡镇。

一是**库区贫困人口**。这些贫困人口主要是20世纪50年代修建东平湖水库时从湖区搬迁出来的移民，共计5.1万人，他们主要居住在东平湖沿岸。这些移民失去了赖以生存的土地，居无定所，颠沛流离。为了缓解他们的生活压力，从2006年7月1日起，国家为每名移民提供每月50元的移民补贴，期限为20年，但这样分散的补贴就像"撒芝麻盐"，一撒下去就不见了踪影，无法真正解决没有生活来源、没有致富途径等核心问题，移民贫困程度深，缺乏资源，脱贫十分困难。以老湖镇西三村为例，该村位于东平湖东岸，是库区移民搬迁村，全村共210户、840人，其中回民95户、381人，人均耕地仅0.2亩。该村大部分土地都在库区中，被东平湖的湖水淹没，该村群众欲耕无地，欲渔被限，没有致富门路，陷入了贫困的泥沼之中。2016年该村建档立卡贫困户共计72户，贫困人口118人。

二是**滩区贫困人口**。这些人口主要居住在黄河滩区，也就是黄河大堤与河道之间的区域，这片区域也是黄河汛期的泄洪区。黄河在东平县境内全长32公里，滩区大部分位于黄河东岸，涉及4个乡镇，共计66个行政村，6.82万人，总面积92平方公里。过去黄河频发水患，一到汛期，这些滩区村庄就被黄河水淹没，农田被毁坏，房屋被冲垮，给村民生产生活带来了极大的影响，甚至威胁到了村民的生命。而到了枯水期，水位下落，又给村民带来了严重的沙尘，生活环境极其恶劣。银山镇耿山口村就是一个典型的滩区村庄，该村位于银山镇西南部，距离鲁西黄河不到一公里，由耿山口、丁庄两个自然村组成，共783户、2331人。中华人民共和国成立以来，这里遭遇大小洪水40余次，给村民带来了极大的困扰。为了防御水患，耿山口村的房子总是尽可能地将地基垫高，盖房成本是其他地区的两倍多，然而这也无法挡住滔滔黄河水的进犯。因此耿山口的村民大多一辈子都重复着"抗洪—重建—抗洪"的过程，全部的精力都放在了抵御水患上，房子毁了又建，建了又毁，怎能不贫困。

三是山区贫困人口。东平县地势北高南低、东高西低，山区、平原、湖洼各占三分之一，有着"一山，一田，一湖水"的说法，因此山区贫困人口也占了全县贫困人口的很重要的一部分。这些山区村庄主要分布在东平县北部地区，土地主要以山地和坡地为主，土壤肥力有限，耕作成本较高。土质多为砂质土壤，难以有效保持水分，而东平县主要为温带季风型大陆性气候，年降水量仅600毫米，若是长期不下雨，土壤里的水分就会蒸发。此外，多数山区村庄水利基础设施落后，灌溉方式主要是人工挑水灌溉，耗工耗时，效率十分低下。在旱季可用的水资源仅能满足全村人畜饮水，基本无法用于农业灌溉。因此村民耕作完全是靠天吃饭，耕作方式简单粗放，农作物产量低、产值低，收益也低。以梯门镇西沟流村为例，该村三面环山，全村610人、200户。全村共有家庭承包地1700亩，主要是山地和坡地，其中薄地占三分之二，村集体荒山近2000亩。村民基本都靠家里的几亩地维持生计，然而生产工具落后、水利灌溉设施匮乏严重制约了生产效率，导致土地产值低，收入少，农民十分贫穷。2010年以前村集体外债累计达40余万元，农民建房靠贷款，孩子上学靠借钱。如村民王海云所说："家里有10亩山坡地，3亩水浇地，4亩山地，3亩坡地，基本只有水浇地和坡地可以种上玉米和小麦。如果风调雨顺，一年的收入差不多有3000元。如果是旱季，就只有1500元左右。"类似的还有接山镇尹山庄村，该村地处接山镇东北部，地势西高东低，是典型的山区村，也是省级贫困村，全村190户、741人。其中，精准识别建档立卡贫困户89户、贫困人口327人，约占全村人口的40%。耕地面积2075亩。村民主要生活来源是种地，然而由于环境所限，只能靠天吃饭，生活得不到保障。村民住宅多为平房宅院，房屋破旧，斑裂严重，安全性能低，有的房屋因常年失修而倒塌。村庄交通不便，就医上学条件差，配套设施不齐全，村民生活十分不便，脱贫非常困难。

2. 致贫原因复杂，脱贫难度大

弄清致贫原因是打赢脱贫攻坚战、实现全面建成小康社会奋斗目标的重要一环，尤其是对于脱贫难度大的地区，只有深入分析致贫原因，听取群众脱贫的愿望和想法，才能进一步完善精准扶贫与脱贫的各项政策，从而发挥扶贫资金的最大效益，切实做到"扶真贫、真扶贫"。经过实地调研发现，对于东平县农民而言，造成其贫困的原因复杂多样，最主要的原因一是缺少土地，二是缺乏技能，且这两种致贫因素均具有综合性和长期性，短期之内用一种或两种方法无法有效根除，因而脱贫难度大。

一方面，缺少土地致贫。东平县虽是农业大县，土地资源丰富，但是农业人口过多造成人多地少的农业困境。此外，由于土地在县域内分布不均，有些地方人均耕地远远低于东平县平均水平。如孟庄村地处小青河、大运河、黄河流经区域的冲积平原之上，按理说，得天独厚的水土环境和气候环境非常适宜种植农作物，发展农业生产，但是因孟庄村是个移民村，当年大量迁居该村的移民并未得到土地，到后来国家实行土地联产承包责任制以后，土地开始以生产小组为单位进行分配，全村人共同划分643亩土地，一人仅得1亩多地。到了2012年，该村的第一村民小组和第二村民小组的人均土地面积仅为1.3亩，第三村民小组的人均土地面积更少，为1亩，均低于东平县的人均土地面积1.41亩。并且随着村庄人口的不断增加，人多地少的矛盾逐渐突出，村中人口多但土地占有少且劳动能力弱的家庭开始走向贫困边缘。

另一方面，缺乏技能致贫。东平县许多农民因仍习惯于"日出而作，日落而息"的生活状态，没有或不愿意掌握先进的生产技术和劳动技能。这导致一部分人以农为本，宁可死守家中的一亩三分地受穷，也不愿外出寻找致富门路，收入过低导致贫困；另一部分人虽然有外出冒险致富的想法，却苦于没有技能，只能选择劳动强度大、工资水平低的劳动密集型产业，并且随着其年龄的逐渐增长，用工单位不乐意再要这样的劳动力，其只能回家、打零工，久而久之又陷入贫困的泥沼不能自拔。东平县安村就是这样的例子，安村村民长期以来依靠小麦、玉米、花生等的种植来维持生计，但是近年来随着村庄人口的增加和农业机械化的不断推进，安村逐渐显现"人均耕地面积少、农田水利基础设施落后"的弊病，致使村民经济收入很低，只能勉强维持生计。在取消农业税以前，农户产出的粮食除了缴纳"三提五统"之外基本所剩无几，倘若遇到灾害天气和年景不好的时候，地里的庄稼没收成，村民的生活就会更加困难。鉴于此，20世纪90年代，安村村民开始陆续外出打工，因为要顾及农活，只能选择在村庄附近务工，但是由于附近工业不发达，村民的打工出路很少。据统计，2011

年，安村外出打工的人数约 160 人，基本都是青壮年，村中所剩的中老年人，除了种地之外，基本没有其他的营生手段，故 2010 年安村村民的人均收入不足 4000 元。村民张怀军无不叹息地说："别人一听你是安村来的人，不是躲着就是直摇头，因为你穷啊！"

3. 扶贫资源匮乏，脱贫进程慢

激活扶贫资源，确保资金、人员、产业等的合理配置是保证脱贫攻坚工作顺利进行的关键一步。然而在东平县集体产权改革之前，一方面贫困人口多导致扶贫资金缺口大，另一方面扶贫资金的严格使用制度使得扶贫资金难以整合。此外，由于缺乏各方统筹，东平县的扶贫力量松散、弱小，村庄能人集体外流，贫困户的脱贫积极性不高。加之受自然条件限制，用于扶贫的产业难以落地、发展。以上种种，均使得东平县的脱贫进程缓慢。

首先，缺乏资金支撑。扶贫资金是助力贫困户脱贫的重要法宝，但是在东平县集体产权改革以前，扶贫资金存在以下两个问题。一是用于扶贫的资金缺口大。东平县贫困人口长期居住在洪涝、地质灾害易发的黄河滩区、东平湖区和丘陵山区，因此生活、生产环境恶劣，经济发展落后。以 2015 年的东平县农民的人均收入为例，其农民人均纯收入达到 11711 元，但是滩区农民的人均纯收入仅在 5000 元左右，农民生活困难，某些甚至还挣扎在温饱线上，因此自筹资金扶贫的难度大。二是用于扶贫的资金整合难度大。对于扶贫资金的投入和使用，中央和各级政府部门有严格规定，但因扶贫资金大多少、散，就出现了"撒胡椒面"的扶贫现象。并且因为扶贫资金的特殊作用，其整合起来难度异常大，如专款专用的扶贫资金、分条分块的扶贫资金和"戴帽子"的扶贫资金均难以独自发挥大作用，如果整合则需要触碰很多禁忌区。此外，扶贫资金一般来源于诸多部门和诸多项目，因此想要对扶贫资金进行整合，首先得打通各部门和各项目之间的关系，使其建立良好的协同关系，否则资金整合就成为无稽之谈。综上种种，用于扶贫的资金缺口大且整合难，脱贫进程迟缓。

其次，缺乏人力支撑。强有力的扶贫队伍、积极主动的贫困群众是完成脱贫任务的主力，但是经过调研发现，东平县的脱贫主力并未最大限度地发挥作用。一是扶贫队伍不健全。在东平县个别乡镇中，扶贫队伍是临时搭建的"草台班子",其成员从各部门借调而来,并非专业的扶贫人员,缺乏专业性和长期性,脱贫无人可用。二是村庄能人不积极。受资源分布、自然灾害、政策覆盖等因素的影响,农村对有技术、有智慧的村庄能人的吸引力越来越小,很多村庄经济能人选择外流。其出去之后或经商或务工,所得收入能够保证自己一家达到较好的生活水平和质量,很多能人也因而定居城镇。在这样的情况下,村庄能人与旧有故乡的联系越来越少,其很少或从不关注村中情况,对村庄的扶贫工作也是摆出"不参与、不积极"的态度。三是贫困群众不主动。东平县建档立卡的贫困户中,缺地、缺技术致贫的占有率较高,并且贫困户的文化素质普遍较低,接受能力较弱。很大一部分贫困户直接将扶贫看做政府和社会的事情,和自己无关,"等、靠、要"思想严重;还有一部分贫困户则是因为脱贫积极性不高、勤劳苦干的精神缺乏和人穷志不穷的志气消失,政府对其多年扶而不起、帮而不富、助而不强。

最后,缺乏产业支撑。东平县贫困人口大多集中在黄河滩区、东平湖库区和丘陵山区,因而受生态环境、防洪安全、土地指标等因素影响,招商引资和新项目落地困难。比如东平县境内的黄河水患频发,一到汛期,位于黄河滩区的4个乡镇、66个行政村就会被黄河水淹没,毁田冲屋是其次,最主要的是影响村民的人身、财产安全。因此出于保护村民财产与人身安全的考虑,黄河滩区附近禁止发展工业,而东平县农业产业、旅游产业等第一产业和第三产业的发展并未及时跟进,导致贫困人口集聚地区缺乏产业支撑,相当数量的贫困人口无处可去、无事可做,增收困难,脱贫进程缓慢。此外,第一产业和第三产业的发展需要一定的土地、项目、资金和政策支持,而黄河滩区的附近村庄因贫穷无法得到这些资源,所以越来越贫。

二

统引：在政府担当中谋划攻坚蓝图

  农村的改革攻坚是一项复杂的系统工程，其涉及的范围广，涵盖的人口多，面临的困难大，尤其是当前改革进入了深水期和攻坚期，各项工作更是千头万绪。政府作为公共政策的执行者、公共资源的分配者，有效破解改革攻坚中的重重难题，为农村和农民发展开辟路子，是其义不容辞的责任。改革开放以来，从我国农村的改革路径来看，往往都是先由地方进行探索和创新，当地方的探索形成经验后，逐步进行推广，形成国家的公共政策。也正是地方政府的担当和创新促进了中国改革事业的发展。山东省东平县集移民大县、农业大县和扶贫重点县于一身，其改革攻坚的任务更为繁重。面对艰巨又繁重的改革工程，东平县积极发挥政府的担当作用，在改革攻坚的先期阶段积极做好顶层设计和战略规划，从农村发展全局出发做好统筹和设计；在攻坚过程中坚持试点先行、典型引路，同时在政策、体制、机制上为改革攻坚进行制度配套。东平县通过发挥政府的积极有为和担当，为各项改革攻坚工作铺平了道路，奠定了良好基础，也让攻坚举措得以有效、快速执行和落地。

  改革的"最先一公里"是指改革的顶层设计，重点是改革方案的设计，要解决改革蓝图的质量问题。改革方案首先要解决破什么题问题，这是"最先一公里"的起点，必须找准、找实。习近平总书记指出，要把方案质量放在第一位，坚持问题导向，抓实问题、开实药方、提实举措，每一条改革举措都要内涵清楚、指向明确、解决问题，便于基层理解和落实。要把推好改革方案的主旨和要点，把握准相关改革的内在联系，结合实际实化细化，使各项改革要求落地生根。要想找准点、对好题，就要像侦察兵一样，做好前期调查研究，找出主要矛盾和矛盾的主要方面，做到纲举目张，一抓就灵。习近平总书记指出，要深入调查研究，广泛听取意见，最大限度使提出的改革方案符合实际、符合改革要求，切实解决问题。

（一）高位引领，统筹规划

习近平总书记指出，改革要解决好"最先一公里"问题，而要解决好"最先一公里"问题，就需要从全局和整体出发，做好改革的顶层设计，进行科学、系统的规划。

东平县的农村综合改革涉及面广、工作量大、复杂度高、敏感性强，是一项艰巨的系统工程，任何环节处理不当都可能引发不稳定因素。因此，东平县政府充分发挥引导、统筹、协调作用，高位着眼为改革谋篇布局，科学规划促进改革持续发展，搭建平台为改革汇聚多方力量，绘制出具有东平特色的改革蓝图，保证改革平稳高效进行。

1. 全局谋划，科学施策

周密的规划是复杂庞大的系统工程正常运行的前提，是协同推进各项改革齐力发展的保障，是实现时间有效利用、资源充分运用的关键步骤。东平县立足高位，从农村综合改革的全局出发，紧密结合其作为传统农业大县、移民大县的实际，按照"因村制宜、分类施策、促进发展"的思路，积极探索以农村集体产权股份制度改革为基点，推进农村综合改革全面落实的有效途径，制定出一套科学完善的改革发展规划。

第一，政策引路，把握方向。习近平总书记强调，新形势下深化农村改革，主线仍然是处理好农民和土地的关系。农民和土地的关系从古至今都是一个关乎国家和社会稳定的根本性问题。进入改革"深水区"，要防止在这一根本性问题上犯颠覆性错误，就必须依靠和坚持正确的政策指引。东平县的农村集体产权股份制度改革便是以十八届三中全会中提出的"要健全归属清晰、权责明确、保护严格、流转顺畅的现代农村产权制度"

作为改革的总方针,并以此为基础结合实际县情,制定出《关于深化农村集体产权股份合作制改革做好国家农村改革试验区建设工作的意见》《关于深入推进农村集体产权制度改革的实施意见》等一系列指导地方改革的具体政策,为改革试点工作指明行动方向。库区移民搬迁和脱贫攻坚工程等其他改革项目同样离不开政策引路,东平县以国家《"十三五"时期易地扶贫搬迁工作方案》为指导,制定了《东平县水库移民扶持项目管理试行办法》,以习近平总书记提出的"四个切实""五个一批""六个精准"为中心,制定了《中共东平县委东平县人民政府关于坚决打赢扶贫脱贫攻坚战的实施意见》,为扶贫脱贫攻坚工程做战略指导。东平县通过印发政策文件对全县改革提出指导性意见,各试点单位依据政策要求制定试点工作方案,明确改革的目标任务、主要内容、时间步骤、保障措施、责任落实等,保证改革工作有计划、有目标地高效推进。同时,东平县改革试验办公室还会对试点方案进行指导和审定,帮助各单位正确把握改革方向,确保改革方案切实可行、规范有效。

第二,思想引领,意识革新。发展的实践证明,传统的思维模式越来越成为前进道路上的桎梏,破旧立新成为改革的第一要务。一方面,改革试点工作要求思想意识必须革新。旧有思想禁锢了人们的创造力,循规蹈矩只能沿袭固有模式,极大地制约了发展潜力。思想意识革新,才会有创新突破和发展潜力。东平县作为改革试验区,牢握创新机遇,坚持解放思想,大胆探索创新,在一些没有设立"红线"和禁区的领域先行先试,探索创新型发展模式、创新工作管理办法和资金利用形式,培育改革大潮的排头兵,最大限度地释放了改革活力。另一方面,加强思想引领,引导农民群众思想革新。改革从某种意义上而言,就是调整既有的利益格局,这势必会遇到一些阻力,尤其是各种观念性、体制性和环境性的障碍。东平县通过加强舆论宣传,强化思想引领,使改革思想入脑入心,从根本上转变群众的传统观念,获得广大农民群众的理解与支持。在社区建设、旧房拆迁中,东平县始终坚持把群众工作贯穿始终,做到政策宣传到位、群众认识到位,沟通反馈到位,最大限度赢得群众满意。县政府动用宣传车辆20多台进行巡回宣传,发放明白纸5000余份,在电视台、报纸"抓党建促脱贫"专栏发布各类报道156篇次,移民避险解困一二期工程涉及的村共召开党员干部会、群众代表会、村民大会104次，举办"科普艺术团进社区巡回演出"12场，群众对政策的知晓率达到100%。

第三，区位引导，因地制宜。《中共中央关于推进农村改革发展若干重大问题的决定》中提出，要"坚持因地制宜、分类指导，创造性地开展工作"。东平县委书记赵德健指出："在改革的形式、方法和途径上，决不能搞'一刀切'。"东平县农村综合改革坚持试点先行、因地制宜，具体问题具体分析和处理，允许差异行为，不搞一个模式，依照区位优势，进行改革引导。东平县在探索扶持资金股份化利用时，根据村庄特点，准确定位改革的着力点和突破点，将股份合作制经营项目分成三种经营方式。对于班子强、有产业的村庄，引导建设种、养、加特色园区，实行自主经营；帮助有资源、有条件但经营能力不足的村庄，引入工商资本参股，发展合作型经营；对无资源无条件的村庄，实行异地置股、置业，借力发展，发展委托型经营。同样地，东平县在推进农村幸福院建设时，以县乡财力和村集体经济状况为基础，立足实际，突出实用，注重实效，确立了嫁接型、改建型、新建型、公寓型四种建设模式，设置了生活居住、日间照料、休闲娱乐三类功能。通过模式创新和功能定位区分，东平县加快了幸福院的推广普及进度，实现了"穷村富村都能建、年龄大小都能进、空巢暖巢都能来"的改革目标。农村抓改革，改革抓特色，依照区位优势引导发展，可实现高效成果与地区特色齐俱，从而构建起富有显著特点的改革新格局。

2. 组织统筹，针对部署

改革是一个宏观决策与微观实施相结合的过程，是整体与部分的有机融合，是点与面的立体化连接，是多元主体共同作用的结果。改革的推进，不仅需要高屋建瓴，全局谋划，更需要细致入微，把握细节。只有做到整体性与针对性"两条腿"走路，方可确保改革效果的高质量显现。东平县政府作为改革工作的"总指挥"，组织统筹改革主体，针对性部署改革任务，系统推进改革进程，形成了"党政推动、部门联动、自治互动"的改革行动体系。

首先，强化组织领导，明确责任主体。县委、县政府成立东平县农村改革试验区领导小组，统筹负责农村综合改革的各项工作。领导小组下设综合协调、政策指导、实施推进、工作保障、宣传五个工作小组。各乡镇（街道）也成立了相应的领导机构和工作机制，切实把试点工作列入政府重要议事日程，制定实施计划，明确分管领导和责任单位，全面掌握改革重点和实施要领，推动试点工作全面开展。做好农村改革试验区工作是一项事关长远发展和大局稳定的大事。东平县各级各部门充分发挥职能作用，齐抓共管，形成了多部门联合推进的工作格局。改革工作在县委、县政府统一领导下实施，各乡镇（街道）是责任主体，试点村（居）是实施主体。由县农工办负责对全县农村改革工作进行督导检查，加强政策研究与指导；县农业局全面负责试点工作，加强组织协调和业务指导，制定实施细则和操作办法；县财政局负责整合全县涉农惠农项目、资金，加大财政支持力度；县公安局负责为改革试点村提供户籍档案，进行户口清查，协助维护改革村社会稳定；等等。各相关部门和成员单位按照县农村改革试验区领导小组的安排，集中处理改革过程中涉及面广、单个部门无法处理的重大问题，按照"谁主管、谁负责"的原则，充分发挥部门职能作用，在全县形成了统一领导、分工协作的工作推进机制。为进一步强化领导干部的责任意识，针对困难复杂的改革项目，东平县实行最严密的责任包保机制。2017年新开工的三大工程，现已落实一个社区由一名县领导加一个部门包保的机制，乡镇（街道）承担主体责任，县领导和包保部门承担包保责任，明确包保部门与所在乡镇（街道）责任并重，同奖同罚，形成了上下联动、协同推进的工作格局。

其次，深化干部培训，提升认知水平。干部是党的路线方针政策的具体执行者，肩负着推动科学发展、促进社会和谐、服务人民群众的重要职责。干部素质高低、能力强弱、作风好坏，关系干部队伍整体形象，关系党和国家各项事业能否健康发展。因此，抓好干部教育培训，对于提高干部队伍素质能力，保障改革发展稳定以及各项任务的落实，具有十分重要的意义。国家行政学院原副院长周文彰认为，干部解决问题的水平和能力最终要落脚到各个岗位上，提高广大干部解决问题的能力，要做到教育培训对所有岗位的干部进行全覆盖，实现干部水平的整体提高，同时，还要针对岗位横向的类别和纵向的层次对广大干部进行不同的、有针对性的培训。为保证改革进程的顺利推进，东平县以组织集体性培训为切入点，以普及专业性知识为目标,举办了一系列学习培训班,帮助广大领导干部拓宽视野,拓展能力,全面提升领导干部的知识水平和业务能力。干部只有先了解改革业务、理解改革内涵、掌握基本知识和操作方法,才能更好地推动改革进程,指导改革进展。2015年4月,东平县举办农村集体产权股份合作改革业务培训班,对各乡镇(街道)分工负责人、农经业务人员以及改革试点村支部书记、会计进行了业务培训,帮助其掌握集体产权股份改革重要原理,提升业务水平和指导能力。2017年6月,在扶贫脱贫的攻坚阶段,东平县举行了扶贫干部培训班。通过培训,各部门和广大党员干部认清了扶贫工作的机遇与挑战,科学把握扶贫工作规律。同时,东平县借助集中培训的机会,督促干部认真研究学习扶贫工作的政策措施、经验方法,不断提升自身业务素质和能力,把学习成果落实到今后工作中去,为打赢脱贫攻坚战提供扎实的理论和政策保障。

最后,鼓励农民参与,丰富民主实践。广大农民群众是改革的坚实基础和动力来源,是推进改革稳步前进的关键力量。农村改革需要以农民需求为依归、以农民参与为依托、以农民信任为依赖,引导更多农民了解改革、参与改革进而推动改革。第一,农民是改革的"动力源"。习近平总书记在中共中央政治局第二十二次集体学习时说,农村要发展,根本要依靠亿万农民。要坚持不懈推进农村改革和制度创新,充分发挥亿万农民主体作用和首创精神,不断解放和发展农村社会生产力,激发农村发展活力。东平县把村级作为幸福院建设的主体,通过老人"互帮互助、各展所长"的村居互助养老模式,用较低的成本调动多方积极性,缓解了农村养老难题,让老年人共享大家庭的温暖。第二,农民是改革的"当家人"。农民是改革的主要承担者,所以应该充分尊重农民群众意愿,发挥农民主体作用,支持农民创新创造,把选择权交给农民,确保农民有知情权、参与权、表达权、监督权,真正让农民成为改革的参与者和受益者。东平县农村综合改革各项工作的开展,坚持民主精神,问情于民、问计于民、问需于民,广泛征求农民群众的意见,确保改革决策最大限度地体现群众的意志,使改革目标最大限度地符合当地发展的实际。第三,农民是改革的"督查员"。在社区建设过程中,村民以"义务监督员"的方式参与工程建设,一旦发现建设过程中的问题可随时向指挥部汇报。比如湖韵苑社区的一位村民就在建筑工地打工时发现在建楼体上有裂缝，向指挥部报告之后，指挥部立即与施工方联系及时进行了整改。群众在建筑工地自由进行检查、监督，灵活多样的方式切实起到了监督作用，真正实现"群众的楼群众管"。

3. 搭建平台，协调推进

改革是一项浩大的工程，完成这项工程需要大量的资源投入，若要实现各类资源的有效协调利用，则离不开政府的宏观调控。东平县政府通过搭建平台，实现智力汇聚、资源优化、项目联动，为提高改革实力、扩大改革效能打下了坚实的基础。

一是引智聚力，共谋共建。为更好更快推进农村综合改革进程，东平县注重为改革引入高端视角，依托高校智库——华中师范大学中国农村研究院，创新改革路径，丰富改革内容，制定出系统化、体系化、专业化的农村综合改革方案，为东平县农村综合改革提供可行性指导方案和强大的智力支持。截至2017年5月，东平县已与华中师范大学、山东省农科院、山东农业大学等11家高等院校建立合作关系，强化了改革的理论和技术支撑。东平县与山东农业大学建立产学研战略联盟关系后，先后成立起山东农业大学作物学博士后科研工作站、园艺学博士后科研工作站和校外教学科研与就业实践基地等，双方合作开展了多项农业科研攻关推广活动。2017年3月，山东农业大学动物科技学院的专家教授到汉世伟养殖基地进行现场技术指导，专家组先后去到泰安汉世伟黄徐庄项目区、周徐庄集体农场、汉世伟母猪繁育基地中套项目区等地实地调研，对东平县生猪养殖产业发展提出了指导性的意见和建议，推动了东平县生猪养殖向更高层次和水平的迈进。东平县在借力高校智库蓄力发展智慧的同时，还主动学习先进地区的改革经验，活用"拿来主义"，结合东平实际有侧重地引进、消化、吸收成功经验，从而进一步拓展了改革思路，提高了改革效率，降低了改革成本。在发展扶贫攻坚项目时，县委书记赵德健就带队赴菏泽市曹县、单县，枣庄市山亭区，临沂市兰陵县、郯城县等地考察学习扶贫开发工作，通过学习他地的好思路、好方法，解决了当地产业项目在引进、推进、落地过程中存在的"行动慢""个头小""工作要求不高"等问题。

二是市场参与，优化资源。当前，在社会经济活动中，资源表现出的相对稀缺性特点与人们日益增长的需求难以匹配，导致各类社会经济活动难以均衡发展。这就要求政府对有限且相对稀缺的社会资源进行合理配置，通过最少的资源耗费产出最大的综合效益，从而改善当前的失衡局面。如何实现资源的合理配置，最大程度展现资源优势，发挥资源投入"四两拨千斤"的作用，是发展过程中政府正在面临的一大难题。为解决这一问题，东平县政府将市场角色引入资源配置环节，以市场活力引领资源配置攻坚战，破除资源配置不佳难题。东平县提出坚持以市场的办法解决发展的问题，以市场为导向，发挥市场在资源配置中的决定性作用，由市场来配置各项生产要素，调动生产的积极性。经县财政局、金融办、扶贫办、移民局等单位的共同研究决定，东平县将政策性扶持资金变为股金投入发展项目之中，由过去的"输血"变为现在的"造血"，使资金"一次性"使用变为"长久性"循环投入，充分激发了政策性资金"以钱生钱"的潜力。同时，由东平县政府牵头搭建平台，将政策性资金对接金融机构，扩大资金容量，并利用市场选择优化资源配置，实现资金使用有保障、投入高收益、成效可持续。此外，通过集体产权股份制改革，将现代产权制度引入集体经济组织，实现配置机制市场化、产权要素资本化，极大地盘活了集体的资金资产，并且遵循市场经济的规律，按照产业发展规律和市场需求发展项目，最终实现农民收入和集体收入的同步增长。

  三是项目融合，联动改革。为形成改革成果的集聚效应，促进农村综合改革的全面收效，东平县将各项改革项目进行有机结合，确立联动改革的新思路。一方面，将村集体增收工作和精准扶贫工作有机结合，确保发展成果能够真正惠及广大群众，帮助贫困人口早日实现脱贫致富目标。第一，试点项目与贫困人口就业相结合。鼓励各村试点项目优先吸收建档立卡的贫困人口就业，解决有劳动能力的贫困人口的收入问题。第二，扶贫资金与扶持资金相结合。做足政策文章，通过扶贫资金和扶持资金共同作用，不断发展壮大扶贫产业规模，以产业发展创造更多更好的就业岗位，实现"一加一大于二"的效果。第三，村集体经济发展与贫困人口生活保障相结合。在村集体经济实现发展的基础上，再进一步帮助无劳动能力贫困人口解决基本生活保障问题，给予其一定的资金扶持，助其尽快脱贫。另一方面，社区建设工作与产权改革工作同步推进。首先，以社区建设工作为主线，推进撤村并居、整体搬迁和社区建设"三步走"工作进程，逐步引导农民"上楼"，并且通过完善社区内各类配套组织，妥善管理社区事务，高效完成三大工程建设工作。同时，以产权改革工作为契机，对原村集体资产进行清产核资、股权量化，并组建新型社区股份经济合作社，宣传引导农民入社。确立人进社区、业进园区的新模式，取得居有改善、业有保障的新进展，实现成方连片、整体脱贫的新局面。

（二）试点先行，以点带面

改革开放之前的 30 年，我国各项重大改革的基本特点是自下而上"摸着石头过河"，即先有基层探索的好经验，再有中央的好政策，最后形成国家好制度的"三好"路径。而现阶段我国的改革则有所变化，其基本特点是上下互动的模式，即先有顶层的好设计，再通过基层的好探索来落实，基层的探索经验又反过来进一步完善和丰富顶层设计。[①] 因此，在当前阶段，各地地方政府要突破现有制度模式束缚，实现各项改革和治理创新，首要的一个任务即是要策划一个好的顶层设计。但与此同时，在改革启动的初期，由于缺乏经验的积累和先行先试，改革所遇到的困难和阻力也会超出常人的预料范围，这就需要凭借政府的力量，先行先试，积累宝贵改革经验。

东平县改革之初即根据当地村镇的实际情况，即根据村集体资产的不同类型和不同地区条件确定改革任务，坚持分类实施、稳慎开展、有序推进，坚持先行试点、先易后难，不搞齐步走、不搞一刀切的原则。除此之外，东平县还坚持问题导向，确定改革的突破口和优先顺序，明确改革路径和方式，着力在关键环节和重点领域取得突破。

1. 党引政率，科学谋划

火车跑得快，要靠车头带。我国具体的国情也决定了党和政府的事业要有一个坚强的领导核心，以领导核心为发力点，通过向下的层层部署和传导，最终使各项工作取得迅速推进和圆满结果，这是集中力量办大事的体制优势。对于相对欠发达的东平县来说，摆在政府面前的第一道难题就是改革和攻坚该如何进行、由谁牵头进行的问题。为此，东平县委和县政

[①] 参见徐勇教授在 2014 年中国基层治理发展年度评估新闻发布会上的讲话。

府领导班子成立东平县农村改革试验区领导小组，统筹负责农村集体产权股份合作制改革试点工作。

首先，制定试点文件。任何改革如果要顺利推进，都要和当地的具体情况相结合，并且需遵循事件发展的规律和路径，不能一蹴而就，任何违背事物发展规律的做法，都将会遭受挫折或失败，这是无数的实践证明了的真理。产权制度改革试点工作开始之初，东平县即在第一时间制定并出台了《关于推进村级集体经济发展试点工作的实施方案》。遵照方案的精神，东平县主要负责的职能部门开展了深入调研，并在此基础上开展了多次的科学研讨，最终在全县范围内确定了26个产权制度改革试点村。随着上级专项扶持资金的发放，东平县指导彭集街道出台了《彭集街道村集体经济发展试点项目资金管理办法》和《彭集街道扶持村级集体经济发展试点工作项目资金申请评审办法》等文件，确保扶持资金安全有效使用。为指导各试点村土地股份合作社规范运营，街道又制定出台了《彭集街道集体参股土地股份合作社规范化建设标准》等相关文件。可以说，一系列政策文件的制定，为改革的进展指明了方向，从源头上杜绝了改革因方向不准、规划不实形成的阻力。

其次，健全服务平台。党的十八届三中全会通过的《中共中央关于全面深化改革若干重大问题的决定》提出，要"推进国家治理体系和治理能力现代化"。国家治理能力的现代化包含各地党委和政府服务能力的现代化。全心全意为人民服务一直是我们党的立党之本，如何提升自身的服务能力以满足农民日益提升的服务需求是各级党委和政府部门都应思考的问题，在改革中始终贯彻为人民服务的意识，提升为人民服务的能力更显得重要和宝贵。2014年1月3日，东平县正式登记注册了东平县农村综合产权交易所有限公司和东平县农村综合产权金融服务公司，同时完善了两个平台建设，以此打造产权交易流转和产权抵押融资服务的功能。在这两个平台上，除了设立业务咨询、申请受理、产权审核、组织交易、交易鉴证、产权抵押、服务代理七个服务窗口，还对东平县内的产权交易行为进行鉴证，同时为广大农民提供信息咨询、交易策划、产权经纪、委托管理、产权融资等相关配套服务。除此之外，东平县还从多方面提升服务能力，在试点乡镇构建三级网络化服务体系，从而健全了全县14个乡镇、街道的农村产权交易服务功能。2017年东平县的交易平台已实现信息共享,建立了农村产权交易信息库,接山镇、沙河站镇、彭集街道等乡镇(街道)的交易服务功能已初具效应。

最后,严格交易审定。除了完善服务平台和拓展服务内容外,东平县还积极融合和拓展平台的功能。第一,将组织交易、资产评估、抵押融资等功能全面整合,同时实行"首问负责、一体办理、跟踪服务"制度,务必保证各平台能够积极受理交易申请。第二,严格审核交易资格,同时公开发布交易信息,对交易资产的价值进行科学的评估,规范实施组织交易,为广大农民即时办理交易鉴证。第三,协助开展抵押贷款,从而从更高层面和更广范围上打造了从前端到后端,从单一交易到托管运营、抵押融资的全程服务体系。截至2017年5月,东平县将产权交易范围扩展至农村土地承包经营权、集体林权、水面养殖权、"四荒"资源使用权等13类农村产权,并制定出台了《东平县农村综合产权交易管理办法(试行)》,该办法明确提出了产权交易的范围、方式、程序、行为规范、监管及纠纷处理等内容,对农村各类产权交易基本规则做出了明晰的规定,极大地推动了各类农村产权流转交易的市场化、规范化和科学化。东平县各试点乡镇共完成产权交易106宗,土地流转面积3.2万亩,产权抵押贷款34宗,贷款金额4104万元,极大地提高了服务能力,得到了群众的一致好评。

2. 因村施策,分层推进

人民群众是改革的主体和中坚力量,在改革攻坚的过程中,要积极调动群众的积极性,让群众参与到改革攻坚的活动中来,从而发挥群众的主体力量。但就如治病需要对症下药一样,若要调动群众的积极性,重要和必须的一步是摸清群众的真实需求。鉴于此,在改革和攻坚的起始阶段,东平县各级领导就主动深入群众,通过走访摸清群众需求,从而为改革把准了脉搏,减少了改革阻力。

第一,摸准需求,以人为本。没有调查就没有发言权。在以往的工作和改革中,政府人员往往还存在着"喊喊口号"、"走走过场"以及"入村不入户"的现象,群众需求难以真正得到满足。为了彻底解决这一工作流弊,东平县下定决心,进行自我革新。自被列入全国试点试验区以来,东平县各级干部经历了"三下三上"的进村入户和广泛宣传。在进行社区建设的过程中,面对群众不愿意拆迁的情况,县乡干部持续开展进村入户,反复耐心地向移民讲政策、算清账、交实底、解疑惑,最终获得了全体移民群众的理解和支持。同时对改革试点村庄的户数、人数、年龄结构、生活状况、住房及就业需求等情况建档立卡,做到"一户一表格、一事一资料、一周一汇总";对 7 类特殊人员,则采取派驻工作组进行专案对接的方式,安排专门力量做好群众工作,确保了不漏人不漏户不漏项,最终实现了平稳拆迁、和谐拆迁。在这一过程中,各级干部走村入户与群众拉家常、讲政策、做工作,有的干部在后来与拆迁户成了"好亲戚、好朋友"。在拆迁建设的过程中,为了工作的顺利进行同时为了避免群众对政府产生误解,发生不必要的矛盾纠纷,东平县探索出了干部包保、愿景引导、算账对比、重点帮促、示范带动"五步工作法",使移民搬迁的满意率近 100%,搬迁协议签订率达 95%。

拆迁重建工作在各地都是一个令政府伤脑筋的难题,除了群众的不支持和不理解之外,部分政府部门简单粗暴的处理方式也是激发矛盾的主要原因。长此以往,政府的权威逐渐流失,民众对政府难以维持最基本的信任,从而出现"塔西佗陷阱",使政府工作走入死胡同。为了更能体现人性化的工作作风和以人为本的服务理念,东平县在进行移民社区建设时,根据移民家庭收入状况和不同年龄段需求,分别设计了 $52m^2$、$75m^2$、$115m^2$ 左右的三种户型,给群众提供了不同的选择。同时,开展人性化社区建设,在进行社区建设时将行政办公、服务大厅、学校、卫生室、养老服务中心、文化活动中心、超市同步纳入规划,甚至为群众建好骨灰堂等,最大限度满足群众需求,从而获得群众衷心的支持和拥护。在建设的过程中,东平县乡镇政府及时召开村民(代表)会议,广泛征求群众意见。对无劳动能力、无经济来源、无法定赡养人的 164 户、388 名特困移民给予最大限度的优惠,让他们不花钱或少花钱也能住上新社区。对存在思想顾虑的 7 类人群,及时组织村内"五老"人员和群众代表,全程参与工程质量监督,从一开始就让群众放心的做法让干群矛盾灭杀于萌芽状态。

第二,科学选点,逐级铺开。在全面总结两年来农村集体产权股份合作制改革试点经验做法的基础上,东平县以"经营性资产存量大,资源性资产面积多，国家投资有规模"的村（居）为重点，在较大范围内推进村级集体产权制度改革。通过改革，盘活集体资产，增强发展活力，赋予农民更多的财产性收益。

实施农村集体产权制度改革，主要是对农村集体所有的经营性资金、资产、资源实施股份制改造。经过实地调研和多轮的专家团认证，以及本着"抓点带面、示范推动、积极稳妥"的要求，并在区分城中村、城郊村、传统农业村和山区村、平原村、湖区村及富裕村、薄弱村、空壳村等不同类型特点村庄的基础上，东平县在彭集街道、接山镇、沙河站镇选择20个试点村，其他乡镇（街道）根据各自具体情况，选择2~3个村级班子好、群众基础好、发展潜力大的行政村（居）作为试点，设计合适的试点方案，分类有序推进改革。具体而言，在选定村庄时综合考虑以下特点：（1）经县民政主管部门批准，已实施"村改居"或者拟实施"村改居"的农村新型社区；（2）集体经营性资产人均2000元以上；（3）集体经营的"四荒"类土地资源人均面积0.5亩（含0.5亩）以上；（4）集体所有的土地资源70%以上被征占用；（5）集体承接政策性扶持资金人均1000元以上，且所有权归村（居）集体的。符合第1项，但尚不具备第2、3、4、5项条件的农村新型社区，可先成立农村经济合作社，暂不进行股份制改造。截至2017年5月，东平县经过初步的尝试和探索，在试点乡镇内初步形成了以沙河站镇孟庄村为代表的政府引导型、以银山镇南堂子村为代表的能人带动型、以接山镇后口头村为代表的合作经营型、以梯门镇西沟流村为代表的资源整合型四种发展模式。

黄河滩区治理工程同样也遵循试点先行的原则。东平县经深入调研，广泛征求群众意见，确定将东平县银山镇耿山口村作为黄河滩区治理工程的一期迁建试点村，该工程共涉及群众2331人、783户；将银山镇马山头村、南刘村、北刘村作为二期迁建试点村，共涉及群众2105人、699户。经入户调查，拟计划试点村98%以上的居民搬迁愿望强烈，村两委班子工作能力强、群众基础好，试点村具有很强的代表性和可推广性。从2015年10月开始启动，东平县在较短时间内完成了项目立项、环评、规划、节能、土地证、施工许可证所需全部手续办理工作，进行了公开招投标，确定了具有建设资质的施工企业和监理单位，并分别签订了合同。截至2016

年底，社区 28 栋住宅楼已全部完工达到交房标准，至 2017 年 4 月 6 日，783 户群众领到了新房钥匙，7 月底群众搬迁入住，同年 10 月底即完成旧村拆除及复垦工作。

3. 细化管理，防控风险

改革是一项系统而复杂的工程，同时伴有各种潜在的风险，如何把握政策界限，妥善处理好实践与创新、速度与质量的关系是需要统筹考虑和兼顾的必选题。东平县在改革过程中通过深入调查研究，制定切合实际的工作方案，充分考虑各方面影响因素和承受能力，在试点范围内超前探索、先行先试、封闭运行，同时以依法依规、稳妥高效、群众满意为准则，细化管理，将风险控制在最小范围。

第一，规范资金管理。东平县在产权改革过程中，将村（居）集体经济组织资产、合同纳入管理范畴，同时建立资产管理、资产交易、合同管理三个台账，由原来单一监管村级资产扩充到对股份经济合作社的资产监管。通过对集体经济组织各项指标的监控，整体实现了事前、事中、事后的全过程监督，确保村集体经济组织资产的安全完整和保值增值。在村级集体经济项目落地过程中，严格按照《彭集街道扶持村级集体经济发展试点工作项目资金申请评审办法》的要求，采取村级申报、管区初审、街道评审小组论证和结合第三方评估的方式，对上报项目进行充分论证评审，同时，成立审计监督组，对资金的使用进行全程审计监管，定期巡查，对发现的存在的问题督促及时整改。

第二，强化质量管理。为保障社区建设的质量，将质量上好的房屋交付给群众，东平县摸索了一系列工作方法保障建设的顺利进行。首先，在进行社区建设的过程中，东平县从相关部门选派四名专业人员盯靠在四个乡镇，全面做好质量监控。对社区的总体规划及户型、产业规划全面向群众公开；对工程建设的关键部位、关键环节、关键程序进行录像记录；对联村并点的移民社区，建立村干部和群众代表轮守监督制度，及时组织村内"五老"人员和群众代表，全程参与工程质量监督，部分移民亲眼看着一天天建成的新家园，心里由衷地感到激动。其次，建立两个质量安全管理分支机构和一个建筑材料检测机构，通过随到随检、现场抽查、设立乡镇检测室等方式，开辟建筑材料质量检测绿色通道，每周至少两次到施工现场开展巡查服务，保障了工程进度与质量安全"双达标"。最后，设立每周开放日，组织部分群众有序参观，着力打造阳光工程。

第三，规范流程管理。为确保农村综合产权交易平台的持续发展，保护农民利益，降低市场风险，充分发挥政府的公共服务和监督管理职责，东平县制定相关措施，规范管理流程，促进改革攻坚的顺利进行。其一，制度规范。东平县政府协调县法制办、金融办、人民银行等相关单位，出台了《东平县综合产权交易管理办法（试行）》《东平县综合产权抵押担保管理办法（试行）》《东平县农村综合产权抵押融资实施意见（试行）》等流转交易规则，保证了农村综合产权交易有合法依据。其二，风险控制。在农村产权交易过程中严格遵守土地用途和规划，只对经营权进行流转，不改变土地的集体所有权。在交易过程中，对各类交易项目的产权权属严格审核，确保交易的安全可靠、公平公正。其三，司法保障。在产权交易平台内引入司法确认机制，为合理解决产权交易的纠纷提供公正的司法支撑。在这一框架机制内，发生产权交易纠纷的当事人可以向县农村综合产权交易所申请调解，双方达成调解协议的，可以向人民法院申请司法确认，经确认的协议具有司法效力，对于违约违法的交易方，严格追究法律责任，消除违法行为。

（三）制度配套，机制保障

作为一项复杂且长期的系统性工程，产权攻坚若没有完善健全的机制作为保障，所推进的工作终会付诸东流。为确保改革走得远、走得好，东平县领导班子尤其重视改革中的机制建设，确立了各项工作机制，为改革的实施注入强劲的动力。

1. 配套保障机制

一是财政资金支持。东平县是全国第二、全省第一的移民大县，库区移民24.5万人，每年所承接的财政扶持资金3亿多元，如何管理好和使用好这些资金是当地政府必须要面对的问题和考验。为此，东平县与金融机构共同管理"扶持基金池"资金，该资金额度为1000万元，县财政局将这1000万元扶持资金放到沪农商村镇银行开立专户管理，由沪农商村镇银行以支农创新贷款方式放大3倍系数，形成总额度3000万元的支农贷款，贷款主要用于村级集体经济发展项目所需的流动资金，期限一年以内。根据《东平县扶持村级集体经济发展试点资金管理办法》，该资金由村集体提出申请，财政局、街道办审核推荐，沪农商村镇银行调查发放的流程发放贷款。在确保扶持资金安全的基础上，充分发挥扶持资金效用，从而切实发挥了国家涉农政策性资金资产的"酵母效应"。二是多层次政策扶持。为了保证改革的顺利进行，东平县政府倡议各级各部门应当鼓励和支持农村集体资产股份合作制改革。实施集体资产改制后的村（居）以及多村并居后成立的农村新型社区，原享受的财政奖补资金、转移支付资金政策不变。同等条件下，各级扶持项目和资金优先安排给完成集体资产改制的村（居）。三是多产业配套机制。产权制度改革之前，在东平县全县的716个村庄之中，无产业优势的村庄占比在80%之上，另一特殊的县情是东平县是山东省最大的移民县，468个移民村中有54个无地移民村，占比为10.90%，如何实现村集体增收和农民致富是当地政府不得不面临的迫切问题。东平县根据当地各个试点改革村庄的具体情况，因地制宜，因村施策，积极探索发现不同的产业路径，拓展不同的产业模式，在倾力打造建设移民社区的同时，同步规划建设产业园区，不仅要让农民住得安心，更要让农民在家门口实现就业和增收。截至2017年5月，东平县已在11个移民社区周边规划配套30个产业园区，已有21个项目实现了落地建设，据不完全估计，30个产业园区共可带动1.2万余名贫困移民就业增收。

2. 分配激励机制

合理的分配方法、有效的激励机制能够充分调动组织和个人的参与热情，发挥其在改革事业中的主观能动性，为改革的持续推进增添不竭动力。东平县以精准识别、合理分配为基础，坚决维护改革的公平与效率，以此提升群众对改革的认可度，确保群众可以享受到改革的基本成效，从而为改革创造便利条件，点燃改革热情，推动改革持续增效。

首先，体系分配保证改革精准显效。东平县精准定位改革群体，以体系化的分配方式，确保改革及时显效，有效提升各级组织和群众支持改革的信心和动力。比如，政府组织4000余名镇村干部严格遵循组织培训、农户申请、入户调查、民主评议、公告公示、建档立卡的"六步工作法"，精准识别贫困对象，核实贫困人口。经过精准识别，2016年东平县共有建档立卡贫困户16032户、39629人。同时，东平县对建档立卡贫困户实行动态管理，同时保证脱贫后的贫困户能及时退出，返贫及时纳入。在准确定位改革受众的基础上，东平县的各项改革都设置了体系化的分配规则。如进行集体产权股份制改革时，在清产核资的基础上，合理确定折股量化的资产，设置集体股和个人股两种股权。年末严格按照集体与成员拥有股权的比例进行收益分配。在社区建设完成分房时，采用"积分抓阄制"的办法，即按照签腾空协议、交差价的先后顺序给每一户评定积分，第一天就签协议补齐差价的农户积一分，第二天的积二分，第三天的积三分，依此类推。抓阄时先按农户对房型大小的不同需求分成三组，然后积分少的先进行抓阄选房。

其次，多重激励强化改革有序增效。有效的激励机制对于实现工作目标、加快改革进程、调动人员的积极性和创造性具有十分重要的意义。东平县在推进农村综合改革的过程中，注重运用激励机制来促动改革的逐步开展。第一，技能培训，激活致富路。东平县一方面注重整合人社、商务、教育、农业、科技等资源，设立培训"流动课堂"，开展电子商务、乡村旅游、种养加农业技术等培训共计120多次，培训6546人次。另一方面积极开展免费劳务输出培训，签订劳务输出合同，提升务工贫困群众的就业能力，全面激发农民致富激情。第二，奖先评优，激发精气神。东平县设置"乡村之星"奖项，鼓励为东平县农村经济社会发展做出过突出贡献，具有良好道德品质，在农业生产一线直接从事生产、经营、服务活动，起到较大示范带动作用，并得到社会广泛认可的优秀农村实用人才。打造"村级擂台赛"，组织村支书同台对决，激发村干部干事创业激情，加快村级经济社会发展。"十佳擂主"每人有1万元的奖励，"总擂主"会被聘为县政府经济顾问，聘期一年，聘期内每月享受1000元的政府津贴，参与县委重大经济决策，对县委重点工作提出对策建议。对乡镇"擂主"每人奖励5000元。第三，福利补贴，激励改革心。多数村庄在进行集体产权股份制改革后，村集体会主动承担村庄的卫生费、治安保险、老龄保险等费用支出，让村民切实感受到改革带来的变化，增强群众对改革的认可与支持。

最后，政策优惠驱动改革激励效应。为进一步扩增改革中的激励效应，东平县积极争取优惠政策，加大改革的政策扶持。截至2017年5月，东平县已争取到省市各类专项资金8.2亿元。其中，国土部门积极争取部委支持，解决了622亩土地指标；供电部门将社区供电设施配套列入省级优惠计划，完成投资3181万元；社区供水设施配套享受农村饮水安全项目优惠政策，完成投资445万元；县卫生局争取资金50万元，为移民社区基层医疗机构进行全科医师人才培训；县交通运输局争取资金310万元，用于建设15.6公里移民社区主干道路。各相关单位在土地规划、社区建设、手续办理、移民就业培训、库区产业发展等方面简化流程，共计减免各类费用5000万元。此外，充分发挥民政部门职能作用，全面落实惠民政策。2015年12月，东平县政府制定出台《关于免除居民殡葬基本服务项目费用有关事项的通知》，对县城居民的基本殡葬服务费用给予免除。同时，东平县加强了公益性公墓建设，东平街道、彭集街道、新湖镇、州城街道各已建立一处公益性骨灰堂，城乡居民的骨灰安放需求得到了有效保障。为进一步倡导节地生态葬法，深化殡葬改革，推行绿色殡葬，2014年3月东平县民政局出台了《东平县生态节地葬法奖补办法》，至2016年共有45人选择了生态葬法，县局投入生态节地葬法奖补资金共计3.6万元。此外，东平县还通过设立财政扶持基金帮扶失能贫困户等形式，提高改革的普惠性，使全民共享改革发展成果。

3. 监督考核机制

习近平总书记指出，要坚持有责必问、问责必严，把监督检查、目标考核、责任追究有机结合起来，形成法规制度执行强大推动力。考核评价是抓手，监督检查是保障。实践证明，好的决策、好的制度之所以贯彻落实得不够好，往往是监督考核没有及时跟上、没能实现常态化造成的。东平县通过建立完善的监督体系，创新监督方式，严格考核机制，着力推动改革落地见效。

一是完善监督体系。东平县的农村综合改革涉及大量的人力和财力资源，为保障人力、财力落到实处，东平县为各项改革工程设置了完善的监督体系，从事前、事中、事后全过程着手，实现常态化监督。例如，在财政部扶持村级集体经济发展试点的项目中，县财政局和彭集街道分别研究制定了《东平县扶持村级集体经济发展试点资金管理办法》和《彭集街道村集体经济发展试点项目资金管理办法》，对资金使用范围、申请程序等都做出了明确规定。同时，彭集街道财政管理中心对扶持资金实行专账核算，并按试点村设立台账，对扶持资金的奖补、申领、发放、用途等进行全程跟踪监督。清产核资作为集体产权改革的工作重点，自然也是群众关注的焦点。为了消除村民的疑虑，增加过程的透明度，各村成立了由党员代表和村民代表组成的清产核资小组，对村集体所有的资产进行清查、清理、量化、核实。同时，由县政府聘请有资质的评估公司进行评估，做出详细的评估报告，经村民代表大会确认后，张榜公示以便接受全体村民的监督。此外，每个合作社都依法成立了股东大会、理事会、监事会，以健全的治理结构确保监督有力。东平县还以乡镇（街道）村集体"三资"管理中心为依托，健全完善农村集体产权监管平台，加强对股份经济合作社的资产管理和财务监管。通过对集体经济组织各项指标的监控，实现对合作社运行的全过程监督，确保村集体经济组织资产的安全完整和保值增值。

二是创新监督方式。常态监督方式与创新型监督方式并举，是东平县农村综合改革的显著特征之一，也是东平县努力做好改革监督工作的体现。东平县创新出多种监督方式，为常态监督机制注入新活力。首先，抓建设保质量。东平县创设工程质量"黑匣子"监管模式。通过工程质量安全监督计划对需要的手续、注意事项全盘交底，做到全程无缝监管。建立两个质量安全管理分支机构和一个建筑材料检测机构，以随到随检、现场抽查、设立乡镇检测室等方式，开辟质量检测绿色通道，并且每周至少开展两次施工现场巡查，保障了工程进度与质量安全"双达标"。其次，紧抓资金促安全。为保障资金平稳运行，东平县成立了审计监督组，对资金的使用进行全程审计监管。采取定期巡查的方式，以实现及时发现问题、及时反馈信息、及时整改误差，确保资金准确发放，高效运营。再次，严抓干部肃风纪。东平县设立工作督导机制，成立巡回督导组，根据督导内容吸收领导小组下设各组成员及有关部门参加，对领导小组安排的工作任务，采取现场督导、电话督导、信函督导等方式进行督导，并将督导结果在一定范围内通报或公开曝光。最后，群众参与助监督。东平县坚持让群众参与，保证公开透明。社区总体规划、户型规划、产业规划面向群众公开；对工程建设的关键部位、关键环节、关键程序进行录像记录；对联村并点的移民社区，建立村干部和群众代表轮守监督制度，轮流到施工现场蹲点进行全天监督；并设立每周开放日，组织部分群众有序参观建设情况，力求打造阳光工程。

三是实行严格考核。东平县一方面出台了严格的考核评价办法，启用约谈问责机制，建立起日常督导与专项抽查相结合的督查机制。设定了目标倒逼、问题清单、现场调度、巡查通报、跟踪考察、打分评议、考核奖惩七项制度，做到每项任务由一名县级领导牵头负责，明确责任。同时，县督查局强化经常性督导，巡回督导组坚持实行每周一巡查、每周一报告、每周一通报。此外，每月组织全县各大班子领导、相关部门和乡镇（街道）主要负责人对照阶段性目标进行现场观摩、评议打分、通报排名，以督查考核促进改革工作迅速落实。此外，加大考核力度，将考核结果与"评优评先"直接挂钩。东平县将日常的考核结果作为领导班子综合考核评价、领导干部选拔使用、单位组织评比的重要依据之一。创设新型目标考核机制，以强化改革效果为目标，以考核结果为依托，以"评优评先"为动力，以奖惩有序为途径，全面推进目标考核工作。例如，把乡村文明行动移风易俗工作纳入全县经济社会发展综合考核，在年底市里组织的群众满意度电话调查、暗访检查中排名倒数30名内的乡镇街道，年度精神文明考核不能确定为"优秀"等次，已被评为市级以上文明村镇的，将撤销其荣誉称号；排名倒数20名内的乡镇街道要书面说明情况；移风易俗工作不力的，取消文明村镇、文明单位评选资格。

三

筑基：以产权改革撬动发展攻坚

2016年4月，习近平总书记在小岗村农村改革座谈会上强调，解决农业农村发展面临的各种矛盾和问题，根本靠深化改革。新形势下深化农村改革，主线仍然是处理好农民和土地的关系。当前农村改革也进入了深水区，进入了"啃硬骨头"的阶段，其中，产权改革可以说是"最难啃的骨头"，也是关系农村综合改革成败的关键因素。为此，党和国家也相继出台了一系列政策文件，着力推进农村集体产权改革。2016年12月，中央出台了《关于稳步推进农村集体产权制度改革的意见》，对深化农村集体产权改革做出了系统全面的部署。山东省东平县作为农业大县，农村土地资源和集体资源丰富，立足这一实际，东平县紧紧围绕"土地"做文章，积极推进农村产权改革。自2014年跻身全国第二批农村改革试验区以来，东平县进一步深入地推进产权改革，积极承担"农村集体产权股份合作制改革试点"的试验任务。按照"因村制宜、分类施策、促进发展"的思路，稳步探索农村集体产权制度改革的有效途径，在立足村庄资源优势的基础上，因地制宜建立了以土地、资金、资源为主的土地型股份经济合作社、资金型股份经济合作社、资源型股份经济合作社。在产权改革的基础上，东平县积极引入了市场化运营、公司化管理、专业化经营的现代管理制度，通过发展多元化经营，有效盘活了内部资源，促进了集体经济的发展壮大；通过搭建产权交易平台，激活了农村各类生产要素的规范流动。

（一）农村发展后继乏力

农村集体所有制是当前我国农村的基本产权制度，在集体所有制之下，集体经济组织的资源性资产、经营性资产等集体资产是农村集体经济发展的重要物质基础。东平县作为传统的农业大县，承包地、四荒地等资源性资产丰富，而经营性资产则相对较少。长期以来，由于管理不到位、分配欠公平、权益难落实等原因，集体资源性资产利用低效，村级经济发展动力不足，同时在传统的"政经不分"农村治理模式下，村级服务能力和治理能力有限，难以为村庄发展提供良好的"软环境"支撑，致使农村发展缺乏内生活力。

1. 土地资源"沉睡"，发展无力

（1）四荒地资源价值埋藏

四荒地是指由村集体所有和经营的荒山、荒沟、荒滩和荒丘等土地资源，是农村集体资产的重要组成部分。东平县四荒地资源丰富，全县村集体四荒土地多达26万亩，但长期以来，四荒地资源由于生态条件差、开发难度大或空间距离远等原因，村集体将其或是弃之不用，或是以极低的价格承包给农户使用，而单个的农户由于人力、物力、财力有限或使用不上心，对所承包的四荒地开发利用也不甚充分，致使四荒地资源潜在的价值难以显现、放大，更难以助力村庄的发展。接山镇朝阳庄村位于乡镇西北部，三面环山，沟壑纵横，交通闭塞，村庄耕地面积2318亩、山林面积3860亩、四荒地面积400多亩，"只见石头少见人"是当地村民对村庄恶劣生态环境的形象描述。在村集体资产中，山林地、四荒地构成了该村固定资产的绝大部分，从1984年开始村里以每亩10元的价格将山林地承包给农户，承包期限为30年，这些山林地闲散在老百姓手中，由于管护不精心，老百姓获得的收益很微薄，而大量的四荒地则处于无人问津的状态，村集体有资源却无收入，村庄曾一度负债高达76万元。

（2）碎片建设用地管理无序

依据我国现行的《土地管理法》，从用途角度来看，我国农村土地可以划分为三大类，即农业用地、建设用地和未利用地。建设用地是指用于建造建筑物、构筑物的土地，我国的农村建设用地大致由经营性建设用地、农民住宅用地、农村公共设施建设用地三部分构成,它们是当前农村培育、发展经营性资产的基础土地资源。在农村集体所有制制度之下,建设用地所有权的主体为"农民集体",所有权的行使主体则主要是村委会和村民小组。长期以来,村民房前屋后、村庄道路两旁以及其他的碎片建设用地由于单片面积小、地块分散等原因往往被村集体所忽视,致使其既缺乏统一规划,也未能得到有效管理。村民对碎片建设用地乱占、乱用、乱搭、乱建,"谁抢到就是谁的,谁占到就是谁的",导致没占到的对占到的有意见,占得少的对占得多的有意见,村民对村干部有意见;另外,部分村民在房前屋后的碎片土地上种植果树等经济作物,由于面积小,所得产品零散售卖收益低,又需耗费一定的精力进行看管照料,村民觉得"得不偿失",进而出现了碎片土地"占而不用"的资源闲置问题,致使土地资源浪费严重。彭集街道的后围村,地处城乡接合部,下辖6个自然村,11个村民小组,村域面积1160亩,其中村庄占地450亩,农户家庭承包地710亩,闲置的碎片土地累积起来多达310亩,长期以来被乱侵、乱占,有的农户占用几百个平方,有的农户几个平方甚至一寸都未能占到,造成村民与集体、村民与村民之间矛盾重重,碎片土地利用率低、闲置率高。

(3) 承包地经营效率低下

在1978年实行家庭联产承包责任制后,我国实现了农村土地集体所有权与农户承包经营权的分离,2016年,为适应当前农村发展现状,推动农村农业现代化、高效化发展,我国又进一步实施了农村土地所有权、承包权与经营权的"三权分置"。土地作为最重要的生产要素,其经营效率直接关系着普通农民的生活水平以及农村整体层面的发展。东平县作为传统的农业区,土地资源较为丰富,全县农用地面积有112万亩,其中家庭承包地面积达86万亩,但是丰富的土地资源并没有带来高效的土地经营。首先,独户式经营无力突破自然条件限制。当前,东平县农业生产的主要方式依然是个体农户的"单打独斗"式,在有限的土地上,面对先天自然环境的限制,个体农民无力改造,农业生产效率低下。以东平县西沟流村为例,村庄三面环山,耕地以旱地为主,并且主要是山地和坡地,由于土地贫瘠,水资源严重匮乏,且村庄的农田水利设施较为落后,土地灌溉需求难以有效满足,农民的作物种植也多以传统的小麦、玉米、地瓜、小杂粮为主，种地耕作基本靠天吃饭，"家庭建房靠贷款，孩子上学靠借钱"成了当地农民的真实生活写照。

其次，农业劳动力的缺乏加剧了土地闲置和利用低效。随着社会经济的发展和城市化进程的加快，传统生产模式下的农业比较效益降低，农民对农业的依赖性减弱，越来越多的农村青壮年走向城市，留下"386199"部队，即老人、妇女、儿童留守村庄，大量的耕地也只能依靠老人、妇女来耕种，部分农户甚至无人种地，将土地"寄养"给其他农户。接山镇的后口头村，18~45岁的青壮年劳动力有95%以上外出务工，留守的老人、妇女若自己耕种土地，每亩地每年种两茬粮食作物，单纯依靠化肥增产，不仅种植成本高，产量难突破，并且质量难以保障，遇上丰收年景，工钱不算，除去人工、肥料，每亩收益最多不超过1500元，管理差的收益更少；若是将土地"寄养"给别人，每亩的收益每年最多超不过500元。正如村民王某所说："在家种地一年下来的收入还不如我在外一个月打工赚得多，那我为什么不出去呢？"

最后，土地的碎片化经营致使农业难以形成产业化发展。东平县虽然有86万亩家庭承包地，但平均到全县17万农户，户均经营规模仅有5.1亩，在"一户四五亩、种地五六块"的细碎化经营模式之下，农民多采用简单的传统农业生产工具以及代代相传的传统农耕生产技术，现代化的机械、技术等生产要素或是不被认可，或是因小面积使用成本太高而不被接纳，这就阻碍了现代生产要素向农村农业的聚拢，限制了农业生产的机械化、规模化与高效化。此外，小片土地上的农业生产多是一种"糊口农业"，农民生产的农产品主要用来满足家庭基本生活需求，农产品的社会化和商品化程度低，进而造成农业生产效益低下，农民单纯依靠自身的积累难以形成产业培育资本，使农业产业化发展不足，进而影响土地经营效率的提升。

2. 集体产权发展"迷路"，动力不足

（1）"兼业化"管理，经营收益不明

农村集体经济在本质上是集体成员利用集体所有的资源要素，通过合作与联合实现共同发展的一种经济形态。自改革开放以来，我国农村实行了以家庭承包经营为基础、统分结合的双重经营体制，农户家庭生产与村级集体经济成为这一体制的两个重要支柱。但在现实之中，由于缺乏专业有效的集体经济运营主体，村级集体资产多由村两委直接经营，集体经济呈现由村干部"兼业化"管理的局面，村民对集体资产的数额、运营状况、收益等难以悉知，进而使得有的村民不关注，有的村民乱猜测，而与此同时，村干部对集体资产的权利与责任不明确、不对等造成了集体资产管理混乱，存在被私人侵占的可能。彭集街道后围村地处105国道与331省道交叉路段，地理位置优越，交通区位优势明显，且毗邻大型骨干企业瑞星集团，集体净资产达874.8万元，在集体产权股份改革之前，集体资产由村两委直接经营，不仅管理人员多而且支出费用大，村集体年收入50万元，支出高达31万元，占集体年收入的60%以上，村集体所有的沿街商铺的租金由于村干部的不作为、少作为或乱作为也难以正常收取，造成了集体资产的流失。

(2)"福利式"分配，成果分配不均

让广大农民共享改革发展成果是集体经济发展的题中要义，而实现这一目标的关键则在于如何分配好做大的集体经济"蛋糕"。在传统收益分配模式之下，村庄多采用"福利式"分配，如村集体负担全体村民医保、过年过节发放慰问品、给村庄老年人统一购买养老保险等。在这种分配模式下，一方面，由于福利种类多、事项杂且每个家庭的情况不同，福利发放很难做到完全的公平、公正，容易引起群众不满，导致协调分配矛盾成为村干部的主要工作之一，管理成本也因此增加；另一方面，新出生的婴儿和为村庄做出较大贡献的年长者享有同等的分配权益，甚至前者所享受的村庄福利要多于后者，这种权益平均带来的绝对平均式分配难以激发起村民主动参与村庄建设的热情，集体经济收益分配陷入两难的境地。彭集街道后围村每年支出的各种福利有23万元，包括村民用水用电不要钱、耕地播种不要钱、村民小孩在村庄小学上学不要钱等，这种"大锅饭"式的分配模式，既增加了管理费用开支，又容易形成分配上的不公，引起村民的猜忌和不满，正如一位村民所说："每年分什么东西、怎么分，都是村干部说了算，具体情况我们也了解不到，公不公平都那样了，分下啥算啥。"因此，创新收益分配模式，真正实现公平、公正成为村干部和村民的共同诉求。

(3)"名义上"共有，农民权益不实

党的十八届三中全会指出，"要赋予农民更多财产权利，保障农民集体经济组织成员权利"。作为农村集体经济组织的主体成员，农民个体对农村集体资产享有监督权、收益权、管理权等权益，集体资产也理应归成员集体所有，但在现实之中，农民对集体资产经常面临着收益"看不清"、红利"难摸着"等问题，集体资产权无其主、主无其权，名义上"人人共有"，实际上"人人无份"，农民的"权利束"处于"悬空"状态，而由此导致的则是农民与集体的"背对背，心离心"。后围村早在人民公社时期，由于村庄的土地被附近的化工厂所征用，村民开始在化工厂上班，之后，村集体对接化工厂需要，成立了运输队与装卸队，并逐渐发展为村办企业，近年来，村庄更是借助地理位置优势开发商业楼盘并发展租赁经济，村集体经济也得以成长壮大，集体经营性资产达800多万元，但长期以来，村集体资产多由村干部直接经营，普通村民难以参与其中，久而久之，大多数村民对集体经济不关注、对集体事业不关心，认为发展集体经济是村干部的事情，与个人无关，效益好了大家都有份，效益不好也无所谓。由此可见，明确集体资产产权归属、保障农民权益、促进农民增收是当前农村改革的迫切需要。

3."软环境"难变发展"硬支撑"

(1) 脆弱性经济，服务升级缺基

农村集体经济是基层政权服务群众的重要物质基础，村庄公共基础设施的建设、公益事业的发展以及集体组织的正常运转均离不开集体经济的支持，随着农民物质生活条件的改善，村民的公共服务需求也日益呈现多样化、个性化特征，村级组织能否有效满足群众的公共服务需求决定着群众对村集体的认可度与满意度。东平县作为传统的农业大县，薄弱村多，村级积累少，经营性资产过百万元的村庄不足15%，很大一部分村庄的集体经济处于"空壳"状态，有些村庄甚至是负债村，集体经济的无力或缺失致使村庄难以满足群众基本的公共服务需求，更谈不上服务升级；一些有经营性资产的村庄，集体经济发展面临着"不知路在何方"的困境，集体资产也成为"一潭死水"，难以实现保值增值，提升其服务群众的能力。银山镇的后银山村，自20世纪90年代以来，石灰、石子等山石开发成为村庄的主导产业，全村80%以上的农户或直接从事石材加工，或从事石材运输，或入股石材经营，村集体凭借山石资源的有偿开采，积累了较为丰厚的资产，村集体账户净资金555万元。2015年，后银山村山石资源基本开发完毕，少部分石材专业户向外乡山石地区转移，大部分有劳动能力的人员外出务工，村集体和村民个人均面临坐吃山空的困境，部分村民甚至提议将集体积累的555万元资金"分净吃光"，村级公益事业也一直处于"原地踏步"状态。

（2）政经不分，治理能力不足

有效区分村级各类集体组织的职能、权力和责任是提升村级组织治理能力的重要基础。东平县大多数村庄集体经济组织与村民自治组织不分，村委会代行集体经济组织功能，村干部成为集体资产运营管理的"代理人"，由此，村干部一方面要履行常规的村委会行政职能，另一方面要投身村庄集体经济发展，分身乏术。特别是在村庄集体经济薄弱导致村集体负债运行的村庄，部分村干部为了减少村级债务，常年在外面跑项目，村民有矛盾都难以找到村干部出面调解，村庄日常的公共事务和社会治理难以开展。从村民角度来看，村干部的大包大揽也阻碍了村民对村庄集体经济发展情况的了解，村民难以有效参与到村庄的民主管理之中，也缺乏为集体经济发展建言献策的动力，正如彭集街道小高庄村的一位村民所说："你啥情况也不了解，没有参与的必要嘛，有那点时间，还不如寻思自己怎么发展。"

综上所言，一方面，薄弱的集体经济限制了村庄公共服务能力的提升，现有的公共产品难以有效满足群众的实际需求，致使村民对集体的认可度与满意度偏低，村民与集体之间未能架起"连心桥"，另一方面，村级层面的政经不分，难以调动起村民参与村庄公共事务管理的积极性，削弱了村庄的治理能力，使村庄治理效率低下。而这两者共同导致了村庄内部凝聚力与向心力的缺失，在村民与集体之间难以形成齐心共力谋发展的局面，村庄发展缺乏良好的"软环境"支撑。

（二）产权股份改革，激活发展动力

2015年，东平县被列为第二批全国农村改革试验区，承担农村集体产权股份合作制改革试点任务。探索赋予农民更多财产权利，明晰产权归属，完善各项权能，激活农村各类生产要素，建立符合市场经济要求的农村集体经济运营新机制，进而促进农民增收、农业增效、农村发展成为改革的重要目标。

面对农村发展后继无力的现实困境，东平县紧紧抓住作为全国农村改革试验区的机遇，结合县域实际情况，以集体土地资源、经营性资产、政策性扶持资金为主要改革内容，通过"筹建小组、清产核资、资格界定、制定章程、资产量化、股权配置、股权管理、设置机构、注册登记"九个步骤稳扎稳打，将农村集体产权制度改革落到实处，激活了农村发展的内在动力。

1. 清产核资，亮明集体家底

(1) 明晰条件，精确股改对象

推行农村集体产权股份合作制改革，首要在于弄清"要谁改，谁来改"的问题。东平县委书记赵德健指出："我县农村集体产权股份合作制改革试点，在'不改变产权性质、不改变产权用途、不损害集体经济组织和成员权益'的前提下，以清产核资、资产量化、股权管理为主要内容，将农村除承包地以外的集体各类资源性资产和经营性资产，作股量化到村集体经济组织成员。"这为农村集体产权改革指明了方向，基于此，东平县因地制宜，结合本县实际特点，将试点村庄分为三种类型，全面推进农村集体产权制度改革。

一是集体经营性资产人均2000元以上且区位优势明显的城中村、城郊村、乡镇（街道）驻地村，要盘活土地资源和经营性资产，成立股份经济合作社，自行或以参股、合作的形式建设厂房、商业卖场、餐饮住宿等设施，发展物业经济、租赁经济或服务经济。二是没有经营性资产或经营性资产较少，但集体所有的荒山、荒坡、荒滩等"四荒"类土地资源人均面积达0.5亩及以上的传统农业村、薄弱村，要盘活农地、林地、水面、"四荒"等资源型资产，成立以土地资源为主体的股份经济合作社，发展适度规模经营。如彭集街道的赵楼村，立足村庄土地资源丰富的实际，成立股份经济合作社，吸纳全村67户农民自愿将320亩土地入股合作社，并与黑龙江省鸡西市鸡东县东宝村香瓜种植专业合作社达成协议发展香瓜规模种植。三是对于移民扶持、扶贫开发、南水北调工程等国家政策性资金投入较多的移民村、贫困村，村集体承接各类政策性扶持资金人均1000元以上的要通过股份经济合作社对接扶持资金，发展股份合作制经营项目，进而将资金折股量化到扶持对象，实现扶持资金的集中、长效发力。接山镇的夏谢五村以省财政专项扶贫资金160万元为引领，与江苏立华牧业有限公司和东平富华养殖设备有限公司合作成立生态养鸡场，将资金折股量化给村庄219户贫困户，并以股金的形式投入养鸡场，贫困农户在养鸡场就业的同时，享受资金入股分红。

(2) 培训宣传，破除思想障碍

改革势必会触动现有既得利益团体的利益，农村集体产权制度改革同样也不例外。在实施农村集体产权制度改革之初，不同的群体从自身利益角度出发对改革抱有不同的态度。对于基层干部来说，一部分人认为没有或很少有经营性资产的经济薄弱村，没有改头，也没有改革的必要；有些村干部担心改革后东西都成了群众的了，自己不当家了，不想改；再者部分乡镇干部怕麻烦，认为改革后有些村容易出现上访，容易乱，也不愿意改。对农民群体来说，少数占用村内荒片资源较多的村民根本不同意改；有的村民担心改革后"福利"取消了、自己的分红减少了，不愿意改；还有一部分群众对股份合作制是什么、为什么要搞股份合作制、怎样实施股份合作制完全不了解，有的甚至认为股份合作制就是"分家"，就是平分集体资产。

面对如此众多的思想分歧，如何统一思想，将全体干部、群众凝聚在一起，形成上下人人关心改革、支持改革、参与改革的良好氛围就成为推进农村集体产权制度改革的一项基础性、前提性工作。东平县首先从县级层面出发，由县级改革领导小组牵头组织乡镇（街道）干部、村干部于2015年先后3次赴枣庄、肥城、上海、石家庄、邢台等省内外六七个改革先进区进行学习考察，做改革的"取经人"，与此同时，邀请专家、学者对基层干部进行了3次大规模的业务培训，随后以乡镇为单位开办培训班，对乡镇（街道）干部、各村书记、村主任、会计、村民代表、在村党员做进一步指导，进而以报纸、电视台、印发宣传材料等多种形式开展广泛的宣传动员，使全县上下形成良好的改革共识。彭集街道后围村面对思想认识上的现实阻力，村两委干部在改革之初，坚持问题导向，倾听村民呼声，向村庄所有农户发放了征求意见表，并100%回收。在宣传方式上，村两委在村庄文化广场、交通干线及村民集中居住区等人口密集区域悬挂横幅、张贴标语，村广播每天定时循环播放股份合作制改革基本知识、改革方案、文件政策。村干部亲自登门入户分发股份制改革明白纸，以向村民算经济账的方式讲解资产、资源走向市场经营后能带来多少收入，合作社成立后如何管理经营、民主决策、按股分红，现场解答群众疑虑，从而为股份合作制改革扫清了思想障碍，赢得了群众的理解和支持，在全村上下统一了改革思想。

（3）公开专业，理清集体"家产"

清查资产、摸清底数是推进农村集体产权制度改革的前提和基础，也是回答"改什么"这一问题的关键所在。所谓清产核资，即对村庄的经营性资产、非经营性资产、资源性资产进行清查核实，在摸清村庄资产底数的基础上，进一步明晰村庄各类集体资产的存量、结构、分布和运营效益等情况。东平全县716个村（居），近20万农户，拥有14.69亿元农村集体资产，这既提供了丰富的改革内容，也增加了改革的难度。对此，东平县出台了《关于深化农村集体产权股份合作制改革，做好国家农村改革试验区建设工作的意见》，明确清产核资要通过成立小组、核查资产、总结报告、群众确认、街道备案、张榜公布六个步骤稳步开展，在清产核资过程中，对于账面价值与实际价值背离较大需要进行价值重估的固定资产，可按有关规定聘请有资质的资产评估机构进行评估，做到账证相符、账实相符。彭集街道后围村在街道农村经营管理部门的指导下，成立了由村干部和农户代表参加的清产核资小组，对村集体所有的各类资产资源进行全面清理核实。对固定资产和存货等实物性资产进行实地勘察和清点，对往来款项及村集体签订的合同协议系统梳理，对集体所有非发包到户的机动田、水利设施等资源型资产进行丈量登记，对盘盈盘亏财产、物资登记造册做出说明并提出处理意见。在对村内荒片进行清查时，工作小组及时吸收各村民小组组长参加，对荒坑、荒片、荒场、空宅等逐块丈量登记并拍照，统一收归集体。经清查，后围村共有集体净资产8748300.45元，荒片土地310亩，村支书田汝生说道："清产核资，不仅理清了我们村庄的集体资产，也使我们个人清楚掌握了村庄的集体经济情况，真正做到了家底清、干部清、群众清。"

2. 确股赋权，做实成员权益

（1）民主协议，确定成员资格

农村集体经济组织成员身份是集体产权改革过程中配置股份的基本依据，确认成员身份涉及农民群众的切身利益，能否准确界定成员资格既直接关系到集体经济组织成员公平、公正地享有各项权益，也决定着能否确切明晰集体资产产权归属，保障改革稳步向前。由于全县716个村庄情况各不相同，人员类型差异也较大，东平县在界定成员资格工作中，坚持以"尊重历史、兼顾现实、程序规范、群众认可"为原则，统筹考虑群众的户籍关系、土地承包关系以及个人对集体积累的贡献等因素，在具体操作上，由各村庄依照村情，通过民主协商的方式，或召开全体村民大会，或召开村民代表大会，由群众民主决定成员界定办法、标准与程序，并规定在成员界定完成后要登记造册，并进行张榜公示。截至2017年3月，东平县全县界定村集体经济组织成员44537人。彭集街道后围村在界定成员资格过程中，以2015年6月30日为人口基准日，以历年人口情况登记记录为基础，以户为单位编制人口情况底稿，以组为单位编印成册发放到各个农户供农户互相核对，经核对无误后由户主签字确认，之后对户籍和居住在村内的现有人员，通过民主评议的方式确定其身份，区分集体经济组织成员和非成员，针对户籍不在村的初级士官、在读大中专学生、国家公务人员、服刑人员等特殊群体，村庄分别做出了具体规定，如本村村民已在党政机关、企事业单位获得固定工作，且工作单位给予缴纳养老保险的，不再确定为集体经济组织成员。经界定，村庄农业人口有493户、1860人，其中属于集体经济组织成员的有482户、1745人。

（2）紧贴县情，分类设置股权

作为农村集体产权改革的核心环节，股权设置既是集体成员权益的直接体现，也关系到农村产权改革的效率与公平，灵活的股权设置是保障村庄集体资产有效运行的重要前提。一方面，东平县村级积累弱，经营性资产少而资源性资产丰富；另一方面，作为全国第二、全省第一移民大县，全县库区移民24.5万人，每年承接的财政扶持资金3亿多元，但扶持资金多采用"撒芝麻盐"、平均到户的使用方式，难以实现长效之功。在此背景下，东平因村、因人、因需制宜，精准核定股权类型，依据产权归属，将股权划分为集体配置股、个人自愿股和定向扶持股三种类型。集体配置股即将集体经营的"四荒"类土地资源、经营性资产分别按照土地面积、资产金额折股量化，配置给集体与个人；个人自愿股是在完成土地确权的基础上，引导农户自愿以家庭承包地入股经营，实行"保底租金+分红"，确保成员家庭承包地的收益权；定向扶持股是指村集体承接的具有明确扶持对象和范围的各级扶持资金，在坚持不改变资金使用性质及用途的前提下，对各级投入的扶持资金定向股份量化，并以股权的形式投入农业经营主体，形成经营性资产，股东按股权获取收益。接山镇夏谢五村引进资本、技术建设生态养鸡场，将省财政专项扶持资金160万元折股量化给村庄219户贫困户，并以股金的形式入股养鸡场，变"扶财、扶物"为"扶股"，由此，贫困户不但可以获得股金分红，还可在养鸡场就业，实现了扶贫资金的长效发力。

东平县依据入股资源的性质，将股权区分为资产股、资源股与资金股三类。资产股即以村庄经营性资产设置的股份，如银山镇后银山村将集体经营性资产的70%共计525万元设置为资产股，一次平均量化给全体698名股东成员，每名成员分得股权额7521元；资源股是以土地资源入股，接山镇的后口头村将资源股设置为A、B两种类型，资源A股是指村庄的"四荒"地、机动地等，资源B股是成员以家庭承包地自愿有偿加入；资金股即集体经济组织在需要募集资金时，集体成员可以以资金入股，彭集街道的马流泽村在需要筹集资金时，每年在股东成员中集中募集一次，每2万元计为1股，并规定每个原始股东成员最多可以入100股。

除此之外，部分村庄还根据村情，自主探索出其他类型的股份设置，如后围村的"年龄股"与前河崖村的"村龄股""贡献股"。所谓年龄股，是指将村民的年龄因素考虑进去，18岁以下的配7股（基本股），18~38岁的配8股，39~59岁的配9股，60岁及以上的配10股；所谓村龄股和贡献股，即将村集体资产折股量化形成股份，不设集体股权，只设个人股权，个人股权由基本股、村龄股、贡献股三部分组成，并依据村民的身份、户口、村龄、贡献等因素配置到人。具体而言，凡在1980年1月1日前在村中落户且当时满15周岁的，每人配满基本股50股；村龄股配置重点突出公平分配原则，凡 2015 年 7 月 1 日前在本村出生、落户的按在村的村龄，每年配 1 股，每人最多 50 股；贡献股针对村民个人对村集体的贡献，规定凡在 2015 年 7 月 1 日前在村两委工作的人员，依据在村两委工作时间，按每人每年 1 股配备贡献股，贡献股最多不超过 20 股。在股权精确到人后，村集体经济组织以户为单位向集体成员发放股权证书，作为成员享受权益的依据。

在集体与个人的股权比例设置上，东平县实行个人集体三七开。确保农民和村庄共同受益是农村集体经济收益分配的基本原则，面对全县薄弱村多、村级积累少的特点，东平县坚持既不能把集体改没了、改小了、改弱了，也不能把农民的财产权利改虚了、改少了、改没了，规定集体股占30%、个人股占 70%，不设集体股权的村庄，在集体经济收益中提取 30%作为公积金、公益金，用于村级公益事业发展和集体组织正常运转，从而在保障农民受益的同时托底集体收入，确保村内各项工作顺利开展。例如，沙河站镇前河涯村将集体净资产 5078979.18 元全部折股量化给集体经济组织成员，不设集体股权，在集体收益中提取 30%作为公积金用于扩大生产、规避风险以及村庄的基础设施建设。

（3）动态调股，遵照现实民意

股权设置保障了集体成员股权享有起点上的公平，改革之后，随着村庄的发展以及村庄人口的出生、死亡、内外流动，村庄的人员类型也必将发生变化，在保障公平的基础上提升股权配置效率并推动农村集体经济的稳定运行必须通过切实有效的股权管理来实现。中共中央国务院在《关于稳步推进农村集体产权制度改革的意见》中提出"股权管理提倡实行不随人口增减变动而调整的方式"。我国许多率先完成集体经济产权改革的试点区也多实行股权固化，即在将股权量化到人后，再固化到户，以户为单位继承、转让，实行"生不增，死不减"，不再因家庭成员户籍、人口发生变化而调整股权，如江苏省昆山市在 2016 年即完成了股权固化改革。东平县作为传统的农业大县，土地资源丰富，在土地调整上多年来坚持"增人不增地，减人不减地"的原则，这种固化的土地承包关系致使部分村庄出现了某些家庭人多地少、某些家庭人少地多的土地资源分配不均现象，进而引发了新增人口土地权益无保障、村内土地矛盾尖锐等问题。如彭集街道马流泽村自 1991 年土地确权之后再未对土地进行过调整，村内人多地少、人少地多的现象十分普遍。有鉴于此，在集体产权改革之初，很多村民难以接受一次配股、永久不变的股权固化方式，而赞成"生增死减"的动态化管理模式。

对此，改革小组在实际工作过程中充分尊重农民意愿，同时也考虑到频繁调整股份不利于资产稳定，确定了"股份五年一调整，以集体股为机动股，实行增股减股不动股"的动态调股原则，在具体的调配方式上，又分为两种。一是"老出生进，按序排队"。即老人去世后收回股权，新生儿出生后配发股权，新生儿股权配发按照出生时间先后排序进行。以银山镇南堂子村为代表的一些村庄在集体产权改革过程中，通过民主协商决定在老人去世后原有股份收归集体，新生儿出生后到村委会登记，在保证总股份数量不变的前提下按照出生时间排队配发股份。二是"集体融蓄，灵活调配"。即充分发挥集体股的"蓄水池"作用，老人去世后股份收归集体，新增人口配股也从集体股中配发。接山镇的后口头村采取增人不减股，调股不动地的方式，每五年调整一次股份，对新增人口需要增加的资源股份从集体持有的 30%股份中配置，确权到户的家庭承包地以及量化给个人的资源 A 股（集体四荒地）不再减少，土地统一经营，地块不作调动。通过对股权实行动态化的管理，东平既有效满足了农民意愿，又保障了农村集体产权改革的顺利进行。

3. 建规立制，完善发展载体

（1）政策当头，合作社有规可依

改制后的农村股份经济合作社是以村域为范围、资产资源为纽带、成员为股东的社区性集体经济组织。合作社的长效运转首先离不开健全的体制、机制等制度方面的保障。而对于农民来说，股份经济合作社是一个新生事物，单纯地依靠农民自主探索创新，而不从政策法规层面加以引导可能造成股份经济合作社运转不规范、难长久，同时也不利于政府从整体层面上进行管理。为此，东平县在 2015 年 11 月即由县工商行政管理局、县农业局共同制定出台了《东平县农村股份经济合作社试行管理办法》，对股份经济合作社的性质、职责、成立条件、登记事项等做出了详细规定，从而为合作社的成立、发展提供了政策依据。为进一步推进农村集体产权制度改革，东平县在2017年3月出台的《关于深入推进农村集体产权制度改革的实施意见》中又对股份经济合作社的名称、经营范围、市场地位、组织结构等做了明确说明，如"完成集体资产股份合作制改革的村（居），一般应成立股份经济合作社，统一名称为'东平县×××乡镇（街道）×××村（社区）股份经济合作社'"。这些政策文件的出台不仅为农村股份经济合作社健全机制、体制指明了方向，同时也为合作社的规范运转提供了法规依据，推动了农村集体经济组织有效参与市场运营。截至2017年3月，东平县59个村实施集体资产股份合作制改革，48个村完成改革并成立了股份经济合作社。

（2）组织设立，合作社架构完善

完善的组织架构是合作社实效运作的组织保障。股份经济合作社作为农村集体经济新的实现形式，是农村集体资产经营管理和投资开发的主体，其运作效果既关系到村庄集体经济的发展，也决定了农民能否从产权改革中实际获益。在合作社依照章程成立之后，其具体的体制、机制最终要靠合作社内部的组织以及组织内的人来落实，这从客观上要求完善合作社的组织结构并确保其运行顺畅。东平县各村庄成立的股份经济合作社均设立了"股东代表大会+理事会+监事会"的组织架构体系，其中股东代表大会为合作社的最高权力机构，理事会是合作社的执行机构和日常工作机构，实行理事长负责制，对股东代表大会负责并接受监事会和股东的监督，监事会是股东代表大会领导下的监督机构，代表全体股东履行监督职责并向股东代表大会负责，合作社实行民主选举、民主决策、民主管理、民主监督。

在民主选举上，股东代表由具有选举权的股东推荐选举产生，监事会、理事会成员由股东代表选举产生，如马流泽村的股东代表选举平衡了村庄家族与片区因素，实行股东代表与村民代表重合制，从而有效拉近了成员与集体之间的距离；在民主决策上，合作社章程规定股东代表大会每年至少召开一次会议，股份经济合作社对重大资产处置、重大投资决策、年度计划、对外联合等重大事项需要做出决议的，必须经股东代表总数2/3以上通过；在民主监督环节，监事会与理事会不得交叉任职，并在每年年底向股东代表大会提交年度监察报告，保障对集体经济运营管理的有效监督。理事会、监事会、股东代表大会的"三会联动",将集体经济管理职能从村委会管理服务职能中剥离出来,真正实现了村庄管理的"政经分离",农民由以前的执行者变为集体资产的管理者、决策者、监督者和受益者,进而推动了村庄治理结构的改善升级。马流泽村的村支书张兆民说道:"现在合作社的重大事项都是农民说了算,我们村干部只是一个引导者,农民对村庄的公共事务也变得比以前有热情了。"

(3)全位监督,合作社运行有序

在集体产权股份合作制改革以后,股份经济合作社主要承担发展村级集体经济的职能,在具体运行过程中,单纯依赖合作社自身的自觉难以保障合作社持续、规范、健康地运转,由此,在完善合作社内部监督机制的基础上,还必须从外部对合作社施以必要的督导。东平县在具体实践过程中,探索出一种"纵到底、横到边、无缝隙、全覆盖"的监督体系来确保合作社运行不偏离正轨。具体来说,一方面,村庄集体经济组织成员通过监事会、股东(代表)大会发挥对集体经济的监督、管理作用,保障集体成员的监督权与知情权。另一方面,东平以县、乡镇(街道)村集体"三资"管理中心为依托,一是加强对股份经济合作社的资产管理,将村集体经济组织资产、合同一并纳入管理范畴,同时建立资产管理、资产交易、合同管理三个台账,从而将以往单一地监管村级资产扩充到对股份经济合作社的资产监管;二是加强对股份经济合作社的财务管理,规定股份经济合作社与村委会实行分账设置,合作社的总账、明细账等所有账目及资金均纳入财务监督管理范围,年终财务决算和收益分配方案要经股东(代表)大会讨论通过并报乡镇(街道)农经管理部门审核备案,在村庄层面,合作社实行财务"阳光"公开制度,定期公示合作社财务情况并接受村民问询。如彭集街道后围村的股份经济合作社账目于每月的15号在村庄的公示栏进行公示,接受全体股东的监督,村支书田汝生说道:"只有经得起广大村民的监督,我们的合作社才能走得更远、发展得更好。"通过这种内外联动的监督机制,东平县实现了对集体经济组织事前、事中、事后全方位、常态化的监督,确保了集体资产的安全完整和保值增值,推动了股份经济合作社的长效运营。

（三）股份合作，聚合发展要素

东平县推动集体产权股份制改革，是为了实现集体资金、资产、资源和人才等方面的盘活，具体是指通过发展主要以土地入股的股份经济合作社将集体的土地资源充分利用起来，以建立资金型股份合作社的形式将集体积累的资金不断"发酵"，依托资产型股份合作社把集体所拥有的资产创新发展起来，以此达到聚合各类发展要素的目的，使得集体经济焕发生机与活力。

1. 土地入股，发展土地型股份经济合作社

东平县土地资源丰富，但在东平县全县716个行政村中，没有集体收入的村庄有276个，占38.5%。为此，东平县在《关于深化农村集体经济产权股份合作制改革的意见》中指出，对于没有经营性资产或经营性资产较少的传统农业村、薄弱村，盘活农地、林地、水面、"四荒"等资源型资产，发展土地股份合作社，统筹整合农业资源，发展适度规模经营。对于四荒地较为丰富的东平县，收回集体的四荒地并借机发展规模经营属于东平县集体产权的特有情况。

首先，集体的四荒地找回"归属"。东平县最主要的资源是土地资源，集体所有的资源里土地资源也占据着主导地位，从前农民对集体的四荒地采取乱占、乱搭、乱建的"三乱"做法。推动集体产权改革，首先要让集体"有产可分"，那么清产核资的第一步就是要收回集体所有的四荒地。以彭集街道马流泽村为例，村庄总面积1034亩，其中农户承包地面积703亩，集体土地331亩。该村在集体产权股份改革之前，集体仅有土地资源，但四荒地全部被村民乱占、乱建，集体是个"空壳"。推行产权改革以来，村集体将收回集体四荒地作为清产核资的第一步，通过党员大会、村民大会、县领导座谈会等多种形式疏通村民思想，最后村民通过签订协议的方式交还了集体四荒地。如彭集街道马流泽村收回村内闲置宅基地152亩、集体荒地和村民房前屋后小片土地179亩，国家所有的82亩河滩地也被纳入村庄的管理、使用范围。清理出的179亩集体土地占合作社入股土地总面积的22.29%，原来的四荒地真正找回了"主人"。

其次，集体的四荒地实现规模经营。东平县没有集体收入的村庄有276个，除了彭集街道马流泽村之外，接山镇后口头村也属于典型的"空

壳村"。"空壳村"不仅集体经济缺失,更缺乏增收的路子。后口头村没有村办企业或者其他集体资源,但村内土地资源丰富,村集体拥有包括350亩河滩地在内的集体经营土地679亩。2013年以赵端为代表的村干部通过与不愿入股的村民置换、转租土地,实现了土地集中连片,最后促成了土地合作社的建立。2017年土地型股份经济合作社成立后,合作社通过承担大汶河生态河道建设项目,实现了200亩集体河滩地入股,并且动员了17家农户将202亩土地入股其中。后口头村股份经济合作社与广茂苗木花卉合作社合作经营大汶河生态建设项目,会计、职业经理人、技术人员均由广茂苗木花卉合作社成员担任,种苗的购置、成熟后的销售也由其负责。后口头村实际上是一个生产基地,负责规模种植苗木花卉。取得一定效益后,后口头村便将苗木种植的品种又提高了一个档次,包括碧桃苗、五角枫、垂柳、法桐、国槐、合欢、栾树、白玉兰、木瓜和樱花等多个品种。仅此一项苗木花卉经营项目,后口头村每年便可实现30万元集体增收。

最后,集体的四荒地创造了巨大的经济红利。改革前,村里有很多闲散的小地块,尤其是位于村民屋前屋后的小片区,有的被村民用来堆放杂物,有的空置未利用,还有一些荒山、荒沟、荒丘、荒滩等散布在村内外,而这些土地都是村集体的重要财产,变"荒地"为"金山"是此次集体产权改革的重点之一。后口头村、前河涯村、后围村等多个村庄都在村民屋前屋后的边角地栽种果树,由村集体提供苗木和栽种技术,村民就近划片管理,果实所得利润由集体与农户"五五分红",顺利发展了"边角经济"。集体的闲散土地发挥了作用,每个村的"边角经济"均产生了持续的经济效益,如前河涯村村集体年均增收11万元。马流泽村股份经济合作社利用集体土地,依托财政部集体经济增收项目的85万元资金,建立了20个拱棚,将其中10个外包给医云科技有限公司,租金为8000元/年/个;同时,将10个拱棚入股医云科技有限公司,占股15%,村集体可得拱棚所得净利润15%的分红。2016年,马流泽村借力收拢的集体土地,通过流转集体土地、发展规模种植、入股企业等途径,共获得23万元集体收入,壮大了集体经济。理事长张兆民赞叹道:"以前集体的荒片是祸端儿,村集体是空壳,现在出了家门其余的地就是集体的,村里也从欠村干部半年工资到现在净收入到了20多万元,改革之后村集体才有了力量。"

2. 注入资金,发展资金型股份经济合作社

资金型股份合作社与土地型股份合作社不同,主要是指以资金为主要入股形式的股份合作社。自2015年东平县推行集体产权改革以来,对于经营性资产较多、区位优势明显的驻地村,鼓励自行或以参股、合作的形式发展二、三产业。集体积累资金丰厚的村庄有自行经营的资金来源,集体资金不足的村庄可通过引入外来资金促进集体经济发展。

资源枯竭,集体积累资金寻求出路。从产权改革的大背景来看,东平县有15个集体经济收入达50万元、有集体资金积累的富裕村,但因资源枯竭、村办企业缺乏活力,正面临发展的瓶颈。银山镇后银山村自20世纪90年代以来,石子、石灰等山石开发产业成为该村的主导产业,由此才有了"银山"之名。自此,全村80%以上的农户或直接从事石材加工,或从事石材运输,或入股石材经营,收入稳定,2014年该村农民人均纯收入8600元。集体凭借山石资源的有偿开采,积累了较丰厚的资金,2014年村集体账户净资金680万元。2015年,后银山村山石资源基本开发完毕,少部分石材专业户向外乡山石地区转移,大部分有劳动能力的人员外出务工。家庭承包的耕地依靠老人、妇女耕种,土地产出效益低。受政策限制,由镇级代管的680万元集体资金每年仅能收取万余元的"稀松"利息,除了村集体的管理支出及其他小额支出以外,不能用于其他经营性活动,集体资金难以保值、增值。由此,银山村村集体和个人均面临坐吃山空、经济发展后劲不足的困境。

因势利导,抓住产权改革契机。东平县农村改革试验工作会议召开后,具有集体积累资金的村庄萌生了成立集体经济股份经济合作社的想法,并因势利导顺利盘活了集体资金。例如,银山镇后银山村通过清产核资清查出全部折股资产750万元,经集体成员代表会议讨论决定,将30%资产合计225万元留作集体股,将70%资产525万元一次性平均量化分配到每位成员。以土地"保底+分红"的收益模式,村干部成功动员全部农户将430亩家庭承包地入股交由集体统一经营。在整合集体股、个人资产股、土地股的基础上,后银山村注册成立了东平源鑫创业服务发展有限公司,实行公司化运营管理。接着,后银山村结合村庄自身条件,利用村民入股的430亩土地和集体70亩机动土地,建立了"银凤庄园"。在"银凤

庄园"特色观光农业项目的吸引下,加上该村的企业经营底子,该村很快实现了 1500 万元招商引资,栽植樱桃 200 亩、黄金桃 100 亩、葡萄 200 亩,大力发展生态观光农业。截至 2017 年 5 月,集体农庄资产已由成立时的 50 万元,扩展为 600 万元。后银山村为集体资金找到了增值项目,顺利实现了集体资金的盘活。

项目引入,吸纳外来企业注入资金。为集体资金找到管理平台之后,最重要的就是瞄准产业项目,由此才能达到盘活集体资金的效果。后银山村以"银凤庄园"为项目依托,引入外资 1500 万元合作经营生态观光农业,为集体经济发展注入"外力"。朝阳庄村也是一个成功引入外来资金的典范,但又与后银山村有所区别。朝阳庄村三面环山,山丘、梯田、平川、沟融地貌一应俱全,有着独特的自然地貌和丰富的土地资源,生态资源优势明显,但该村在产权改革前没有集体资产,由于位置偏僻是远近闻名的穷村。2011 年朝阳庄村将全部山林收归集体,南山集团看中该村独特的生态优势,一次性支付 6600 万元租下该村 3800 亩山林及其他 1422 亩承包地和古村落 69 年,用于发展畜牧业和乡村旅游。朝阳庄村以土地资源租让的形式获取大量资金,股份制改革后以易地搬迁扶贫项目获得 1839.4 万元国家易地搬迁项目补助资金,另外依托南山集团后期 6.4 亿元资金的投入与其合作发展休闲观光农业项目。朝阳庄村依托国家易地搬迁扶贫项目,发挥资源优势实现招商引资,将集体资源变现并实施股份合作制改革,利用现代经营管理模式发展乡村旅游产业的这种模式,一是解决了村民的居住困难问题,二是一劳永逸地解决了村民的生产、生计问题,三是解决了村集体增收难的问题,走出了一条贫困村利用生态资源实现"搬得出、住得下、能发展、可致富"的新路子。

3. 依托集体资产,发展资产型股份经济合作社

每个村庄的资源禀赋不同,用来进行股份制改革的要素也因村而异。东平县充分考虑各村情况,在《关于深化农村集体经济产权股份合作制改革的意见》中提出了不同类型村庄的发展模式。土地资源丰富的村庄可发展以土地为主的土地型股份经济合作社,村集体积累资金雄厚的村庄有优势发展以资金入股为主的资金型股份经济合作社,而村办企业较多、集体资产丰厚的村庄则可以选择发展以资产入股为主的资产型股份经济合

作社。

精准定位，认清自身优势。走出具有村庄自身特色的发展道路，需要认清村庄自身的优势，扬长避短才能有所建树。后围村位于彭集街道中心，地理位置优越，原本村里有两个村办企业，还有大量商业楼盘，集体资产雄厚，每年的集体资产收益有100万元左右，但2011年因翻新商业楼盘等各项支出，村集体负债达200多万元，集体资产流失情况严重，村庄管理处于混乱状态。2011年自田汝生担任支部书记以来，在田书记的带领下，两委班子以"啃硬骨头"的作风，把清退赖租商铺列为最基础、最紧要的工作，并且经过村民大会商讨决定，继续发挥区位优势利用商业楼盘盘活集体资产，进而发展四荒地果树栽种的"边角经济"。2016年，村集体通过楼盘出租和重整村办企业，总收入达80多万元，集体资产重新为村集体创造财富。卜楼村位于东平街道街区中心，县城开发占用了全村的土地。推进产权改革后，卜楼村抓住城中村改造机遇，着重打造卜楼小区四个角以及北区东南角的拐角楼，五个拐角楼共计6500平方米，随着县城的西移，房租价格越来越高，五个拐角楼的出租价值不断凸显，已成为未来集体经济收入的主要来源。

清产核资，重整集体资产。清产核资是东平县集体产权改革的重要举措，也是解决集体资产流失严重问题的有效路径。2011年之前，后围村的集体资产流失严重，集体负债多达200万元，集体资产虽然每年收入丰厚，但村集体到手的钱没几个。2011年，田汝生上任后把清理集体资产列为首要工作，2012年5~8月，后围村成立专门的清产核资小组，强力清退欠交、不愿补交商业楼盘租金的村民，"看到村干部动真格了，乱占门面的村民就自动退出了"，当时负责清退工作的吕树乐说道。后围村花了整整三个月的时间清退了占用商铺又一直欠交房租的部分村民。同时，后围村通过与村民"签协议"的方式收回集体四荒地320亩，清理清缴所有集体资产折算共计8748300.45元，其中商品楼折合五六百万元，村办企业折合现金百十万元。至此，村集体将所有集体资产收回手中，真正掌握了集体资产的收益权。

统一规划，集体资产焕发生机。量化集体资产，对村内"三资"重新整合，股份经济合作社才能重新利用集体资产发展集体经济，实现收益共享。旧县乡浮粮店村地处东平湖畔，是东平县典型的渔村，村里房子是依山而建的石头房，随着村民的外出，村内很多石头房空置，但村内百余处石头房的历史有120年以上，极具本村特色民居、渔耕文化、特色民俗优势。产权改革后，浮粮店村两委通过党员网格化管理，定期召开党员会议，以党员辐射带动村民参与，凝聚村民参与本村发展乡村特色旅游项目，最后回购闲置石头房十几套，吸引全村82户、272人参与股份经济合作社的旅游开发。最终，浮粮店村立足本村渔家古村的特色，由村集体统一规划，倚靠全县发展全域旅游、打造旅游精品点建设的机遇，争取到县旅游局在该村投资50余万元建设了乡村旅游样板房两套，并成功引来投资商打造精品民宿，树立了浮粮店精品民宿的品牌。与此相似，后围村在收回集体资产后，针对四荒地、商业楼盘两块资产重新做了规划。其一，在集体四荒地上实施果树种植项目。由于果树是在原来村民占用的集体四荒地上种植的，通过与村民签订协议，这些荒片仍由原承包户经营。愿意种植果树的农户，由合作社统一提供果树苗和技术指导，村民负责日常看护，经营农户获总收益的70%，村集体分得30%。不愿意种植果树的农户，将按照荒片每亩每年500元承包费的价格将荒片上交给村集体，经营内容可自主选择。其二，全部回收商品楼盘，装修后重新出租。由于国道铺高了，后围村位于105国道沿街的商业楼房比国道矮了一截，因而需重新装修。以前一间店铺一年只收2000多元房租，重装后的每间店铺一年收1.2万元房租，对之前占用店铺不交清欠款的不予重租，不愿补交的村集体不予续租。后围村重新管理规划集体资产，取得了明显的经济效益。

（四）股份经营，以市场机制提升发展效力

市场是实现资源最优配置的有效途径。农村集体产权改革后，以股份经济合作社对接市场，实现公司化运营是改革的现实选择。公司化运营有利于整合村庄与市场之间的资源配置，激活村内外各类发展要素，提高合作社的管理效率，进而达到激活集体经济、促进集体经济增收的目的。东平县抓住产权改革的契机，以彭集街道为试点，深入推动集体产权改革，除了在股份经济合作社的组织架构上下狠功夫，对于合作社的市场运营也做出了有益指导。

1. 多元化运营模式

事物具有多样性,每个村庄的实际情况不同,也应该因村制宜走多元化的运营路子。东平县基于现实情况,在多方考证下,指导不同类型股份经济合作社选择适合自身发展的运营模式。

一是发展产业经济,壮大集体实业。对于村内有产业基础、村两委班子团结有力的村庄,股份经济合作社更适合发挥其产业优势,以村级领办的形式发展产业经济。由股东大会选出理事会成员,主要负责合作社的市场管理,或成立股份合作公司负责与外界公司进行业务洽谈与对接。村集体以合作社或公司的名义,实行自营;理事会或公司董事会作为决策机构,负责对日常事务的管理;实行产业的统一规模经营,是农业走向现代化、机械化的最佳途径。而村级领办的独立经营模式又为合作社的壮大探索了一条独立自主的发展路子,为合作社积累了适合本村发展的独特经验。彭集街道小高庄村原本没有集体"三资",是典型"空壳村",并且村庄管理处于"空转"状态。村支书刘传奇在街道领导一个多月的劝说下,毅然决定接手"烫手山芋",回村主持工作。为推动产权改革,刘传奇主动将自己注册资金为600万元的村内板材加工厂20%的股份,即120万元赠予村集体,作为村集体在股份经济合作社中的股份。为了更好地与外来公司对接业务,村集体决定将板材厂改名为东旺木业股份有限公司。2016年7月中旬,股份合作社争取到彭集街道80万元的扶持资金贷款,加上村民入股的部分资金,采购了新设备,引入了免漆板生产线,生产线已于2016年8月底正式投产。引入生产线后,企业每月可增加营业额150万元左右,利润为10万元左右。村集体则每年按注入资金的10%获取保底收益,在此基础上根据企业经营效益获得相应分红。

二是推动租赁经济,利用闲置资源。发挥闲置资源作用,获得集体收入来源,也是盘活集体经济的有效手段。集体的土地、商品楼盘、厂房等资源出租后,这些资源的管理权也随之移交给租赁的一方,从管理方式来看,这种形式亦属于委托管理。部分村庄利用自身闲置资源,充分发挥集体资源的经济效益,一是获得了固定的租金收益,二是省去了村集体对该部分资源的管理和维护费用。与此同时,在获得租金之后,村集体可将该项资金用于发展产业项目或是用于公共开支。2008年,河站镇前河涯村将废弃砖厂230亩土地整平,公开招标发包,每年收取承包费11.5万元,股份制改革后将该笔收益纳入集体资金量化范围。对村内集体空闲地,坚持边规划、边开发,利用集体积累建设商住房,对外租赁增收。截至2017年5月,共有集体房屋281间,分别租赁给32家企业和个体工商户,每年收取租赁费27.4万元。前河涯村立足自身优势,壮大了集体经济也带动了股民增收。与前河涯村类似,马流泽村以840亩土地流转获取瑞星集团每年84万元的固定租金,后围村依靠出租商业楼盘每年获得32万元的稳定收益,均取得了盘活闲置资源、促进集体和股民双向受益的良好效果。

三是扩展物业经济,赢取固定收益。村集体有土地、厂房等资源,但无好的产业项目,没有发展产业项目的能力,可将集体的这些资源以出租的方式来聚集资金、积累集体收益。另外,在获取租金的同时,村集体还可为入驻村内的公司、大户提供基础设施服务或代管服务,进而发展"物业经济"。由此,在充分盘活闲置资源的基础上,强化了对集体资产的管理,而集体更可以以管理土地、资产的名义在租赁费之外获得一笔管理费,可谓一举多得。2010年至股份经济合作社成立后,河站镇前河涯村流转土地400亩,与种植大户合作,发展现代农业。村集体为大户提供用工、农电、农田水利设施等系列化服务,每年收取大户服务费10万元,成为村集体每年增收的一大渠道。小高庄村也以相同的方式,从两位种植大户手中每年收取2万元的服务费,实现了集体的有效增收。马流泽村将840亩土地流转给瑞星集团,但瑞星集团对一部分土地并未利用起来,因受土地政策的限制,让马流泽村代为管理或种植,并支付一定的管理费用。而马流泽村利用该块土地种植玉米获取了6万多元的种植收入,同时又得到瑞星集团的管理费,可谓"地尽其用",马流泽村在同一块土地上获取了三项收入来源。可见,物业经济从形式上创新了集体收入的来源,让集体发挥了"物业"的作用,守护了种植大户的种植安全,也开辟了集体增收的新途径。

2. 公司化管理制度

集体股份经济合作社采用现代公司制度的组织架构,以理事会、监事会、股东大会"三会"分别作为管理、监督、决策机构,采取政企分离的模式排除村两委对合作社的干扰,更以专业的管理人才、技术人才为合作社的发展奠定人才基础。总而言之，集体股份经济合作社在农村实行现代公司管理模式，推动了集体经济更规范、更学科地运营。东平县在试点村摸索前行，无论在组织架构还是在实际运行中都十分注重合作社的公司化管理，在探索中积累了有益的经验。

其一，实行政企分离。引入现代公司管理制度，势必要将股份经济合作社自身管理与村两委管理分离开来，保持股份经济合作社的独立运营，突出合作社的管理优势，为集体经济的发展奠定管理制度基础。早在1985年，银山镇后银山村老书记领着本村几个村民与梁山合股，一起创办了后银山村的第一家"凑份子"式石灰窑企业，在管理上实行政企分开，石灰窑企业有独立的会计和账目。正是有了这样的历史渊源，后银山村在实行集体产权改革时，合作社与村两委依然实行的是两套班子。经过股东大会选举，后银山村集体经济股份合作社——源鑫公司由村支书兼任董事长，董事会由股东代表会、党员大会联合选举产生，合计11人，5名村委成员、6名外聘财务人员。两委成员之所以兼任合作社理事会成员，是因为村内能人少，不得已而为之，但村两委与合作社"两会"是完全分开的，账本也各设一套。截至2017年5月，在东平县，外出务工是乡村经济的主要收入来源，村民外流严重，留在村里的都是"386199"部队，即妇女、儿童、老人留守在村。在东平，后围村、马流泽村等大部分村庄都无法避免这个问题。因此，在实行政企分开的同时做到人员不重合，是一个需着重解决但又无法短期根治的难题。

其二，设立"三会"制度。作为现代企业的组织架构，理事会、监事会、股东大会"三会"是股份经济合作社必不可少的组成部分。"三会"制度从机构上确保了股东的决策权、监督权和管理权。东平县依法设立"三会"制度，尊重股东意愿，采取照顾片区、家族的方式推举股东代表或监事会成员，充分体现了重视股东权能、减少村庄矛盾的原则。彭集街道后围村以村民小组为单位采取"联户推选"的方式选举股东代表，经过片区内就近居住的几家农户的同意方可推选，当选后要对代表区域股民负责，定期收集并反馈意见，股东有权罢免不负责的股东代表。吕树乐作为监事会主任，笑着说："大家都很负责，如果被罢免会很丢面子，在村里丢不起人。"2014年年底，后银山村按照县里文件规定，设立了理事会、监事会、股东大会。在推选股东代表上，该村以村内4个家族各推举一名代表，其余代表按出资额来选取的办法，选举了30名股东代表。从路东、路中、路西三个片区各选举一名股东代表，组成集体经济合作社的监事会。根据村庄的具体情况，考虑片区和家族等现实因素来推选代表，是更好地推行"三会"制度的表现，股东们在这个过程中也充分行使了监督的权利。

其三，培养专业管理人才。集体股份经济合作社的发展和壮大，离不开专业人员的管理运营，实体产业的崛起少不了技术人员的指导。东平县为吸引和留住专业人才做了两个方面的尝试：一是开出具有一定吸引力的工资；二是提供技术股份，技术人员可用技术参股分红。银山镇后银山村源鑫集体经济股份合作社选出了11名董事会成员，其中有6名外聘财务人员，每月由村集体支付1500元/人的工资，专门为合作社做账，负责管理合作社各项收支。对于股份经济合作社吸引人才的问题，理事长王家祥说道："在东平打工，人均工资每个月1500~1600元，城里环境不一样，农村公司想发展、想留住人才，分红是一个大问题，没有人才你就只能干些笨活，不利于公司长远发展。"截至2017年5月，集体经济股份合作社分红不高，还未形成有效的激励机制，而专业人才的工资水平相对而言一般，这些因素都导致农村难以引入人才。发展和壮大股份经济合作社，人才引入与留住是重要的议题，也是今后改革亟待破除的障碍。

3. 股份化分配机制

第一，集体个人三七开，按股获取分红。确保农民和村庄共同受益是农村集体产权改革的基本前提，面对全县薄弱村多、集体收入低的现实情况，东平县本着"既不能把集体改没了、改小了、改弱了，也不能把农民的财产权利改虚了、改少了、改没了"的政策底线，做出了集体股占30%、个人股占70%的规划。2016年，彭集街道后围村利用30%的集体股份从股份经济合作社分得20多万元的收益，部分收益投入果树种植项目，另外也在村庄环境卫生整治方面开支30多万元，基础设施建设如修路、危楼改造等也有所投入。由于集体股收益较高，后围村的各项福利也较为丰厚，村民饮用自来水无须自掏腰包，村内300余名60岁以上老人30元/人的银龄安康保险由村集体代付，村内小孩在村办小学上学免费。理事会主任吕树乐提到村庄的福利一直赞不绝口："附近村子的小孩都来我们村的小学上学，但是我们本村的小孩不用交学费。"

在财务管理方面，东平县采取的是"双管制度"，即合作社做账、乡镇（街道）定期核查。东平县以县、乡镇（街道）、村集体"三资"管理中心为依托，一是加强对股份经济合作社的财务管理，规定股份经济合作社与村委会实行分账设置，合作社的总账、明细账等所有账目及资金均纳入财务监督管理范围，其年终财务决算和收益分配方案，要报乡镇（街道）农经管理部门审核，并经成员（代表）大会讨论通过后执行；二是加强对股份经济合作社的资产管理，将村集体经济组织资产、合同一并纳入管理范畴，同时建立资产管理、资产交易、合同管理三个台账，从而将以往单一地监管村级资产扩充到对股份经济合作社的资产监管。接山镇夏谢五村实施产权改革后，以村集体土地和基础设施等资产入股，将两年160万元省专项扶贫资金作为本金，与江苏立华牧业有限公司及东平富华养殖设备有限公司合作养殖雪山牌草鸡，成功吸引这两个外来公司的资金和养殖技术输入，并合作创建泰安市创富农业开发有限公司。由于夏谢五村的资金来源为扶贫专项资金，除了接山镇每个季度为合作社实行核查并对资产实行动态管理外，省财政厅还要分批次对合作社的项目进行考察、评定，合格之后才发放下一期经费。由此，合作社资金、资产的三级核查制度逐步建立。

第二，设立风险基金，保障收益不受损。东平县为了避免市场波动造成的损失，稳定股份经济合作社的经济发展，指导各试点村设立风险基金会，抽取合作社纯收益的一定比例作为风险基金，为集体股和个人股今后的贬值"注射预防针"。在土地股份合作社阶段，银山镇南堂子村股份合作社建立了风险金积累制度，从合作社收益中提取30%的资金作为风险金，提前规避市场波动，让集体和股民不用担心由市场风险导致的亏损。到了股份经济合作社阶段，这一前置规避风险的做法仍然在该村推行，并且前河涯村、后围村也计划实行这一做法。每年积累一定风险资金，集体和股东都不必为市场风险忧心。

为了进一步巩固集体经济的稳定发展，很多村庄"不把所有鸡蛋放在同一个篮子里"，以多元化投资的方式分散市场运营中的风险。河站镇前河涯村在发展集体经济的过程中,形成了村庄的"四大支柱经济":一是发展"边角经济",在闲散边角地栽上果树;二是村集体投资在村内闲置土地上建设商业用房,对外租赁发展"租赁经济";三是流转合作社土地给种植大户,向大户收取"物业费";四是发展特色种植,利用大棚种植西葫芦、朝天椒、莴苣、洋葱等经济作物。2017年还与山西振东药材有限公司对接,计划种植经济药材丹参。前河涯村通过多元化经营,分散了股份经济合作社的运营风险,拓宽了集体增收的来源。

第三,设置激励机制,个人与集体实现"双赢"。在集体经济的管理过程中,适当引入激励机制,从物质与精神方面对优秀的工作人员给予奖励,从而激发工作人员的竞争意识,提高合作社的经济效益。一方面,设置"多劳多得"的物质奖励,鼓励工作人员提高效率。彭集街道后围村的果树种植项目采取划片就近让股民管理的策略,与股民签订管理协议,果实成熟后由股民自主采摘贩卖,所得收益集体与股民三七开,70%算分给股民的管理费,高出市场价的部分让利给股民,大大激发了股民自主销售的积极性,同时也减轻了村集体统销的负担。另一方面,建立"荣誉表彰"制度,让优秀工作人员赢得应有的荣誉,进而增强集体荣誉感与凝聚力。东平县在各乡镇(街道)推出"四德工程",即"诚信村民、优秀共产党员、好公公、好婆婆"等村庄模范人物评选活动,在推行产权改革的过程中,侧重于奖励对集体产权改革有贡献的村民、共产党员,小高庄村2016年评选出"四德"模范人物共44名,颁发荣誉证书、树立宣传牌,并共计发放了4000多元奖励金,激励村民和党员为产权改革贡献力量。

4. 市场化产权交易

为进一步深化农村产权制度改革,激发农村各类资源活力,促进农村各类生产要素规范流动,东平县搭建了山东省首个县级农村综合产权交易平台。自此,东平县的产权交易有了法定的平台,为交易提供了规范、全面的流程和手续,信息共享平台便利了在线业务办理,产权交易能够更全面、更方便。

一是规范产权交易程序,完善运营模式。东平县农村综合产权交易平台按照"小机构、大平台"的原则,采用"1+3"的模式组建,"1"是指农村综合产权交易中心,"3"是下设3个服务平台,分别指产权交易服务平台、产权抵押融资平台、产权登记托管平台，2017年5月，产权交易服务和产权抵押融资两个平台已经完善，分别承担产权交易流转和产权抵押融资服务功能。尽管产权登记托管平台还未建立，但产权托管服务不久后也能实现。前两个平台现租赁东平县中国银行一楼原营业部开展运营，对产权交易行为进行鉴证，同时提供信息咨询、交易策划、产权经纪、委托管理、产权融资等相关配套服务，打造从递交交易申请、审核交易资格、公开发布交易信息、评估资产价值、组织交易行为、签订交易合同到产权资料归档一整套标准化流程，让农民的产权交易有了规范的程序。

二是实现信息共享，便利产权兑现。东平县产权交易范围较为宽广，已扩展至农村土地承包经营权、集体林权、水面养殖权、"四荒"资源使用权等13类农村产权，并制定出台了《东平县农村综合产权交易管理办法（试行）》，对农村各类产权交易基本规则做出规定，明确了交易范围、方式、程序、行为规范、监管及纠纷处理等内容，推动了各类农村产权流转交易的市场化、规范化。同时，东平县构建了县、乡、村三级网络化服务体系。东平县依托乡镇农经服务站，健全全县14个乡镇、街道的农村产权交易服务功能，为其配备了电脑、LED显示屏等服务设备，现已与县交易平台实现信息共享，建立了农村产权交易信息库，业务在线办理成为现实。截至2017年5月，农村综合产权交易平台免费提供交易服务106宗、土地流转面积3.2万亩、产权抵押贷款34宗、贷款金额4104万元。该平台帮助农户和集体完成产权的流转和抵押，实现了将集体产权兑换为交易主体的现金收益。

交易平台由于建立时间较短，还存在业务拓展缓慢的问题，除了已经确权的土地承包经营权外，水面养殖权等其他各类产权尚未确权，不能进行交易。再者，交易数量和规模还较小。受相关政策约束、群众认识等诸多因素的影响，除农村集体"三资"外，农户进平台交易的业务量较小。

四

克难：以精准发力决战脱贫攻坚

　　农村贫困人口脱贫是全面建成小康社会亟须解决的现实任务和底线目标，是当前最为重要的攻坚难题。脱贫攻坚是全面建成小康社会的关键，是最艰巨的任务。可以说，脱贫攻坚已经到了啃硬骨头、攻坚拔寨的冲刺阶段。对此，然而当前我国仍有部分农村地区在脱贫事业上"胡子眉毛一把抓"，使得脱贫攻坚"没重点、不聚焦、难显效"。

　　东平县作为山东省20个扶贫工作重点县之一，一直以来以体制机制创新为关键，紧紧围绕"精准发力"做文章，深入推进农村脱贫攻坚事业。自2016年开展农村集体产权制度改革以来，东平县紧跟这一发展机遇，借改革之力激发农村脱贫内生动力。与此同时，通过引入市场主体、信息技术、专业平台等现代要素，拓宽农村脱贫思路，使农村地区的脱贫路径"条条通"。在借力产改、精准发力的基础上，东平县深化了助力脱贫攻坚的精准机制，以对象识别精准、帮扶主体精准、责任落实精准、持续发力精准，有效实现了脱贫攻坚的长效性、稳固性。

　　（一）借力产权改革，激发脱贫内动力

　　农村集体产权制度改革是推动脱贫攻坚的重要抓手，也是解决农村贫困问题、增强农村脱贫内生动力的重要举措。东平县通过产权改革，重点利用集体"三资"，即资产、资金、资源，有效激活了贫困户和贫困村主动脱贫、积极脱贫的意识和动力。在此基础上，通过借助产权改革的土壤发展特色产业，进一步实现了脱贫有基础、脱贫有产业、脱贫有动能。

1. 盘活产改资产，激发脱贫意识

集体资产集中合理利用，并非只起到简单的加和成效，往往会迸发巨大的价值，对脱贫攻坚起到事半功倍的作用。一方面，脱贫事业的推进，需要合理利用闲置资产。然而当前，全国范围内的村庄在集体固定资产的管理和使用上普遍存在闲置问题，需要引起重视并下大气力加以解决。从面上看，集体固定资产闲置浪费的现象较为严重。如一些集体所有厂房在长时期的闲置中，价值严重损耗。东平县各村在集体产权改革的大环境下，积极清产核资，整合利用，将集体资产合理利用产生的效益用于脱贫扶持，促进贫困户增收。如后亭村在充分发挥东平电商产业园作用的同时，鼓励各村利用电子商务平台发展农村电子商务。此外，通过利用村集体办公闲置场所搭建农村电商发展平台。以此为基础，引导农村合作组织、农业企业和农副产品经销业者建立营销网站，以网销实现村集体增收，促进脱贫。

另一方面，东平县借助产权改革东风，利用集体累积资金，通过集体经济股份合作社投资建厂，并将厂房等固定资产租赁给外来企业获取集体收益，扩大集体经营性收入，发展集体经济，并且增设贫困户就业岗位，促进就业率提升，带动一系列良性互动。赵楼村通过村集体领办的凯兴土地股份合作社自筹资金，利用村北小学旧址建设高标准厂房，并配齐水电路设施，由项目合作单位泰安王子纸业制品公司负责设备、技术、生产和销售，并每年向村集体交付厂房租赁费。同时，村集体提供部分用工信息，收取一定比例的用工服务费。截至2017年5月，该项目共安置本村贫困人口5人打工就业。根据合作协议，赵楼村村集体已经获得长顺纸业预支的2年30万元的租赁费用，用于扶持贫困户，极大地推进了脱贫事业的进度。

2. 用活产改资金，注入脱贫动力

东平县借助产改政策资金，聚焦深化集体产权改革这一关键点，为精准脱贫提供有效动力。为增强农村贫困人口脱贫动能，东平县拨放相应扶持资金和奖补资金，以此促进集体经济股份组织做大做强。对于产权改革政策资金的使用,一般按照"预算不变、渠道不乱、用途集中"的原则,变过去的"撒胡椒面"式为"精铁用到刀刃上",做到瞄准关键点,重拳出击。

一是妥善利用产改扶贫资金。东平县接山镇利用扶持资金与汉世伟公司共同推出家庭农场、集体农场、致富农场三种养殖模式。其中家庭农场模式是根据汉世伟集团统一标准,养殖户以家庭为单位自筹资金新建或老场改造。这种模式投资回报率高,值得大力推广。而集体农场模式是由村集体根据汉世伟集团统一建设标准,集资或利用专项扶贫资金整合建设养殖小区,公司将其作为优质客户,优先合作。管理模式为承包或租赁,投入可控,效益稳定。致富农场模式是依据国家精准扶贫相关金融政策,由当地新型经营主体利用政府归集的扶贫资金,委托汉世伟集团建设高标准现代化致富农场,建成后租赁给汉世伟集团,期限为三年。年租金定为投入资金的10%,用于贫困户脱贫。三年扶贫贷款到期后,汉世伟集团将致富农场原价回购,致富农场用地由汉世伟集团继续租赁。

2016年,接山镇创新性地捆绑整合朝阳庄村、周徐村等7个省市级贫困村的扶贫资金160万元,作为启动资金,同时借助社会资本,总投资450万元,在周徐村流转土地60亩,建设扶贫产业示范小区——汉世伟生猪育肥基地。在脱贫攻坚期内,将集体农场租赁给汉世伟,每年租金为126万元。到了年底,根据投资比例分红,每个村所得的分红在脱贫攻坚期内全部分给贫困户,攻坚期过后,全部留给集体,增加村集体收入,集体从分红中设置部分扶贫兜底基金,防止困难群众再次返贫。周徐村通过利用政策资金建立集体农场,规避了散力,形成了合力,做优做强了扶贫项目,实现了政策"小资金"撬动集体"大资本",取得了贫困户脱贫和集体增收的双赢成果。

二是唤醒"沉睡"的固定资金。东平县之前在集体固定资金的管理和使用上存在许多问题,集体固定资金"闲置"是当前农村存在的主要问题。为了盘活村集体资金,激活扶贫攻坚的内在动力,东平县切实提高农村集体资金管理水平和利益获取最大化能力,明确集体资金范围和归属,将集体固定资金量化到人,切实保障集体经济组织成员权益,使贫困户有保底股份。后银山村曾以石子、石灰等山石开发产业为该村的主导产业。

2015年，后银山村山石资源基本开发完毕，少部分石材专业户向外乡山石地区转移，大部分有劳动能力的人员外出务工。家庭承包的耕地依靠老人妇女耕种，土地产出效益低。村集体和个人均面临坐吃山空、经济发展后劲不足的困境。部分村民开始提议将集体积累的资金"分净吃光"。县农村改革试验工作会议以后，后银山村抓住机遇，因势利导，通过集体产权改革，通过集体协商，准备充分利用集体固定资产，使其产生利益最大化，经过清产核资，后银山村集体共有经营性净资产750万元，其中固定资产折价195万元、资金555万元。经召开集体成员代表会议讨论决定折股量化，通过投资东平源鑫创业服务发展有限公司发展项目。集体资金的经营收益主要用于村级扶贫公益事业和组织运转，土地经营产生的收入全部分配给农户；同时，根据农庄经营效益按成员所持有的资产股份进行分红。

三是吸引社会资金促进脱贫。吸引社会资金无论在经济发达地区，还是在经济贫困地区都是经济工作的一项重要任务，是促进脱贫的重要突破口和重大着力点。通过村庄集体产权改革建立集体经济股份组织，配合招商引资工作，引进外地资本、技术和先进管理理念与经验，无疑是农村经济健康发展、脱贫致富的"加速器"。后银山村实行股份制合作、公司化经营，在明晰和保障集体成员对集体资产占有份额权、收益权的基础上，充分吸收外部资金，确保集体经济持续发展、集体成员收入稳定增长。其中村集体成立的东平源鑫创业服务发展有限公司通过内股外租，招商引资1500万元，建立了银凤庄园，栽植樱桃200亩、黄金桃100亩、葡萄200亩，大力发展生态观光农业。截至2017年5月，集体农庄资产已由成立时的50万元，扩展为600万元，全部量化到人，增加了贫困村民收入。

3. 整活产改资源，汇聚脱贫能量

农村集体资产包括集体所有的土地、森林、山岭、草原、荒地、滩涂等资源性资产，是农村发展的重要物质基础。针对一些地方土地资源归属不明等突出问题，东平县着力推进土地确权和整合，发展土地股份合作社，折股量化到人，对于切实维护农民合法权益、增加农民财产性收入、让广大农民分享改革发展成果、如期实现全面脱贫建成小康社会目标具有重大现实意义。在无区位优势、无矿产资源、无集体积累的情况下，东平县村庄集体经济如何发展是村级党组织必须思考的问题。

一是通过集体产权制度改革发展"边角经济",在闲散边角地栽上"摇钱树"。东平县针对部分无积累、无技术、无资金、经济普遍薄弱的村集体,引导村两委利用村民房前屋后、沟渠路旁土地的"边角资源"做文章,通过整合"边角地",依托集体产权制度改革,探索出了一条发展"边角经济"的强村之路,也是犄角旮旯也能"生金"的脱贫之路。

东平县在发展"边角经济"的实践中,结合不同的村情还探索出了"集体携手群众""集体联手公司(大户)"两种模式。"集体携手群众"模式是村集体提供土地、幼苗、技术并负责出售,村民负责日常管理,销售后双方按比例分红。该县沙河站镇前河涯村集体投资5.8万元购买樱花、紫叶李2500棵,在村内街道两侧栽植,由贫困村民看护管理,苗木成材出售后,村集体和贫困村民按四六分成。三年来,集体和村民分别年均增收4.8万元、7.2万元。这种模式适合有一定集体积累的村镇。

"集体携手公司(大户)"模式则是村集体通过土地流转,盘活沟边路旁的闲散地块与机动地共同入股,公司(大户)自行栽植苗木并管理维护,贫困户通过土地租金和务工增收。东平县接山镇前寨子村引进苗木投资商在村内建设了千亩海棠园,村集体盘活沟边路旁集体土地75亩,实现年增收共150万元,每年可获得分红收益7.5万元。贫困户可以通过土地租金和务工实现脱贫致富。后口头村大力发展"边角经济",村集体负责清查整合闲散土地,以土地所有权入股;公司(大户)提供幼苗、技术并负责销售,以苗木入股;村民负责浇水、施肥、日常管护,以劳务入股。这种模式使东平县115个集体经济"空壳村"实现了集体经济稳步增收,完成脱贫致富。

东平县发展"边角经济"的探索走出了脱贫强村之路,其奥秘就是建立了合理的利益分配机制,取得的收益由集体、企业、农户按比例分成,既促进了集体增收,又推动了贫困户致富,还降低了企业成本,实现了多方合作共赢。这种市场化的合作与分配机制像条纽带,把集体、公司、村民联系在一起,形成了人人关心、参与村集体经济发展的良好局面。

二是村集体以流转的形式集中个人承包土地,扩大生产规模,进而推动农村集体经济股份制改革,加快农村经济发展,促进脱贫事业持续有效进行。农村集体经济分配造成部分农民死守故土、小富则安的现状，有能力的不愿走出去，需要的人才进不来，这是制约扶贫进程的一个重要原因。只有推进农村土地股份制改革，才能赋予农民长期而稳定的股权，实现土地合理流转流动，集中个体农民"小、细、碎"土地集中发力，产生社会大效益，利益直接与以土地入股的贫困户挂钩。东平县盘活个体农户的自有资源，充分利用资源优势，稳定村集体经济收入，采取村民土地入股、村集体与村民合作经营、整合土地集中经营等办法，形成"支部、合作社、农户"的运转模式，发展壮大村集体收入，同时增加个人的收入。南堂子村原来和其他村一样，其生产模式是小家小户独自经营，农田水利建设受到严重阻碍，年复一年分散经营的生产方式延续着南堂子村的贫困生活。随着南堂子村旅游发展方向的确定，一方面为便利景区开发，另一方面为促进旅游配套产业项目的开发，南堂子村两委成员在通盘考虑的基础上，决定进行土地规模化经营。从2008年年底开始，历经两年的时间，通过挨家挨户调查走访，让村民充分认识到了加快土地流转、集中发展林果业的前景。2010年10月，南堂子村顺利完成了土地流转，2011年4月，该村成立了东平七星林果种植专业合作社，实现了土地规模化经营。几年来，合作社按照发展特色生态农业的经营思路，着力发展林果产业，建设了生态采摘园，将生态农业与旅游产业紧密地联结在一体。截至2017年5月，合作社已栽植桃树、核桃树、石榴树、珍珠油杏等8万多棵，进一步扩大了经济林的规模。合作社设置贫困户帮扶岗位，负责经济林日常维护管理，不仅节约了运营成本，而且促进了贫困户就业。最美乡村土地股份合作社的成立，在很大程度上把南堂子村的土地和劳动力解放出来，从而为旅游业的进一步发展提供了充足的土地和人力资源。在昆山景区初具规模的形势下，南堂子村进一步广开思路，延伸旅游产业链条，拓宽农民增收渠道，充分利用合作社流转的620亩山坡地栽植核桃、石榴、桃、杏等经济林木，建设了集观赏、娱乐、采摘于一体的农业观光游览项目。随着景区景点的不断完善，南堂子村发生了翻天覆地的变化，由原来的偏远山区变为旅游区，龙祥渔家乐、昆仑鱼馆等一批农家乐、渔家乐相继建成，并已开始营业。这些项目的实施及配套服务设施的建设，安置本村闲散劳动力和贫困户200余人。南堂子村门票收入每年增加村集体收入50多万元,村民通过提供劳务服务,年增收1000多元。合作社发展旅游产业对扶贫的强大支撑作用正日渐显现。

三是充分利用四荒地资源脱贫。为使"四荒"土地资源产生较大的经济效益,东平县积极挖掘"四荒"土地利用潜力,确立了整合闲置低效四荒地的工作,制定出台一系列盘活利用四荒地的政策,推进脱贫进度。后围村村集体领办土地股份合作社所使用的土地,全部是村中进行产权改革时清理出的四荒地。这些荒片仍由原承包户经营。愿意种植果树的农户由合作社统一提供果树苗和技术指导,种植品种包括冬枣、苹果、沙果。按照协议,经营农户获得总收益的70%,而村集体获得的30%的收益主要用于扶贫。后续果树喷药、剪枝等工作也由合作社中贫困户统一提供服务,相关费用在村集体收益中扣除。不愿意种植果树的农户,将按照荒片每亩每年500元承包费的标准将承包费交给村集体,主要用于扶贫,农户经营内容可自主选择。

四是租赁集体土地资源获利脱贫。东平县大范围内采取租赁土地的方式获取集体收益,其中接山镇拥有丰富的土地资源,全镇区域面积150平方公里,山地、丘陵、平原各占三分之一,有耕地15万亩及众多的荒山、荒滩、荒坡和荒片,资源性资产丰富,经营性资产较少。近年来,接山镇立足资源优势,利用集体土地产权改革机遇,按照"试点先行、因村制宜、理清产权、逐步推进"的思路,积极推进农村集体产权制度试点工作,取得初步成效。其中后口头村立足土地资源优势率先改革,将集体经营的679亩土地折股量化,30%留作集体股,70%折股量化到1125名集体成员,加上自愿入股的740亩家庭承包土地,后口头村成立了以土地资源为主的股份经济合作社,其产业涵盖乡村旅游、绿化苗木、林果种植、蔬菜种植等产业。土地入股模式带来了多方效益,同时稳定了土地所有权、激活了农户承包权、放活了土地经营权,而且实现了"土地租金+务工收入+合作分红"三级收入,从根本上解放了土地"细碎化"经营对农村劳动力的束缚。原来农户之间的土地流转一般每亩四五百元,入股以后每亩保底就有一千元,土地经营权价值翻倍。截至2016年年底,后口头村股份经济合作社共经营土地1419亩,长年需要务工人员80人,除本村留守的年长和妇女劳力在合作社务工外,还吸引部分外村劳力。留守农村的较弱劳力每人每年可在合作社劳动200多天，年人均务工收入8000元。随着合作社集体经营收入的增加，农民作为股东每年每亩土地股还可获得100~200元的分红收入。后口头村股份经济合作社将集体经营的资源性资产由成员共有变为按股份持有，充分保障了村民的收益权、参与权，切实体现了村民的意愿和需求，极大地改善村民收入较低的现状。

4. 发展特色产业，释放脱贫活力

为了打通脱贫攻坚的道路，东平县依靠本地区特有的自然条件和资源禀赋，在现有产业基础上，选择本地区最具特色的优势项目，最大限度地将其落实为特色优势，即传统工艺和现代工艺相结合，把比较优势变为竞争优势，从而使特色经济产业化、产业经济规模化、规模经济外向化，根据地区特色因地制宜地建立特色产业发展基地，增加就业岗位，拉动就业率的提升。深入认识特色产业、最大程度追求经济效益的产业发展模式，提高了对特色产业的重视程度，将特色产业发展与当前精准扶贫进程结合起来，赋予特色农业新的内涵，打通了脱贫的多元路径，提升了攻坚的活力。

一方面通过传统工艺发展产业，东平县借助集体产权改革，引进产业项目，加快产业改革步伐，助力精准扶贫深入推进。2016年，在沙河站镇全镇1181户、3083名建档立卡贫困户中，因病致贫413户、1041人，因残致贫189户、454人，缺技术致贫125户、63人。以上三类贫困人口占全镇贫困人口的60.26%，解决这一大贫困人群的脱贫问题，成为沙河站镇党委、政府脱贫攻坚工作迫在眉睫的任务。

沙河站镇柳编工艺具有上百年历史，主要分布于徐楼村、大杨庄村等周边村庄，柳编、条编成为该区域的特色传统手工业。沙河站镇立足柳编加工这一传统产业优势，通过集体产权改革，利用集体入股土地以及租赁村集体厂房引进泰安鸿泰工艺品有限公司，发挥企业龙头作用，拉动产业项目发展，促进贫困户就业增收。集体采取培植企业，从而引导企业助力脱贫等措施，积极探索"合作社+龙头企业+种植基地+贫困户"的柳编产业发展模式，大力带动贫困户多方式增收促脱贫。为此，该镇围绕柳编加工项目不受时间、地点、年龄、身体条件的限制等优势谋思路、做文章。对于因病致贫的贫困户家庭，引导有劳动能力的成员在家加工，既可照顾病人，又可实现增收；引导因残致贫的贫困人口中上肢具有劳动能力的残疾人，通过柳编加工实现增收脱贫；引导缺技术致贫贫困户通过柳编企业免费培训，获取加工技术，并通过柳编加工增加收入。

截至 2017 年 5 月，该项目已投资 3500 万元，建设占地 1250 平方米，有生产车间 6 个，公司现有加工点主要分布于沙河站镇、新湖镇、大杨镇、州城街道以及汶上县部分乡镇，公司自成立以来，共带动周边 500 余人就业，其中贫困人口 200 余人，人均年收入 15000～26000 元，公司产值可达 6000 万元。贫困户致贫原因中丧失部分劳动力致贫、无法进行体力劳动致贫的占很大比例。发展柳编加工、策划、包装传统手工艺加工项目是实现这一大类贫困人员就业的有效方式。同时，计件付薪的劳务费支付方式，可有效增强贫困人口自我脱贫、自食其力的自励意识，是可复制、可推广的集体产权改革创新项目。

另一方面通过发展特色乡村旅游业脱贫。马流泽村位于彭集街道北侧，大清河以南。村庄环境好，加上大片的河滩地及"十里杏花村"的典故，发展生态旅游业潜力较好。2015 年 12 月马流泽村通过产权改革成立东平县马流泽村股份经济合作社。通过股份经济合作社，马流泽村开发了龙泽生态园项目，发展农村生态旅游业。经营内容主要分为四部分，一是在大清河南岸河滩地上种植杏树、山楂 50 亩，村东种植冬枣 30 亩，供游客采摘；二是在村南修建冬暖式大棚 8 个，主要用于发展草莓采摘园和种植优质蔬菜；三是在冬暖式大棚西侧修建 20 个高标准拱棚，努力打造山东省最大的构树育苗基地；四是利用瑞星集团闲置土地，种植玉米和白菜等。草莓采摘园项目运行良好、效益可观。采摘园共建成冬暖式大棚 5 个，主要种植优质牛奶草莓，采用微蓄微灌、蜜蜂授粉、有机施肥技术，确保草莓的清甜可口和绿色纯天然，吸引了大量的外市居民前来采摘。截至 2017 年 3 月底，草莓采摘园共实现盈利 20 余万元。同时，位于采摘园西侧的构树育苗基地已建成高标准拱棚 10 个，构树幼苗全部种植完毕，项目开始正式运作，预计年底即实现效益。该项目拉动就业需求，共安置 8 名贫困人口打工就业，激发了内部脱贫动力。

（二）引入现代要素，创新脱贫思路

东平县的改革和探索，一方面在政府的支持和社会各界的关注下如火如荼地展开，取得了一系列令人瞩目的成就，另一方面也因市场资金缺乏、信息技术滞后、平台建设缺乏、创业人才不足等缺点不断受到现代因素的冲击。在现代社会经济发展形势下，打赢扶贫攻坚战，不仅需要政府和社会的支持，也需要注入资本、技术、平台和人才等"现代血液"，整合传统生产要素和现代生产要素，以此提升总体生产水平。为此，东平县在实践探索过程中通过引入市场资金、发展电商产业、搭建慈善救助平台、能人回请等措施，为经济发展注入源泉活水，将外部的资本、技术与人才等现代要素引入农村集体经济中来，创新了脱贫攻坚的思路。

1. 引入市场主体，企业"注资"帮扶

2017年中央一号文件曾特别指出"防止返贫和继续攻坚同样重要，要继续巩固，增强'造血'功能，建立健全稳定脱贫长效机制"。鼓励各类市场主体，尤其是非公有制企业到贫困地区投资创业，发挥贫困地区资源成本优势，培育新经济增长点，是建立脱贫长效机制的重要一环，是带活贫困地区经济发展的"源头活水"。换句话说，要实现农村地区经济的持续增长，就要盘活市场经济，引入现代企业，以产业推动经济发展。企业资本的注入，一是变以往政府主导的输血式扶贫为政府资金、市场资本联手驱动、协力共办的产业造血式扶贫，带动贫困群众参与其中，自食其力，走上脱贫致富之路；二是企业资本的注入，极大地发挥了社会资本的优势，最大限度减少政府扶贫资金的压力，提高扶贫资金使用效率，为贫困地区注入了市场经济的原动力，为困难群众植入自主"造血骨髓"。东平县在现代经济发展的大潮中巧抓机遇，积极引入市场要素，以产业项目助力脱贫，极大地推动了农村集体经济发展，保障困难群众获取多重收入，使农民过上"鲜花般的生活"。

一是企业助力，农民过上"鲜花般的生活"。习近平总书记2012年在河北考察时指出，贫困地区发展要靠内生动力，如果凭空救济出一个新村，简单改变村容村貌，内在活力不行。一个地方必须有产业，有劳动力，内外结合才能发展。东平县周林村在经济能人王瑞青的带领下，以玫瑰产业发展需求为引领，与公司精准对接，引入现代市场资本，成立了玫瑰种植专业合作社，贫困户可以种植玫瑰花，由公司统一收购，保证困难群众的收入稳定，让农民越来越"有钱"。一方面，农民将土地流转给瑞青合作社，无论合作社是否盈利，农民土地的保底经核定等级以后，都有一定的保底租金收入。另一方面，合作社的运行需要大量的工人，贫困户可以取得务工收入。习近平在《中共中央关于制定国民经济和社会发展第十三个五年规划的建议》的说明中指出，"到2020年，通过产业扶持，可以解决三千万人脱贫；通过转移就业，可以解决一千万人脱贫；通过易地搬迁，可以解决一千万人脱贫，总计五千万人左右"。瑞青土地股份合作社的运行不仅解决了农村经济问题，增加了农民收入，还在一定程度上在农村"空心化"背景下缓解了困难群众的就业问题。例如瑞青合作社平均每天需要用工50~60人，忙时一天需要用工200多人，一年总计用工3万多人，常年在合作社打工者一年可收入3万元左右。瑞青合作社采用"以股联民"的形式，贫困户以土地入股公司，享有股份和保底收入。"从2014年开始，我们公司通过合作社分过4次红，仅周林村就实现了63人脱贫，计划今年实现余下的97户贫困户全部脱贫"，公司董事长王瑞青表示。

二是村企合作，"贫困户"转身变成"经济增长户"。现代市场资本的引入，改变了农村经济"等、靠、拿"的发展模式，农村和企业"联手共建"，激活了农村经济的内生动力，极大地提高了农民收入，使农民搭上"脱贫快车"。东平县泰安鸿泰工艺品有限公司成立于2016年10月，总投资5000万元，厂房占地32.1亩，位于沙河镇大杨庄村，每年租金为10万元，在为该村经济发展注入活力的同时，该公司与政府扶贫部门对接，先后吸纳贫困人口170余人，务工人员涉及大杨庄村、洪福寺村、沙北村、丰庄村、李村、乔村等周边20多个行政村。现代资本的注入，使该村形成了全国独一无二的鸿泰柳编扶贫模式——"租金扶贫+就业扶贫+种植扶贫"。第一，租金扶贫。村集体计划申请政府专项扶贫资金205万元用于扩建厂房，每年收取一定比例的租金用于贫困户扶贫，每年租金直接发放到户，解决贫困户生活问题。第二，就业扶贫。柳编工艺技术含量低、劳动强度小、手工简单易操作，不受时间、地点、年龄、身体条件的限制，可有效缓解当地群众的就业问题。公司招募工人优先安排贫困户，平均工资40~50元/天，现在6个车间已解决28个贫困村民的工作，年纪较大的、行走不方便的老人也可做些简单的挑选工作，每天工资也在40元以上。第三，种植扶贫。为降低农户风险，公司设有保护价，统一收购。2015年公司收购柳条价格为0.6元/斤，第一年每亩可创收2000元以上，实现贫困户脱贫。

2. 引入信息技术，电商"授技"帮扶

为深入贯彻落实党中央关于落实"互联网+"行动计划和省"百村万户"电商扶贫工程开发工作会议精神，东平县积极引入现代信息技术，因地制宜发展各村的主导产业，探索产业扶贫新路子，在全省乃至全国率先打响"互联网+扶贫"服务品牌。电商扶贫以技术信息要素为依托，以提高贫困户收入为目的，以政府引导、社会参与、市场运作为主要原则，"授人以渔"，做好贫困群众技能培训工作，带动发展一批电商新农人。同时，发展电商基地和电商产品，以电子商务新型业态推动贫困农民创业就业，实现脱贫致富，确保东平县扶贫脱贫工作走在全省前列，为贫困群众搭上"电商扶贫快车"创造条件。

一方面，农户参与培训，电商创业促脱贫。一批懂经营、懂技术的专业性网商队伍对发展电商产业至关重要，东平县政府持之以恒地抓好电商人才的培养工作，加强人才引进，制定相关优惠政策，强化电商培训，采取按需培训、因材施教的原则，对不同条件的农民开展不同层次、不同内容的培训，并充分考虑受训农民的实际需求，进一步增强培训的针对性和实效性。通过开办培训班的形式，提高农民对发展电子商务的认识；同时，各乡镇结合实际，开展电子商务知识普及性培训，为电子商务发展提供强有力的人才支撑。东平县后亭村是省级贫困村，共有1004户、4060人，其中贫困家庭366户、1285人。2016年，东平县选定了全县3个村为电商扶贫项目试点村，后亭村即为其中之一，并获得扶贫办下发的专项扶贫资金48万元。2016年7月，滨河新区下辖的电商产业园区联手泰安影响力电子商务有限公司在后亭村搭建电商扶贫服务中心，服务中心无偿占用村委会一楼，共4个房间，其中2间为办公室、1间为展厅、1间为培训室。由淘大认证讲师驻村四个月开展实战培训，培训内容包括店铺开设、产品选择、店铺优化、店铺运营等系列课程，手把手对学员进行指导服务，确保参训人员结业后能够熟练操作。全村共培训学员153人，开设淘宝店铺153家，其中建档立卡的贫困人口32人。

除电商培训外,后亭村还积极对接了手工绳编项目,邀请专业绳编人员对留守妇女进行绳编培训,编织成品通过淘宝店铺、众乐筹平台等进行销售,带动了绳编产品的发展,开启了电商扶贫新模式。2016年10月,后亭村被阿里巴巴集团命名为中国淘宝村,成为全国电商扶贫的范本和案例。公司下派的培训人员在教授课程的过程中,同步指导参训人员进行实际操作,针对实际操作中遇到的问题进行现时、面对面的指导,保障4个月内参训人员能够真正掌握实际技能。培训人员完成培训后,会通过微信群对参训人员后续操作中遇到的问题进行线上解答,保障农村电商持续发展。电商产业给后亭村带来了新的致富前景。截至2017年5月,全村共有活跃店铺126家,实现电子商务交易额2500多万元。"80后"创业者解庆丽是东平县老湖镇前埠子村村民,原来家里条件不好,一直靠外出打工赚钱,但收入不稳定。"早就萌生了自己开网店的念头,但总是摸不着门道。正好县电商产业园的老师来镇上讲课,我就去听听,回来就用上了,开了这家网店",解庆丽说,她在网店上卖红心咸鸭蛋、鸡头米、荷叶茶等湖产品,生意一下子火了起来。

另一方面,在贫困群众脱贫方面,电商产业效果显著,实现了"小技术,大进步"。2016年以来,东平县积极构建县、乡、村三级电商服务网络,在县电商产业园建设电子商务公共服务中心和电商扶贫服务平台,在各乡镇设立电商扶贫服务中心,在各村设立电商扶贫服务工作站。2017年5月,东平县农村电商乡村服务站已发展到1000多家,直接提供就业岗位2000个。公司与村集体签订的合同保障村集体在第一年通过电商扶贫项目获得的收入不低于扶贫专项资金的10%,由公司补足差价,村集体通过电商扶贫项目获取的收入必须全部用于扶贫,不能有其他用途。此外村庄对贫困户设置了四个等级,依照等级,按户发放收益分配,其中最高的有7000多元,最低的有50多元。东平县电商产业园负责人屈克志说:"作为一个农业大县,东平县拥有丰富的农产品资源,充分运用'互联网+'思维,成立农产品电商运营中心,发展一乡一业、一村一品,可以有效解决农产品附加值低、销路不畅等问题。今年,我们还将吸引淘宝、京东等电商平台在东平建设产地直供、产地直发等电商基地,逐步在全县贫困镇村推开,带动种植、养殖、加工等产业发展,构建电商扶贫产业链,让农民参与每一个环节,从而达到脱贫致富的目的。"

3. 引入专业平台,慈善超市"依需"帮扶

习近平总书记强调,完成贫困人口脱贫任务需要不断改革创新扶贫机制和扶贫方式。政府过去的扶贫方式大多是"扶财扶物",将社会捐赠的扶贫物资直接送进贫困户的家中,而不问贫困户对这些物资是否真的需要和乐意接受。这种送温暖的方式虽然可以在一定程度上缓解贫困户的燃眉之急,但并不能摸清贫困户真实的需求,甚至给贫困户带来"甜蜜的烦恼"。鉴于此,山东省东平县为响应精准扶贫要求,更好地发挥干部联系贫困户的机制,帮助贫困户精准脱贫,积极改进工作思路,创新性地将"慈善超市"这一平台引入精准脱贫中,建立一个以贫困户精准需求为导向的慈善平台。

一方面,以贫困户需求为导向,供需精准对接。东平县政府积极联系儒原集团,由儒原超市出土地建设慈善超市,同时以低价购进面粉食用油等物资,县各级领导提前摸清贫困户真实需求,然后从慈善超市购买贫困户生活所需,从根本上实现了对贫困户的精准对接。慈善扶贫超市的扶贫机制主要是"超市—包保干部—贫困户"的间接购物形式,贫困户不直接到超市购买物品,而是通过与自身对接的包保干部进行间接购物。首先,包保干部在每次走访时向贫困户确认所需物品,填写慈善超市的所需物品登记表,表上须有贫困户本人和所在村村支部书记的签字。然后,包保干部持该所需物品登记表和扶贫卡到超市购物,超市工作人员确认卡号和持卡人个人信息后,在电脑中登记信息和购物情况后发放物资。最后,干部将所购物资送给贫困户后,该贫困户和所在村村支部书记需在回执单上签字,包保干部再将回执单交回超市。通过新平台的搭建,不仅实现了慈善物资的高效流通,也精准对接了贫困户的需求。

另一方面,多方出力,社会大参与。慈善扶贫超市商品的主要来源为两个方面,一是从儒原集团进购,儒原集团是东平本地一个规模较大的企业,以连锁超市为主要运营项目,其主打的儒原超市网点多运营稳定、效益较好,对超市运营有着丰富经验,实力雄厚,进货量大,并代理部分品牌,在采购商品时成本相对较低,货源相对较多,采购方便。东平县政府

打算搞慈善超市，儒原集团与县里一拍即合，儒原捐献 2000 万元冠名基金，并提供 2000 平方米的土地及其上的厂房作为慈善超市的场地，县民政局局长李强感慨道："儒原集团赠送的这 2000 平方米土地，解决了慈善超市项目筹备初期最大的困难，无疑是雪中送炭。"政协牵头，民政局和儒原集团共同去兰陵等地学习考察其他地方的慈善超市运营模式，而后成立指挥部，两家共同协商共同运作。二是其他企业或个人捐助，比如彭集街道华联服装超市就捐赠了一部分新衣服，某面粉厂则捐赠了部分面粉，服装类商品除了部分捐助的新衣之外，大部分为慈善总会收集的个人捐赠的旧衣服，这些旧衣服会在慈善超市中进行清洗消毒熨烫后，再以低价出售，用来支付工作人员的工资。商品全部按进价出售，总体低于市场价 15%~20%，销售所得资金用于超市经营循环，超市内部有专门的账目，监督局和审计局每半年对超市账目进行一次审计。超市也接受社会人士和企业的捐款捐物，捐款方面主要通过慈善总会对慈善超市进行定向捐助，而不直接捐给超市，慈善总会的资金由财政局管理，慈善扶贫超市若需追加资金，需向财政局报告申请。目前慈善超市指挥部正在积极走访企业宣传慈善政策，并打算在超市中设立爱心专柜吸引捐助，慈善超市本身也将在全县 14 个乡镇铺开，下行到各个乡镇，使每个镇都能有一个小的慈善超市经营点，方便乡镇层级的干部开展间接帮扶行动。当贫苦户全部实现脱贫后，超市的主要间接购物对象将转向低保户、五保户、贫困学生、残疾人或其他没有生活能力的弱势群体。

（三）深化精准机制，助力长效脱贫

在中央扶贫开发工作会议上，习近平总书记强调，坚持精准扶贫、精准脱贫，提高脱贫攻坚成效，要解决好"扶持谁""谁来扶""怎么扶"的问题。中国 30 多年来共减少 6.6 亿贫困人口，被称为"世界奇迹、人类壮举"。但是，贫困状况依然严峻，还有约 7000 万人生活在贫困之中，形势逼人，任务艰巨。习近平总书记指出，扶贫开发工作进入啃硬骨头、攻坚拔寨的冲刺期。各级党委和政府要在精准扶贫、精准脱贫上下更大功夫，没有贫困地区的小康，就没有全面建成小康社会。因此，实现长效脱贫，贵在"精准"，"对象识别精准、帮扶主体精准、责任落实精准"是长效脱贫的关键。对此，东平县委县政府与全县 14 个乡镇和经济开发区签订了责任书，各级党政主要负责人履行扶贫开发第一责任人职责，建立起"县负总责、镇村抓落实、部门协调推进"的工作机制。实行领导干部包保制度，明确脱贫方式、脱贫期限，达到"责任到人、规划到户、一对一帮扶"的效果。

1. 对象识别精准

国务院扶贫办于 2005 年 4 月 27 日发出《关于进一步加强贫困人口建档立卡和扶贫动态监测工作的通知》，开展贫困人口建档立卡工作，为我国扶贫开发工作提供更准确、更全面的基础数据，将扶贫开发的政策、措施真正落实到户，提升扶贫攻坚成效。东平县拥有库区移民 24.5 万人，省市级贫困村 112 个，建档立卡贫困户 16032 户、39629 人，为贯彻落实好中央和省、市扶贫开发工作部署要求，精准高效做好扶贫脱贫工作，东平县政府全面贯彻落实中央和省市扶贫开发工作会议精神，立足东平实际情况，以增加农村贫困人口收入为核心任务，通过建档立卡、全力推进精准扶贫，凝聚全县合力，集成政策措施；通过扶贫资金动态退出管理，提高扶贫资金使用效率，实现贫困户"能进能出"，确保全县扶贫脱贫工作走在全省前列。

一方面，建档立卡，精准识别。随着经济进入新常态，全区脱贫攻坚工作面临着"最后一公里"的问题。东平县通过全县干部群众的走访调查，发现贫困群众致贫原因各不相同，精准扶贫成为一条彻底斩断穷根的良策。为了加快贫困人口"脱贫摘帽"进度，切实提高群众致富增收能力，东平县各级人社部门积极行动，通过全面启动精准识别、建档立卡工作，科学设计贫困村和贫困户识别体系，实施动态管理，做到"户有卡、村有册、乡有簿、区有档"，推动精准扶贫由"大水漫灌"向"精准滴灌"转变。统一印制《就业与社会保障精准扶贫识别卡》，对贫困家庭上门入户进行摸底调查，准确掌握贫困劳动力数量、就业状况、就业意向和培训愿望等情况，贫困人口精准识别率达到 100%。经过精准识别，2016 年全县共有建档立卡贫困户 16032 户、39629 人，其中，一般贫困户 10325 户、27965 人；低保贫困户 5707 户、11664 人；112 个省市贫困村贫困户 5753 户、16717 人；597 个插花村贫困户 10279 户、22912 人。

另一方面，动态退出，贫困户"能进能出"。东平县夏谢五村将扶贫资金折股量化到本村贫困户身上,每年按股额比例给贫困户分红,脱贫后红利归集体所有。在脱贫攻坚期内,"贫困户持股,贫困户分红",按照国家统一的脱贫标准给贫困户"补足差价",确保贫困户"实力脱贫"。脱贫攻坚期过后扶贫资金用来增加村集体收入和发展村级基础设施建设,让全体村民共享发展红利。例如,周徐村贫困户郭道峰年收入只有种地的2000元钱,距离脱贫线3802元还差1802元,村集体从分红中拿出1802元来补助该贫困农民,使其脱贫。脱贫攻坚期过后,红利归集体所有,全体村民同股同权,共享发展红利。可见,动态管理是农户和村集体实现"双赢",确保符合脱贫标准的贫困村、贫困户有序退出,新增贫困户、返贫户及时纳入,保证扶贫资金折股投入收益的长效机制。

2. 帮扶主体精准

2016年11月23日,国务院发布"十三五"脱贫攻坚规划,规划明确提出,消除贫困、改善民生、逐步实现共同富裕,是社会主义的本质要求,是党的重要使命。"十三五"时期是全面建成小康社会、实现第一个百年奋斗目标的决胜阶段,也是打赢脱贫攻坚战的决胜阶段。破解脱贫攻坚难题,必须深入落实习近平总书记关于精准扶贫的一系列重要指示精神,通过突出扶贫办的主导作用和社会的辅助作用等手段发挥帮扶主体联动优势,增强扶贫开发工作的针对性,既要做到扶贫对象精准,也要做到帮扶主体精准。

一是驻村帮扶。"脱贫攻坚已经到了啃硬骨头、攻坚拔寨的冲刺阶段。"在2015年11月召开的中央扶贫开发工作会议上,习近平总书记强调,要根据贫困村的实际需求精准选配第一书记,真正把基层党组织建设成为带领群众脱贫致富的坚强战斗堡垒。抓党建促脱贫攻坚,离不开第一书记这支先锋队。2015年4月,中组部、中农办、国务院扶贫办联合发布《关于做好选派机关优秀干部到村任第一书记工作的通知》,从全国层面部署推动选派第一书记工作。2017年4月,中组部召开基层党建工作重点任务推进会,强调要进一步把第一书记这支队伍选派好、管理好、使用好。一大批优秀干部积极响应中央号召,怀着激情、带着责任,奔赴脱贫攻坚战场奋发作为。截至2017年5月,省市县186名第一书记驻村帮扶,实现贫困村全覆盖,坚持贫困村不脱贫、第一书记不撤离。

二是领导干部包保制度。县乡领导班子成员、村两委班子成员分别结对帮扶5~10个贫困户,明确脱贫方式、脱贫期限,达到"责任到人、规划到户、一对一帮扶"的效果。580名副科级以上"双联四包"干部担当扶贫先锋,每名干部包保3~5个贫困户,明确包保任务职责。西三村在推进特种动物养殖产业发展过程中,力求充分发挥党员干部的模范带头作用,开展了"党员联户"活动,设立了"党员联户"业绩榜,规定每个干部、党员至少包一个贫困户或无技术户,对于无技术的,手把手地教;无资金买种子的,由村里负责担保。支部成员每人联户都在3户以上,在全村所有党员干部中掀起了一场比谁联户多、比谁的联户效益好的比赛,23名党员干部共联户58户,解决了无技术户、贫困户的难题。在他们的帮助下,全村基本户户都有项目。村民方绍目因排船捕捞亏损,欠债20多万元,是西三村有名的困难户,支部委员联系他家后,帮他贷款5万元购进狐狸35只、貂26只,一年纯收入可达2万元,家庭情况逐步好转。

三是结对帮扶。结对帮扶的典型便是彭集街道的慈善超市。慈善超市的扶贫机制主要是"超市—干部—贫困户"的形式,贫困户不直接到超市购买物品,而是通过与自身对接的干部进行间接购物。东平县几乎每名机关干部都有各自的帮扶任务,按照职务级别不同区分帮扶范围和数量,超市成立后干部捐款要求按级别不同分为县级及以上1000元、科级500元和科级以下200元三档。以1000元档为例,其中400元汇入慈善总会,用于慈善总会的公益事业,另600元将充入以该干部身份办的扶贫卡中,这张卡将发给该干部用于在慈善超市购物;500元档则捐给慈善总会200元,300元充入扶贫卡;200元档则充100元到扶贫卡中。至2017年5月,县内及下属4个乡镇已经捐款完毕,收入捐款总额达1667500元。扶贫卡采用实名制,一张卡对应一名帮扶干部,使用时需确认信息,保证人卡对应,不可交给他人使用。扶贫卡交给干部本人保管,卡中金额用完后,可自行充值。为确保干部所购物品真正交给了贫困户,慈善扶贫超市设有回访制,定期由纪委、督查局、民政局慈善科和慈善超市共同对贫困户进行抽查式走访,询问是否收到所需物品。对干部的购物次数也有监管机制。对帮扶干部的年度考核中规定,干部对帮扶的贫困户需有一年不低于6次的走访,并帮助贫困户购买所需物资,年底超市会配合相关部门进行对账考核，确保干部每年6次以上购物。

3. 责任落实精准

首先是明确责任，强化领导。东平县以农村集体产权改革为突破口，明确各级干部的责任，激发干部责任意识，提高干部工作能力。县里成立由县委书记、县长任组长的扶贫开发领导小组，负责全县扶贫工作总体设计、决策研究、督导实施、问责问效；抽调人员组建县扶贫开发领导小组办公室，具体负责各项扶贫开发政策的落实、推进、监督与考核，抽调人员工作与原单位脱钩，纳入扶贫开发领导小组统一管理、任用和考核，充分调动干部积极性，鼓励干部敢于担当。如小高庄刘书记在上任前，村民一直未用上自来水，上任后，在责任意识和服务意识的促使下，村支书先以自有资金垫付，使得村庄自来水得以接通。

其次是建立监督制度。东平县扶贫开发领导小组办公室建立了工作台账，加强经常性督导检查，每月至少集中督导通报一次工作进展。对落实脱贫任务不力的，要进行责任追究，对提前完成脱贫攻坚任务的，在一定时间内资金不减、政策不变，并给予表扬奖励。彭集街道后围村过去不仅是个穷村，更是一个乱村，村干部对村庄不管不问，放任自流。县政府通过工作台账，督促该村每月汇报一次工作进展情况，村民们重新选举出了自己的"当家人"。如今的田书记带领村民们积极发展果树种植项目，使得村庄再一次焕发了"生机"。

最后是对干部进行考核，建立成效考核机制。过去很多地方为了争取资金和政策支持，不愿摘掉"贫困帽"，不愿真正改变困难群众的人数和境况。为能够直接有效地促进民生改善，加快脱贫步伐，真正做到"扶真贫、真扶贫"，东平县建立科学完善的扶贫考核评价体系，除了将扶贫工作列入全县科学发展综合考核外，县委、县政府对脱贫攻坚工作进行单独考核，可谓打准了蛇之七寸，抓住了要害关键。东平县凤凰社区建立易地扶贫搬迁工作成效考核抽查检查入户表，建立成效考核机制，相关领导就村民搬进社区后的安置情况、生活情况以及政府在易地扶贫搬迁工作中的表现进行抽查与评估。

4. 持续发力精准

过去的扶贫模式仍存在"给钱不给技、给物不给业"的现象，只有外部"输血"式而无内部"造血",因而难以激发贫困群众自我发展的内生动力,使扶贫难以持续,从而造成"扶贫难脱贫,脱贫易返贫"的尴尬境地。东平县一改过去扶贫模式,借助扶贫项目在"可持续"上下足功夫,对贫困户加强专业型培训,真正使农民掌握一技之长,带动农民就业创业,从根本上激活了贫困户脱贫的内生动力。

一方面,扶贫需扶岗。为永久性摆脱贫困,使扶贫取得长久之效,东平实施"一站式"就业培训,让贫困人员有技能、有岗位、有收入,实现"一人就业、全家脱贫"。2013年3月,安村由村集体牵头,农民带地入股,注册成立了安大土地股份合作社。安村启用扶贫资金建立了中药材基地、粉皮小区、养殖基地和蔬菜基地四大产业,共创造170多个就业岗位,带动周边22个村庄的90多名村民就业。"在家门口种着自己的地,变成了产业工人",村民李民说。

另一方面,扶贫先扶志。习近平总书记强调,弱鸟可望先飞,至贫可能先富,但能否实现"先飞""先富",首先要看我们头脑里有无这种意识。如果扶贫不扶志,扶贫的目的就难以达到,即使一度脱贫,也可能会再度返贫。对此,东平县通过树立贫困户成功就业脱贫的典型,培养贫困户脱贫自信心,从技术培训开始,真正使农民掌握一技之长,让农民树立自己动手、自给自足的意识。例如,周林村瑞青合作社每年选派15个技术工人到外省进行技术培训,统一培训农户种植技术,2016年统一培训农户达109户,同时带动了周边4个村子加入玫瑰种植,让村民掌握种植和采摘的技术,一方面能够为合作社提供技术保障,另一方面农户技能的提高,保证了采摘产品的质量和数量,可以增加自己的收入。又如,泰安山沙服饰有限公司,公司会对新员工进行安全、技术、技能的培训,开展定期体检和其他集体活动。山沙公司采用"传帮带,老带新"的形式,从其他厂调来一批高素质的老员工,手把手指导贫困户制衣技能,既实现了61位贫困户技能整体提升,也保障了其稳定增收,通过两年的发展,采用以点带面、以个人带动周边人的方式,慢慢地吸收了更多青年劳动力,甚至有劳动力返乡就业的现象。山沙公司经理房华表示:"2016年我们通过给技术、提技能,带动了26户贫困户创业脱贫。"

五

提质：以社区创建助力移民搬迁攻坚

2016年《全国"十三五"易地扶贫搬迁规划》提出"着力解决'一方水土养不起一方人'地区的脱贫问题"。东平县是全国第二、山东省第一移民大县，作为全国移民避险解困试点县，共涉及24.5万库区移民。长期以来，由于历史因素、自然灾害、区位条件的影响，库区移民深陷发展困境。库区移民水利、电力设施不配套，导致其抵御自然灾害的能力较弱。受20世纪50年代安置条件的限制，移民居住面积狭窄，房屋质量差。因此，库区移民存在着吃饭难、就医难、行路难、用电难、吃水难、住房难、就业难、子女上学难等突出问题。虽然80年代政府采取了相关措施，但移民生命财产安全问题还未根本解决。作为移民大县的东平每年承接财政扶持资金3亿多元，但因资金一次性投放，分散使用，扶持效果像"撒芝麻盐"，移民仍然很贫困。

当前，改革进入攻坚阶段。为此，东平县借助脱贫攻坚契机，以移民发展为本位，通过创造性地将移民资金产权化、财产化，提升社区建设水平。针对移民社区"生产无着落、生活无目标、观念无更新"等难题，东平县建立社区配套的产业园区，形成从县级扶贫产业园到社区配套产业园和移民社区新家园的纵向体系。同时，创造性探索出一条"新生活辅导"路子，让农民快速适应了社区新生活。在"两区共建"的条件下，东平创新治理方式，以"多元治理"推动社区稳定和持续发展，走出了一条中国农村社区化的发展之路，从而有效促进了移民搬迁攻坚。

（一）整合资金，打造移民新社区

移民搬迁工程的首要目的便是打破库区移民生活发展困境，改善生活条件。如果说资金整合是为移民改善生活蓄力、提供坚实经济基础，那么建设社区就是为移民生活困境攻坚发力。东平县总结以往移民资金使用弊端，以建立整合管理平台为抓手，有效发挥各项目资金合力，拓宽资金协作机制，探索出了一条以资金整合助力社区建设的新路子。

1. 以往移民资金使用存在问题

移民资金使用政策性强、社会影响力大，关系移民的切身利益。合理地对移民资金进行管理和使用是确保移民资金安全、有效，保障移民工程顺利进行的重要举措。但以往移民资金由于无统一管理平台并较少进行整合，难以发挥效用。

（1）"撒芝麻盐"，直补发放难成效力

移民搬迁是一项复杂的系统工程，相对于其他涉农支农项目而言，面临着涉及对象面广、资金需求较大、建设投资领域多及贫困农户筹款能力有限等多项难题，这要求移民资金集中合力，发挥出"1+1>2"的效用，切实解决贫困移民的生活困境。但以前移民资金往往"舍大取小"，将资金以农户个人为单位"撒芝麻盐"，以现金方式直补到人。国家自2006年起向东平县库区移民发放50元/月的生活补助，一年为600元。"细水长流"式的补助金虽然在一定程度上满足了移民的一时之需，但从长远来看，分散资金额度较小，移民缺乏生产项目启动的前期积累，同时资金使用不能长久续航，难以发挥资金的集聚效应和整体合力。东平县孟庆村村支书徐延全对此表示："这每月的50块是国家给咱移民的补偿，可是它解决不了根本问题啊，咱村48户贫困户，形式上是脱贫了，可是实际上还是没有脱贫。"针对贫困移民的扶贫款项，政府也通常发放到个人由农民自行支配，由于受贫困户自身能力限制，资金往往仅具一次性短期效应，不但无法达到扶贫资金应有的效用，其不可再生性也是对扶贫资源一定程度的浪费。

（2）资出多门，零散使用难成体系

移民搬迁工程涉及拆迁、搬迁和新社区建设，项目时间跨度长且涉及部门多、资金项目繁杂。以往移民搬迁缺乏统一、规范的资金管理制度，上级部门对县申报的项目资金进行批复后，不同来源的资金拨付渠道和方式不同，往往分别下拨到移民局、发改委、国土资源局、卫生局、林业局等涉及移民搬迁、社区建设的多个相关部门，各个部门又自上而下设有管理和分配移民资金的机构，实际上造成资金管理机构阡陌交错，各部门之间缺乏有机配合，权责不清，导致资金在实际使用中管理层级多、程序长、效率慢，不但加大了资金的管理成本，更增加了资金监管的难度，难以发挥移民资金的最大效用。

此外，工作中上级下拨移民资金往往坚持"专款专用""打酱油的钱不能买醋"，但实际上移民搬迁工程涉及多个街道，各村实际情况不同使得移民工程进度不同、所需资金项目不同，上级权力不下放、管理多头易造成资金使用过于保守、灵活性缺失。对于亟须进行但资金尚未到位的项目只能暂时搁置，严重影响移民工程进度及效率。"咱这一个移民社区就涉及东平湖沿湖4个乡镇、7个村子共2000多口人，这建房补助资金、扶贫资金、避险解困资金要是都得一个一个申请、审核、下拨，咱这么大的工程得走多少流程、浪费多少时间和精力呢！"东平县湖韵苑社区黄主席谈道。

（3）监督缺乏，多头管理难成规范

只有建立有效的资金监督机制，才能管好用活移民资金，做到"专而不死，活而不乱"。由于移民资金作用范围广、管理层级复杂，临时性的管理机构往往对资金的监管难以形成统一的规范，造成以往移民项目资金的使用随意性较大，没有形成制度化、公开化、科学化的资金审查流程。移民资金的管理部门往往既是建设项目的审批部门，又是移民资金的落实部门，这使得监督检查机制无力，资金管理难以规范，给移民资金的安全带来风险。侯林村的侯庆银老人现年70岁，已搬进移民工程凤凰家园社区，谈到搬迁前心中的忐忑，老人如是说："咱老百姓对这政策、对咱政府为啥会抵触呢？就是担心这国家给咱这好的优惠，最后是不是能踏实地落到咱头上。"移民搬迁建设若缺乏跟踪监督和绩效评估机制，新社区的建筑资金投入和建筑质量若得不到有效监督，则不但使得移民资金效力的发挥难以得到保障，更直接损害移民群众的切身利益，有损政府形象以及政府在群众心中的公信力。

2. 资金整合，为社区建设蓄力

以往移民资金使用出现的问题告诉我们，只有将资金有效整合，才能"集中力量干大事"，为移民新社区的建设提供坚实经济基础，切实改善移民生活环境。东平县通过强化资金管理平台将零散流向的资金进行有效整合，统筹安排充分发挥资金聚合效益，并以此为基础撬动市场经济，创新金融整合机制为移民资金注入持续活力，实现"大河有水小河满"，为移民新社区建设积蓄动力。

（1）强化集中型资金管理平台

移民搬迁是一项系统工程，历时长，涉及环节、部门多，为更好地进行资金统筹和工作部署，必须要有一个统一指挥的协调中心，对移民搬迁、新社区建设全权负责，协调和解决项目建设过程中出现的困难和问题。东平县以省派第一书记为核心，以县委、县政府主要领导为主要力量，组织成立移民搬迁指挥部作为工程推进的统一领导班子，对省级政府划拨到县的移民搬迁资金进行直接的资金整合和项目统筹，多渠道安排、多单位支配、多部门使用，实现移民资金"统筹管理、统分结合"。在对全县东平湖库区移民避险解困工程涉及的8个乡镇、60多个村的整体改造中，为每个移民社区工程第一线分设临时指挥部，从县直部门、乡镇街道抽调精干力量集中办公，并选派一名县领导加一个部门实行责任包保机制，共同研究、制定移民搬迁规划，形成上下联动、协同推进的稳定工作格局。

与此同时，指挥部力争将群众动员做细致、将群众服务做到位，对各个环节本着服务便民和严格把关的原则，整合相关部门并多方监督新社区建设进展，力求强力高效推进工程建设。湖韵苑社区临时指挥部有效整合发改、国土、住建、规划、环保、消防、地震等拆迁、搬迁涉及部门，抽调业务人员简化程序、集中办公，为移民群众实行手续办理一站式服务，打造高效审批平台与民便利，切实做好管理整合工作。社区孟庆村徐延全书记表示："不管谁家有事，都当成自己的事来办，就是这样的风气才使得咱东平移民搬迁这么大的事进展顺利、人人满意。"

（2）采取打捆式资金整合方式

在不改变资金性质和资金用途的前提下，把投向相近或目标一致但来源不同的各项移民资金统筹安排，集中打捆，投向重点发展的领域和环节，不但可以最大限度避免资金损失浪费，更有利于提高资金的使用效益。东平县通过县级政府分配移民资金，依托移民搬迁指挥部对移民搬迁涉及资金进行横向、纵向多层次整合，尽可能最大限度地发挥资金的整合效应。

一方面，东平县横向聚资，对上积极协调争取，按照"统筹规划、集中投放、优势互补、各记其功"的思路，开展移民资金整合，共争取、整合各类专项资金29项共计8.7亿元主要用于完善社区建设及重点项目产业投资。在社区配套设施建设方面，东平县更站在"新型城镇化"视角，打通各个部门，整合资金使用渠道，在新社区建设"现代化有序配套"的社区综合服务区。老湖镇滨湖社区建设中部分基础设施如电力、供水设施，服务设施如养老中心、幼儿园、卫生室等的建设问题，均通过整合部门资金予以解决，切实提高移民群众的生活水平，推进社会公共资源向社区倾斜，引导农民向社区集中。

另一方面，东平县将原本逐月发放的每人50元移民补助进行纵向"打捆"，一次性补助贫困移民家庭25000元/人、非贫困移民家庭9000元/人，极大地缓解了移民搬迁群众自筹资金压力，使得部分移民搬新房不花钱，甚至仍有结余。孟庄村村民王某谈到此时难掩脸上的喜悦："这2.5万确实解决了咱上楼的实质性问题，俺家四口人算下来补助了10万块，再加上旧房子的评估补偿，现在住上了新房子不说，还余下了2.7万，要是没有这笔钱，这搬迁可就难啦！"

（3）展开产权化资金使用机制

在市场化改革的大篷车中，赋予农民产权是根本、长远保障农民利益的有效方式。移民搬迁涉及农民手中"三块地"，即"农用地""宅基地""农村集体经营性用地"的征收补偿，东平县对于因库区建设失地的众多移民，以资金补贴的方式进行补偿，但与传统的资金直补不同，东平县在尊重移民意愿和选择的基础上，将补贴转化为移民的产权，并将资金化零为整进一步用来发展社区公共服务及建设扶贫产业。凤凰家园社区涉及6个村的移民搬迁工作，在社区成立后将6个村集体整合为1个社区合作社，并整合原村的土地及资产发展社区集体经济项目，移民群众享有股份，切实将移民的"产权变身产业"。如该社区投资建成了一个素拓活动基地，移民均可依据自身股份享有分红，激活移民资产，保障移民权利。"三块地"转做"一把钱"，既增强了资金乘数效应，又使移民变股民，发挥资金持续效益使移民享受长久效益。县里整合市级移民资金2000万元，用于社区天然气工程建设，并将扶贫资金折股量化到扶持对象后，集中形成股份合作制经营项目，实现扶持资金集中发力。

(4) 激活市场化资金筹集途径

移民社区配套设施建设工程量大，即使将现有资金有效整合，仍有较大资金缺口问题亟待解决，为此东平县多管齐下，有效推进政府融资的市场化。

首先，鼓励民间资本介入，吸引村中能人返乡建乡，使个人资本以捐赠或入股形式为新社区建设助力，带动村集体发展产业促进移民村脱贫致富。南堂子村党支部书记郑灿宾在银山镇领导的支持下，成立蓼儿洼渔家乐协会、水浒七星旅游开发有限公司，通过打造"旅游+社区"的运作模式，使得贫困移民村脱掉"贫困帽"，有效建成新社区。

其次，东平县在移民搬迁项目中积极争取国开行、农发行等政策性银行的贷款，政策性金融给力移民搬迁工程安置。凤凰家园社区与国开行合作，落实棚户区改造贷款资金用于前期群众拆迁补偿费用，并与农发行合作，争取到共计4亿元贷款资金用于移民产业扶持。

最后，东平县激活市场经济，借助村庄资源优势招商引资，以土地整合和项目规划为导向，撬动社会资金注入移民资金。接山镇朝阳庄村在实施整体搬迁过程中，通过积极开展招商引资，将旧村落和3800亩荒山整体租赁给普世南山集团，同时，引导农户将2000余亩家庭承包地入股组建集体经济合作社，将资源变现的3000余万元租金折股量化，依托普世南山集团发展休闲观光农业项目，带领全村脱贫致富迎接新生活。

3. 社区建设，为崭新生活发力

在资金整合以后，如何在不给移民添负担的情况下，建设质量高、满意度高的移民新社区，切实改善移民居住条件，推进城镇化实现脱贫致富，成为东平县社区建设的新突破点。东平县立足群众需求，切实消解群众疑虑，将公正阳光和群众自身意志贯彻于社区建设过程中，在护民让利中实现社区移民的"零上访"搬迁，同时注重搬迁后移民生活质量的提升，使移民"顺心、安心、放心、舒心"地步入新生活。

(1) 细致统筹，做实移民社区规划

为实现好、发展好、落实好移民搬迁工程，东平县政府在制定移民搬迁社区规划时深计远虑，不但"想群众之所想"，更是"想群众之未想"，立足群众需求，着眼长远规划，为建设移民新社区营造良好开端。

首先，对于新社区建设用地的选址，东平县党委牵头各部门周密考虑、因地制宜，针对"用多少地""地从哪来""征地群众如何过度"等问题都做出详细规划安排。湖韵苑社区的建设用地主要是征用下辖孟庄和马口村的土地，以每亩地3.5万元的补偿款共征地137亩，其中包括孟庄村40多户村民的宅基地。因需先行拆除这40多户农户的住宅，党支部讨论决定给予其1000元的搬迁费以及每户每月100元的租房补贴，确保"先拆后建"的40户村民安稳过渡。

其次，东平县在新社区房屋设计时，充分倾听群众声音、采纳群众意见。通过向村民对住房面积、户型、套数进行意向性调查，根据村民提出的需求和其经济承受能力，确定社区建设规划的数量及户型。湖韵苑社区张大爷腿脚不便，其老伴瘫痪在床，老两口对于即将搬入楼房生活十分担心，移民搬迁指挥部闻此在社区规划设计中专设了高标准的二层老年公寓，解决老年人的搬迁难题。张大爷入住后欣喜地表示，"给咱老年人还专门盖了老年房，这比住老房可好多了"。

最后，移民最关心的问题便是"搬迁之后怎么生活"。为彻底使移民群众放下疑虑，新移民社区规划以"社区未建，产业先行"为纲，在设计规划时便对各个移民村因地制宜、因村施策，匹配相关适合的产业发展和扶贫项目。滨湖社区利用其水陆交通优势，积极发展特种动物养殖、湖产品加工、旅游开发等生态产业，在前埠子湖的产品加工厂项目共投资800余万元，年加工松花蛋、咸鸭蛋可达3000万枚，加工水生植物80余吨，年利润120万元，项目建成后可带动附近160名移民群众就业，消除移民搬迁的后顾之忧。

(2) 细化引导，夯实群众基础

由于移民搬迁工程涉及群众的切身利益，因此在工作伊始，群众大多心怀疑虑与担忧,对惠民政策普遍表现出不理解与不支持。东平县各指挥部、党委干部耐心下基层,细致做工作,并充分发挥带头示范作用,用看得见的实效为群众排疑解虑,以良好的群众基础有效推进移民搬迁工程。

在移民拆迁工作前期,湖韵苑党委派出七支拆迁工作队充分摸底,变"上访"为工作组不定期"下访"。通过"一户一表格、一事一资料、一周一汇总"的方式,逐户进行信息调查,充分把握了移民社区农户的家庭人数、年龄结构、生活状况、住房及就业需求等信息。此外,还进行困难群众第一手资料的收集,此举为政府此后采取精细化帮扶、解决群众困难、落实群众需求等提供了重要依据。湖韵苑指挥部黄主席表示:"做群众工作这个事情急不得,我给大家也是这么说的,咱不强不催,等都没有问题了再上楼。"

对于心中仍有抵触的移民,细致算好经济账、政策账和发展账"三笔账",全方位、多角度讲清讲透移民搬迁工程对改善移民居住条件、实现移民长久致富的战略性意义。移民群众较多家庭经济较为困难,"住不起"是他们心中最大的顾虑,为此村两委在充分宣讲移民搬迁政策的基础上,细致算好拆迁账、补偿账、购房账,为群众算清优惠。湖韵苑社民王阿姨提起这"经济账"脸上还不禁露出笑容:"村干部给我家一算,我家四口人每人补偿2.5万,那就是10万,再加上老房子的评估作价,住新房不用花钱!"王阿姨更表示,村里不少人不但不花钱最后还能有些剩余。

为坚定移民群众的搬迁信心,湖韵苑指挥部组织村中多名代表参观先进搬迁社区,"眼见为实"让群众对移民搬迁政策有了最为直观和真切的感受。宽敞明亮的屋子、干净整洁的社区、方便配套的服务设施彻底打消了群众心中的顾虑。经过一系列工作,社区搬迁协议签订率达100%,湖韵苑社区孟姓村民更欣喜地表示:"亏得盖了楼,要不然我得打一辈子光棍,住楼房娶媳妇那就容易多了!"

党员干部在拆迁过程中更发挥出先锋带头作用,使群众服下"定心丸"。每个村的拆迁工作都是从支部书记家开始,之后是支部委员、党员,最后才是群众,形成支部带动党员、党员带动村民的良好拆迁秩序。孟庄村支部书记徐延全组织村中党员率先完成拆迁,为群众做出表率,其他村民受此感染一鼓作气,孟庄村一天完成所有房屋拆迁工作,以"东平速度",又快又稳推进移民搬迁工程。

(3) 护民让利,实现社区安置

东平县移民工程不是在为移民坐地空谈"利益发展、获利增收",而是将"保障移民利益"贯穿移民搬迁工程的始终。

移民搬迁指挥部在工程开始时,便向群众保证新社区价格低于市场价,充分惠民。建设期间为达到高环保标准,南堂子村建设成本又超出1500万元,面对巨大的资金缺口,村支书郑灿宾表示:"我已经和老百姓承诺了1200元/平方米,哪怕多10块钱,都是对群众的失信。"因此村两委背负起沉甸甸的承诺,保证绝不增加群众负担,最终通过其他方式筹措到了资金。

在移民利益最易受到侵害的房屋评估阶段,东平县创新性地以"一拇指让利"推进和谐拆迁,最大限度让利于民,确保群众利益不受损失。湖韵苑社区在对沿湖7村751户移民群众进行房屋丈量时,都要多量出一拇指的距离,真正实现"小"拇指让出"大"利益。对于测量结果有疑问的群众可申请二次丈量。王庄村村民朱久洪要求重新丈量后,湖韵苑社区指挥部予以重视并邀请县房管局相关同志与群众现场监督重新测量,最终房屋面积不但没少,反而多出4平方厘米,与前期登记的测量结果完全吻合。此举不但打消了朱久洪一家的疑虑,更使得其他移民安了心。

在建设期间,为确保工程质量,东平县发动群众以多种方式行使监督权利。除每村选举的义务监督员可在建设期间随时进入建筑工地进行监督外,所有涉及搬迁的移民群众均可自由在建筑工地进行检查。另外村中较多村民实际参与施工建设,亲身参与并监督社区建设,实现"群众路群众建,群众楼群众管"。湖韵苑社区建设时,有群众发现由于天气较冷不能施工的水泥工程仍在施工,立即上前阻止,社区指挥部了解情况后对施工方提出严厉批评并公开表扬了该群众负责任的监督行为。

在选房安置过程中,凤凰社区的侯林村王书记表示:"选房分房以村子为单位,村子越小,灵敏度就越高,更要公平、公正、公开。"因此社区在选房安置全程采用抓阄选房的方式,真正做到公平合理,村民按照先前签署各类协议的时间确定综合积分顺序,依积分进行抓阄。首次抓顺序阄,随后第二次抓阄直接确定楼房号,一经选定立即公示,切实让每一位移民做选房的明白人。值得一提的是，湖韵苑社区7个村中，有6位村支书抓上了顶层，其他村民闻此嬉笑打趣间也肯定了选房安置的绝对公平性。灵活运用电子监控设备也是东平县在群众选房阶段的创新举措。湖韵苑社区在选房的过程中除群众代表和所有选房户全程监督外，社区还安排专业人员进行摄影录像，同时现场布有监控设备，如有群众对选房结果感到不信服可随时调取监控录像查证，三重保障犹如X射线将选房过程全公开全透视，杜绝了"暗箱操作"。

(4) 配套完善，提升移民生活质量

完善的社区建设需要配备满足群众衣、食、住、行等生活机能的多种基础配套设施，公共服务设施是否丰富影响着居民的居住感受和生活质量。东平县移民社区建设均秉持着高标准、高质量的建设要求，通过移民搬迁工程切实并长期改善移民生活条件。

移民社区的高标准伴随的并不是高定价，东平县充分考虑移民的经济条件，尽可能降低移民自筹资金，确保困难移民"一个都不落"地步入新生活。湖韵苑社区孤寡老人高玉祥原来居住在王庄村六七十年代建造的土坯房中，经济情况极为困难，看着敞亮干净却空空如也的新房子，老人又喜又忧。为彻底解决贫困老年人"搬得进"的问题，社区争取相关单位大力支持，为其新房配上了家电、家具、炊具等生活基础设施，尽量减少贫困家庭搬迁的经济负担，保证其搬迁后的基本生活需求。

为解决社区配套基础设施资金缺口问题，县各部门积极助力。湖韵苑社区中县林业局助力进行了社区绿化工程建设，县卫生局为移民社区基层医疗机构进行全科医师人才培训，环保部门为社区建设污水处理站，水利部门为社区引河修渠，改善社区环境的同时为社区产业生产提供便利。县住建局为社区建设绿色幼儿园，既可对内解决社区内妇女及留守劳动力就业问题，也可对外创收。县文广新局为湖韵苑社区建设基层文化服务中心，活跃群众文化，为居民提供文化、体育、教育、科普等多功能服务。多部门助力，不但提高了社区公共基础设施水平，为移民生活提供便利和服务，而且切实提高了其经济收入、丰富了其精神世界，为移民带来新生活。马口村陈阿姨道出心声："现在自家干净利索，社区环境好，天天心情也美滋滋的。"

针对移民新社区的配套运营治理，东平县鼓励其成立社区管理委员会，并组织项目部成员管理社区物业。湖韵苑社区注册成立了自己的物业公司，优先安排贫困户、本村农户任保洁员上岗增收。社区张姓保洁员表示："社区对咱贫困户照顾，我没啥文化，在社区当个保洁员也能挣上工资了。"

（5）易土留情，点赞崭新生活

东平县移民搬迁工程以群众意愿为导向，以群众的感情为依托，移民虽易土但情留，使群众打心眼里对新社区产生认同感和归属感，满意新生活。

移民新社区在规划设计时就力求与原先的几个村庄在地理位置上保持相对一致，并且在新社区中随处弥漫着浓浓乡情。湖韵苑社区由原先相邻的7个村庄组成，现在7个村庄在社区中仍保留着原有的相邻安排。社区中规划了7条主干道，每条以一个村的村名命名，使移民易土不易情。新社区的绿化树植也另有来头，对于移民难舍的房前屋后经济树木，东平县政府各移民搬迁指挥部牵头使开发商敞开收购，再将收购的树木用于绿化社区。此举鼓了居民口袋，圆了移民乡情。对此，凤凰家园社区王大娘喜气洋洋地说："咱家以前的苹果树又重新栽在楼下，我没事就下楼给它浇个水，感觉就跟原来一样！"

社区在入住时实行了"实验室工作法"，在社区统一正式入住前首先选取一部分群众先行试住，了解群众的适应程度，并拾遗补阙，对房屋出现的问题及时整改。湖韵苑社区在具体实施过程中选取孟庄村40户先拆后建移民作为试点，"刚住进来的时候其实心里也有别扭，看哪哪都不满意，但工作队来这改改那改改的，这个房子越来越感觉是自己的了，搬上来还真比下面强！"湖韵苑社区徐姓村民如是说。以"试住"移民对社区的融入感带动其他移民的入住，自然使得移民愿意住、盼着住新社区。湖韵苑社区村民王洪秋欣喜地说："现在没事下楼遛遛弯，回到家喝喝茶养养花，还觉着挺得儿劲。"

（二）两区共建，促进移民长发展

移民社区建设解决了东平库区移民生活居住问题，实现了移民告别老旧村落、进入农村新社区，改善了移民居住条件，提高了移民生活质量，开启了农民社区化的新篇章。然而,移民社区建设虽然实现了农民"洗脚进社区",从村民向居民转化,但仍需要有坚实的产业支撑,促进农民就业,保障农民社区生活。东平县在建设移民生活社区的同时,跟进社区配套的产业园区建设,开展两区共建,实现农民"上楼生活,下楼生产",农民就近集中在社区内就业,快速融入新社区。

1. 发展社区产业的必要性

新型移民社区的建设不但推动了农民生活居住方式的变化,也推动了农民生产方式的变革,因此在社区建设的同时需要和社区产业发展衔接,不仅要解决农民的生活问题,也要解决农民的生产问题。在传统的农民社区建设中往往会出现重视社区建设,忽视社区产业发展的问题,导致农民"上楼容易,就业难"和"社区易建,发展难"的困境。

社区缺乏产业支撑,农民难以增收。农民进入社区以后,生活方式随之转变,生活成本较之农村生活有所提高。如,社区生活中水费、物业管理费等新增生活费用都成了农民上楼生活的负担。虽然仍有部分土地可以耕种,但是土地多为零碎分散状态,难以实现增效,因此传统农业种植已经不能满足农民社区生活需求,需要转变社区农民的生产方式。然而,社区中人口比例最大的中老年群体虽然具备较为丰富的农业种植经验,但是总体素质不高,缺乏企业就业的必要技能,很难找到合适的工作。因此,在缺乏产业支撑的社区中,农民虽然住进了新房,但是难以实现就业,导致农民"上楼致贫"现象突出。东平县湖韵苑移民社区建设了43栋、824套居民楼,解决了7个村子2373人的居住问题,其中有2008人是无地移民,搬迁之前多以捕鱼为业。进入社区以后,虽然居住的问题解决了,但是因为这7个村子都是无地移民村,几乎没有土地可以耕种,并且随着对东平湖生态保护工作的推进,移民捕鱼业也受到限制。因此,农民进入社区以后如果不能转变生产方式,将面临"上楼致贫"的问题。孟庄村村支书徐延全表示:"我们村子土地很少,几乎没有集体收入,其他的6个村子有的一点土地都没有,主要靠在东平湖里捕鱼来卖钱维持生活,现在还经常禁渔。进入社区以后,我们怎么生活,也是一个问题。"

社区虽然已经建设完毕,但是如果没有产业支撑,社区发展也会变得艰难。经济基础决定上层建筑,要想实现移民社区的长效发展,必须有一定的社区产业作为经济支撑。从某种意义上讲，居民社区是"壳"，社区的产业为"核"，如果一个社区缺乏必要的产业，就会出现社区发展"空心化"的问题。农村社区建设不同于城市社区，农村社区产业基础薄弱，如果没有社区产业发展支撑，农村社区发展将缺乏动力，难以实现长效发展。东平县是全国第二、山东省第一移民大县，移民成了东平县最大的贫困群体。这些移民虽然每个月都有50元的移民生活补助，但是大部分的移民没有土地可以耕种，只能在东平湖以打渔为生。在这种贫困移民村中几乎没有集体资产，大部分移民村的村集体都处于负债状态。东平县虽然整合了这些移民村落，建设了新社区，但是很多社区在建立初期就背负着债务，新社区缺乏发展资金，发展动力匮乏，社区的发展空间受到限制，难以实现长效发展。

因此，在移民社区建设的同时，也要跟进社区产业园区的建设，实现新型农民社区与特色产业园区共建。要避免单纯注重农民社区建设，忽略社区经济发展和农民就业增收的现象，实现农民居住环境、就业增收、社区服务的协调发展。东平县农民社区发展的实践证明，坚持居民社区和产业园区共建，是农民增收和社区进步的前提和保障，既可以实现农民社区化，解决农村产业、人口分散问题，也为社区的发展提供了动力，实现二者耦合效应，协同发展。

2. 规划保障，夯实产业发展基础

移民社区的发展根基在于扎实的产业支撑。为了实现农民就近就业、社区长效发展，东平县开展两区共建，在开展移民社区建设的同时跟进产业园区建设。产业发展和社区建设同步规划、同步设计，并且为产业园建设提供多种保障。

一是多项帮扶，提供产业发展资金政策保障。发展社区产业是农民社区化"稳得住，能致富"的经济基础，社区产业的发展需要政府资金和政策保障。为支持社区产业发展，东平县从移民后期发展扶持、区域发展扶持、产业政策扶持等方面出发，建立避险解困搬迁村产业发展基金，按照人均2000元整合资金，用于移民社区的产业培植、村民就业、村集体增收等产业项目的发展扶持。在扶持资金政策的帮助下，东平县立足自身优势，形成了旅游、水产、加工、养殖等特色产业，建设社区农业示范园区

61个，建成3A级以上景区12家以及28个就业吸纳能力强的社区特色产业园区，有效带动1.2万余名库区移民就业创收。

二是多方助力，做好产业发展基础设施保障。东平县在规划社区建设的同时，启动与社区配套的产业发展项目，规划设计社区产业园区，并以招标的方式，引进发展基础好、优势明显、带动力强的企业入驻社区。首先，东平县在规划社区建设用地时，规划社区产业园建设用地，把适宜企业发展的土地整合起来，用于社区产业基础设施建设。既要保证实现产业发展，也要保证居民生活不受企业生产的影响。其次，跟进基础设施建设，根据产业发展需要完善基础设施。东平县湖韵苑社区在建设居民社区时，规划产业园区，以每亩3万元的价格征用社区后方其他村庄土地52.8亩用于产业园厂房建设，同时东平县环保部门帮助产业园区建设污水处理站，农林部门为产业园区搞好园区绿化，切实做好产业发展基础设施保障，为社区产业发展"铺路"。

三是多类型就业培训，为产业发展提供人才保障。农民因为长期务农，缺乏一定的就业、创业技能。新社区建立以后，形成了集中居住的格局，便于集中社区人才力量发展社区产业。为留住社区人才，实现居民社区内就业，东平县整合职业教育资源，设置了移民专项培训资金。根据社区产业的用工要求，对农民开展以企业就业、社区创业为导向的多类型就业培训。一方面能够强化农民就业、创业技能，扩宽农民就业渠道，另一方面能够留住社区人才，为社区产业的发展提供人才保障。东平县培训社区移民4780人，转移就业、再就业的社区移民9200多人。东平县湖韵苑社区为实现居民"家门口就业"引入服装加工企业，在企业入驻社区之前，对社区居民进行有针对性的就业技能培训。服装加工企业开始投入生产之前，直接招聘了260个受过培训的社区居民。

3. 产业园区跟进，搭建社区产业发展平台

为了实现产业发展和社区建设同步推进，东平县整合资源，打造多种社区产业园区，为社区产业落地和发展搭建平台，实现社区居民就近就业。东平县以农业园区为基础、以工业园区为依托、以商业园区为载体，打造多种产业相互促进、共同发展的格局，让农民上楼生活、下楼就业，实现农民就业不离家、打工不进城。

东平县整合社区土地，打造社区农业园区。土地是农民的根，农民虽然进了社区，但是仍保留着对土地的依赖和眷恋，因此，需要以土地为基础，建设新型的农业园区，让农民安心上楼。东平县移民虽然多为库区无地移民，但是在长期的农村生活中，大部分的移民在村子的边角开垦菜园或者在湖滩上构筑"抬田"，另外在农村社区化的过程中，也会腾出一些土地，这些土地资源都是产业发展的基础，需要根据条件，充分利用。为了整合这些闲置的社区土地，东平县推进社区集体产权改革，以土地股份化的形式整合社区零散和闲置土地，成立农村社区土地股份合作社。对于社区内的零散耕地，鼓励农民以土地入股土地合作社，享有保底和分红收入。对于原先村庄的建设用地，采取复垦的方式，将其转变为社区耕地，并且收归社区土地股份合作社，产权量化到社区居民个人。社区通过土地合作社整合社区内土地以后，由社区集体经营或者统一外包经营，打造社区现代化农业园区。

东平县推动富民企业入驻社区，打造社区配套工业园区。建设工业园区能够快速吸收居民就业，尤其是劳动密集型的工业。农民进入社区以后，集中居住，同时社区土地统一流转，社区拥有非常丰富的劳动力资源。东平县立足社区劳动力丰富的优势，发挥工业园区的集聚效应，提前规划社区工业园区，通过对接县级工业园区，采取招标的方式，引进生态环保、适合社区发展的劳动密集型企业，并且通过提供优惠政策帮扶、专项资金支持、人才培训保障等多种形式促进企业落地社区工业园区。另外，东平县组织社区整合多方资金，规划工业用地，完善工业园区基础设施，提供就业人群，共同打造社区配套的工业园区。

东平县积极发展第三产业，打造特色商业园区。产业园区经济发展水平是影响农村社区化水平的重要因素，园区经济发展水平越高对农村社区化水平的提升作用越大。东平县原为传统的农业大县，以农业经营为基础的第一产业经济效益较低，农民脱贫致富艰难。对此，东平县因地制宜，以移民社区建设为契机，引导各社区发展第三产业。东平县移民多为东平湖库区移民，新型社区毗邻景色优美的东平湖，因此，东平县给予多项支持，鼓励各社区整合社区资源发展以东平湖特色为主题的乡村特色服务业，如休闲旅游码头、码头渔家乐等。对于靠近山脉、依山傍水的社区，鼓励建立以主题景区为主的第三产业,建设具有地方文化特色的旅游景区,打造特色商业服务园区。

东平县推动"电商下社区",打造社区电商发展。东平县作为一个传统的农业大县,除了种植业,很多农民依靠东平湖生活。东平湖拥有丰富的农产品资源,红心鸭蛋、荷叶茶、鸡头米等湖产品成为东平县特色产品名片。因此东平县立足县内特色资源,建设县级电商园区和电商孵化中心,打造了完善的线上经营、线下体验的电商经营模式。东平县在社区建设的同时,鼓励农村新社区整合社区资金,发挥社区特色资源优势,发展农村社区电商,并且建设社区电商服务站,对接县级电商园区,为社区电商提供技术支持、人才培训、经营指导等,推动农民社区电商发展,打造社区电商园区,实现农民就业增收。

东平县以养殖园区为依托,发展特色养殖业。东平县移民村多地处东平湖库区,库区内水产资源丰富,气候条件适宜养殖业发展。大多数的移民村有过水产养殖的经验和传统,但是因为缺乏养殖技术支持且一般水产效益低,养殖发展艰难。对此,东平县在开展水库移民避险解困项目时,鼓励社区居民开展水貂等特种动物养殖,设立养殖发展专项资金。同时,为提高养殖收益,增加社区移民收入,建立特种动物良种繁育基地和特种动物养殖合作社,为农民养殖提供优良品种,指导农民养殖技术。东平县建立以老湖镇西三村特种动物养殖合作社为典型的养殖园区,建立新型农村社区内的养殖园区。截至2016年底,东平县为18个移民社区建立了30多个产业园区,解决了4.6万库区移民的就业问题。

4. 因地制宜,发展社区产业

为实现社区居民就业增收,东平县移民社区以产业园区为发展平台,立足自身发展优势,因地制宜,分类规划,宜农则农,宜商则商,发展社区产业,实现居民持续增收、社区长效发展。

东平县推动传统农业升级,依托农业产业园区,发展现代化农业。传统分散式的农业种植经济效益低,农民增收困难,因此,东平县通过土地股份合作社整合土地建立了农业发展园区,适宜发展现代化农业,实现了农业规模化发展、集约化经营。东平县湖韵苑社区安置的7个村子以前都是无地移民村,这些移民为了生活,纷纷在湖滩上开垦土地,截至社区建设之前，7个村共开垦了3000亩的"抬田"。因为湖水涨落不定，"抬田"生产容易受到湖水的威胁，因此移民在"抬田"上多建一些简易大棚，种植蔬菜，然后拿到附近的州城街道售卖，生产方式粗放，经济效益较低。移民搬入湖韵苑社区以后，社区整合农民零散碎化的土地，开展规模化农业生产，把适宜种植的土地整合起来，开展冬暖式有机蔬菜示范园项目，投资200万元，建成了14个10×33.7米的设施蔬菜大棚，社区内的贫困户可以把扶贫资金注入大棚项目，入股分红。每个蔬菜大棚每年产值达5万元，贫困户每年人均分红可达2600元。同时，蔬菜大棚项目还能吸收30名左右的社区居民就业，社区招聘时优先让有能力工作的贫困户入职，贫困户既能通过自己的劳动就业增收，也能享受项目发展增值分红，实现就业增收。

东平县以打造工业园区为重点，以社区工业发展带动居民就业。在推进社区建设的同时，注重解决农民进入社区后的就业问题，避免农民"上楼致贫"。如东平县湖韵苑社区在规划的同时，就考虑到了搬迁后群众的就业问题，在启动社区规划的同时，通过招商引资引入了适合社区发展的劳动密集型企业入驻湖韵苑社区产业园区，并帮助其修建厂房，提供优惠政策，使企业能够在湖韵苑社区落地生根。引入企业既能带动社区集体经济的发展，也能解决湖韵苑社区群众就业问题。湖韵苑社区主要引进了两个无污染、劳动密集型的企业，一是服装加工厂，位于孟庄村，占地22.8亩，总投资1070万元，实现社区居民300多人就业，入职员工人均月收入达2000元。湖韵苑社区的一个居民表示："我以前都是在外面打工，不方便照顾孩子，现在我把孩子送去街道上学，就回社区厂里上班，下楼就是公司，非常方便。"二是舞台设备制造公司，厂房占地约30亩，总投资4200万元，安置200多名居民就业，人均月收入可达3000元。这两个企业就实现了社区内500多人就业，真正实现了"移民上楼，就业不愁"。

商业园区是东平县产业发展的重要平台，有利于挖掘东平县第三产业发展潜力。东平县素有"一山，一水，一圣人"的美称，县内山水纵横，有着丰富的旅游资源，境内东平湖水域627平方公里，是《水浒传》中八百里水泊唯一遗存水域，旅游潜力巨大。东平县南堂子村抓住移民避险解困工程建设机遇，坚持"两区共建"的原则。在社区建设过程中打造生态旅游景区。南堂子村立足依山傍水的地理环境,打造具有地域特色的旅游景区,整合多方资金打造了昆仑山景区、月岩寺、祝家庄、宋家庄等旅游景点。同时注重景区发展带动居民增收,引导有条件的居民创办渔家乐。紧紧抓住"吃渔家饭、住渔家院、干渔家活、体验民俗风情"四大卖点,在吃、住、行、游、购、娱"六要素"上做文章,巧打"蓼儿洼渔家乐"特色旅游品牌,让游客"吃住渔家院,游乐山水间"。另外,村民搬迁进入社区以后,社区整合村民分散种植的1200余亩山坡土地,由社区集体经营,栽种核桃、珍珠银杏、桃、石榴等果树,将乡村旅游与生态农业紧密结合,打造集观赏、娱乐、采摘、餐饮于一体的生态采摘园。截至2017年5月,南唐子村发展渔家乐58家,建成星级酒店1处、生态停车场1处,发展旅游开发公司1家、旅游商品定点单位4家、旅游商品店26家,村内旅游从业人员近千人,每天接待游客1000余人,旅游业年收入可达400万元,村民人均纯收入可达8500元。

东平县以建立农村社区电商园区为基础,发展农村社区电子商务产业。近几年,农村电子商务发展迅速。2017年,东平县已有400多家网络店铺投入运营,快速实现了创业增收。东平县滨湖社区在注重居民社区建设的同时,推进社区电子商务项目落实,集中开展社区居民电商培训,鼓励居民在网上经营东平湖特色湖产品,并且积极对接东平县电子商务产业园区,建立社区电商服务站,指导社区居民参与社区电子商务。截至2017年5月,滨湖社区内运营的淘宝店铺达120余家,每家淘宝店铺每年增收可达2万元。东平县电商产业园负责人屈克志表示:"滨湖社区电子商务的发展让我们看到了社区电商发展巨大的前景和对于社区发展的巨大作用,我们将进一步加强社区电子商务的推广,打造一条社区电商促进社区发展的路子,用社区电商帮助社区移民就业、创业。"

东平县养殖产业园区的建立推动了农村社区养殖产业的发展。东平县凤凰家园社区安置了6个沿湖移民村,村内农民多以东平湖捕捞为生,对东平湖水产资源比较了解,有水产养殖的自然条件和历史传统。因此,凤凰社区依托老湖镇西三村特种动物养殖合作社,积极发展社区内特种动物养殖业,打造社区沿湖特种动物养殖园,既沿袭了移民水产养殖的传统,又实现了水产养殖产业升级。凤凰社区侯林村村支书王士领表示:"我们以前在村子里主要就是靠湖为生，有些人在湖里养些鸭、鹅等水产，现在社区鼓励养殖特种动物，很多人经验丰富，也算是重操旧业，不少人通过养殖实现了致富。"

（三）新生活辅导，实现移民变居民

"撤村改居"虽然初步实现了农民社区化，但是因为农民长期在农村生活，缺乏在社区内生产生活的经验，在社区建设初期难免会存在居民思想观念难以转变、对社区缺乏归属感、生产与生活方式不兼容等现象。因此新型社区应以思想文化转型为先导，以满足民生需求为原则，以就业转型为导向，走社区文化引领生产生活方式转型发展的路子。东平县为实现农民安心入住新社区，快速适应新生活，推动农民融入社区，探索出了一套"生活辅导"的工作方法，为农民社区化铺设了"快车道"，创造了东平移民社区化"动车速度"。

1. 移民"上楼难"

社区生活不同于传统的农村生活，农民社区化不仅仅是生活空间的转移，更是农民村落生活的全面转型。东平县移民虽然经历过多次搬迁，但是长期的农村生活使其养成了固有的生活模式。进入社区以后，旧有的生活格局被打破，农民不可避免地出现生产方式、生活习惯的不适应。社区内的居住格局也不同于原来的农村，农民对于新社区缺乏一定的归属感。

首先，农民不适应新的生产方式。随着农村社区化的推进，以前自然分散、以农业生产为主的村落共同体正在消失，农民进入了集中生活、以非农生产为主的新社区，这不仅仅意味着生活格局和社会关系的转型，更意味着生产方式的转变。过去，农民以土地为生，为了一年能有好的收成，一年四季都继续着"面朝黄土背朝天，一干就是一整天"的生产方式。现在，随着新农村社区建设的推进，大量的农民"洗脚进社区"。伴随着社区配套或邻近的产业园区的发展，农村社区的人们需要放下与社区生活不相衬的锄头，走进企业工厂，延续几千年的生产方式一夜间发生改变，这种转变让很多农民难以适应。东平县是传统的农业县，大部分的社区移民没有在企业工作的经验，缺乏企业工作技能。因此，要实现移民快速融入社区，必须要面对这个问题。

其次，农民难以习惯社区的生活方式。社区的生活方式不同于传统农村的生活方式，农民已经习惯了长期村落的生活，进入社区以后，需要很长时间来适应社区的生活。农民上楼以后，就需要适应新的生活方式，例如水电、天然气的使用。农民在农村中不用考虑水的问题，进入社区以后，水费让很多农民难以接受。农民在原来的农村都是烧火做饭，而社区是统一提供天然气，有些年龄大的农民不会使用天然气，很难适应社区化的生活。东平县湖韵苑社区是东平县最早入住的移民社区，农民在入住社区以后，仍保留着农村的生活习惯，一些农民带着原来家里养的鸡鸭一块"入住"社区，在公共场所随意堆积原来家里的东西。负责社区工作的街道人大黄主席表示："群众进入社区，以前的习惯一时半会改变不了，有些老年人一辈子没有用过空调、天然气，不知道如何使用，社区建设厕所时，全部都是马桶，很多群众没法习惯，就直接拆除换成原来的样式。"

最后，农民旧有的思想观念难以转变。农民社区化面临的主要问题就是农民怎样融入社区，成为真正意义上的社区居民，不仅人住进社区，思想观念也要随之转变，既要"洗脚上楼"，又要"洗脑上楼"。在具体的实践中，农民进入社区以后，思想观念难以转变，主要表现为两个方面。

一是对新社区缺乏归属感。农民对于社区归属感的高低是其对于社区生活认同度的反映，在一定程度上影响农民社区化程度。搬入新社区，农民习惯的"熟人"社会格局被打破，村民被重新组合，农民的邻居都是陌生面孔，原有的关系网络断裂，人与人之间的关系逐渐淡化，农民对于社区的认同归属感很难快速提升，社区的凝聚力低下。东平县的移民社区多是安置数个村子，经过选房搬迁入社区以后，村民住房格局被重新组合，有些居民已经入住一个多月都没有见过自己的邻居，对于社区的归属感还没有建立起来。东平县凤凰社区的居民侯庆银表示："自从搬迁到社区，我就很少下楼，很多人都不认识，就连我们家隔壁的邻居我都没怎么见过，我们还是和以前的村邻居交流得比较多。"以前侯林村的书记王士领也表示："现在小区各家都有一个防盗门，门关上以后，就不知道这家人是不是在家，几个村子也不是很熟悉，大家没事都是打电话叫附近楼栋里原来村里熟识的人走动。"

二是传统文化观念根深蒂固。农民长期受到自然社会条件、资源禀赋和政策制度影响，农村传统精神文化在农民意识中根深蒂固。同时，农民个人在生活条件、思想水平上具有差异性,因此对于社区化的认识也会有很大的差异性。很多农民虽然已经进入社区,离开了土地和传统农业生产活动,成为社区非农产业的就业者,其职业转换了,地域转移了,甚至户籍转变了,但是大部分农民的思想观念、生活方式的非农转移并不明显。例如,深厚的乡土观念让农民坚持一切"以情为贵",家族亲情成为维护农民搬迁入住的无形凝聚力,封闭、内向心态让农民在社区这个陌生的环境下不愿出去接触新的事物。东平县社区搬迁过程中,为了保证公平,采用了随机顺序选房的方法,而农民多愿选择和自己熟悉的人居住在一起,这样农民的主观意愿和客观的不确定性产生了冲突,有些农民在搬迁入社区时仍对社区安置有很大的意见。

2. 新生活辅导员"辅民入楼"

东平县为了解决农民进入新型社区难以适应的问题,在社区搬迁计划开启的同时,开展"百名干部进社区"活动,鼓励有条件、有意愿的乡镇干部深入基层社区,做社区"新生活辅导员"。新生活辅导员个人责任包保到楼栋,致力于解决农民入住问题,协调社区搬迁,指导社区新生活,开启社区"新生活辅导"。

辅导员前置介入,掌握移民生活需求。为了更好地辅导农民新生活,在社区搬迁之前四五天,各楼栋的新生活辅导员们提前入驻社区,走进负责楼栋的每家每户,以衡量自己家的标准替村民验收新房,逐户排查问题,一旦发现社区中的问题立即上报社区指挥部,指挥部立刻安排专业人员进行整改维修,直到不能发现新问题,辅导员们才能暂时撤出社区。通过巡查社区一方面能提前排查住房质量问题,实现农民"无问题入住"社区;另一方面能够了解农民搬入社区最切身的需求,为接下来的生活辅导做好准备。村民在搬迁的时候,由辅导员带领入房。进入新房以后,由辅导员带着农户对房屋进行检查,如有问题,面对面交流,及时帮助解决。农户确认房屋没有问题以后,辅导员将房间钥匙郑重地交给农户,然后由农户签字确认。

精细辅导,辅导员入户示范生活技能。为保证农民搬迁进入社区能够进行简单的生活,新生活辅导员力求做到生活辅导精细化,走进每一户居民家中,开展多元化的生活辅导,做好多种生活辅导工作。首先,生活辅导。在社区的居民入住的同时，面对面向村民演示天然气、坐便器等日常家用设施的使用方法，介绍入住注意事项，手把手教会村民生活用品具体操作，村民明白以后，请村民签字确认，确保生活细化辅导落实。其次，心理辅导。新生活辅导员通过面对面、心贴心与农民交流，消除农民对社区新生活的抵制心理和一些不良情绪，疏通农民的思想。湖韵苑社区有一些农户对于搬迁入社区有抵触心理，辅导员给这些农户讲明入住社区的优点，解问答疑，转变农户的观念，实现了农户安心入住。据统计，湖韵苑社区内的一百多名新生活辅导员为社区群众协调解决上楼后的问题达2600多项，得到群众的一致好评。最后，生活安全辅导。社区生活虽然方便，但也会存在一些安全隐患。新生活辅导员给社区每户居民发放了一套安全宣传材料，讲明如何在社区里面防火防盗，以及消防设备的使用方法和注意事项。例如，农民过去在农村时，没有出门随手关门的习惯，辅导员提醒居民养成随手关门的习惯，并建议居民如何分配房门钥匙，以方便社区生活。

离人不离心，打造新生活辅导的长效机制。新生活辅导制要求新生活辅导员每人包片包楼，不仅要在社区搬迁时指导居民社区生活，还要建立长效的服务机制。在居民基本适应社区生活之后，辅导员暂时结束社区工作，但是要给负责楼栋的每户居民留下电话号码或者将联系方式张贴在楼道中，居民在社区生活中遇到各种问题都可以随时联系辅导员反映咨询，实现生活辅导员"离人不离心，离岗不离责"，切实做好为人民服务。州城街道人大黄主席表示："我们人虽离开，心还要在社区。村民有任何问题和困难都可以随时咨询，我们立即着手解决。"

3. 服务部门"扶民上楼"

东平县在开展"百名干部进社区"的同时，组织社区各服务单位对社区居民进行全面的社区生活培训，做到农民上楼，服务跟进，让农民体会到社区生活服务的便利，增强农户对社区的归属感。

组织居民开办社区生活培训班。村民搬入社区后，新生活辅导员教会了居民基本的社区生活技能，为更好地让居民了解社区生活，更快地融入社区生活，东平县组织天然气公司、水电部门、数字电视公司、消防等相关服务单位在社区中组织免费的社区生活培训班，系统地培训居民社区生活技能。湖韵苑社区搬迁以后，开展了30多次生活培训，利用楼下空地、生活广场等场地，开展生活知识普及和生活技能培训。如天然气公司组织开办天然气使用培训班、供电所组织用电安全培训班、消防部门组织消防知识宣讲会等，涉及社区生活的方方面面。村民可以根据自身意愿和需求参与生活培训班，学习如何更好地享受社区服务。孟庄村村支书徐延全表示："我们搬迁到社区以后，参加培训班的村民很多，效果很明显，现在一些以前没有见过天然气的老年人都会使用天然气做饭了。"

创制便民服务卡，实现服务到家。为了更好地便民利民，东平县各相关部门还给每一户社区居民发放便民服务卡，包括天然气服务卡、电工服务卡、用水服务卡、数字电视服务卡等，居民可以通过这些服务卡享受各种生活服务，另外，卡上还印有各服务单位负责人员的姓名与联系方式，村民如果需要服务人员的帮助，就可按照服务卡上的信息给相关工作人员打电话，工作人员及时入户帮助居民解决生活中的问题。湖韵苑社区的居民王恒秋表示："现在用电有电卡，用水有水卡，直接充钱进去，不用老是跑去交水电费。我现在没事就下楼遛遛弯，回到家喝喝茶养养花，还觉着挺得劲的。"

4. 社区打造特色文化"助民融入"

社区文化是建设和谐社区的灵魂，对于增强社区居民对社区的归属感、认同感有举足轻重的作用。农民在社区开启新的生活以后，原有的村落文化已经不能满足社区生活的需要。东平县在社区建设搬迁以后积极开展社区文化建设，以完善社区文化活动硬件设施为基础，以打造社区特色文化为重点，实现社区居民"文艺活动有舞台、集体活动有广场、居民休闲有设施"，在规划社区的同时，设计社区文化广场，满足社区居民文化需求。

社区打造多元化的社区特色文化，满足不同文化需求。建设社区文化，需要充分立足社区特色，结合社区地域性特点、居民文化层次和喜好、居民构成成分等特点，活跃社区文化生活，打造人民群众喜闻乐见的社区文化，丰富居民的精神生活，实现社区生活提质增效。东平县湖韵苑社区立足群众需求，打造多元化特色文化区。一是继承原有村落文化，保留传统村里记忆，增强居民认同感。主要通过以原各村名字命名社区中的各大街道，如孟庄街、王庄街等，同时设立各村村碑，介绍各村历史，一定程度上保留了部分居民的乡村记忆，增强了居民对社区的归属感。二是打造社区特色文化，社区利用河岸建筑、社区墙面、宣传栏等板块，建设社区河岸文化、墙面文化、专栏文化、牌坊文化等，打造具有湖韵苑社区特色的社区文化。如在社区醒目的墙面上粉刷中国梦、文明新风等主题的宣传图画和标语，一方面可以起到美化社区的作用，另一方面可以在潜移默化中让社区文化深入人心。

让社区特色文化引领社区新文明。农村旧有文化是自然和人文环境的综合展现，社区文化建设需要继承农村尊重自然要素的传统，既要保留村落和谐文化，也要打造现代化社区文化，引领新文明。农民进入新社区，也带来了不符合社区生活的习惯，如在公共场合随意丢弃垃圾、随地吐痰，随意占用公共空间等。东平县湖韵苑社区通过打造社区新文化，从而引领社区新文明，一方面借助文化活动、文明宣传、志愿者服务等形式宣传社区文明，提倡讲究卫生、爱护公共设施、改变居民陋习；另一方面，打造文化活动平台，建设图书报刊阅览室、文化活动广场，组织居民开展广场舞、体育比赛等集体活动，营造社区文化氛围。通过社区文化建设，社区居民乱扔垃圾的少了，随地吐痰的少了，村民也逐渐开始注重自家的生活卫生了。孟庄村村支书徐书记表示："社区文化作用很大，如今社区居民日常谈论的话题由以前的家长里短已经慢慢转变成了如何生产致富，村民的衣着打扮也有很大的提升。"

（四）提升服务治理，创建和谐新社区

新型社区的建设中农民的生活方式和居住方式发生了转变，传统的村落共同体消失，传统的乡土关系网格也被打破，熟人关系在向半熟人或者是陌生人关系转变，在这样的新社区中，原来村民的"家务事"也变成了"大家事"，社区的管理更加复杂化，对社区治理和服务也提出了更高的要求。东平县在实现农民上楼生活、下楼就业的同时提升社区服务治理水平，提高农民社区生活质量，创建和谐新社区。

1. 新社区治理服务水平亟待提高

在农民社区化的过程中，农民进入社区以后，对新社区治理和服务提出了新的要求，很多新社区在建设初期会面临社区治理和服务的困境，主要表现在两个方面。

一是社区管理失序，治理难落地。新型移民社区相对于原来农村的生产、生活结构有了巨大的调整，打破了原有村里的治理格局。农民从原来的农村分散居住、独门独院变成集中居住，居民成分更加复杂，因此对于社区治理有了更高的要求。然而当前很多地方在推行农民社区化的过程中政府充当了领导者的角色，一旦社区建设完毕，政府撤出以后，治理无法跟上社区发展，社区管理滞后会导致社区内治理失序。东平县在指导各个社区建设时，发动广大干部，实行干部包片、干部负责制，在社区建设现场设置社区建设指挥部，由县级领导、乡镇负责。乡镇干部长年驻扎指挥部，指导社区建设，协调搬迁各村事务。社区建设完毕以后，指挥部将会撤出，社区治理需要落到社区自治上。东平县凤凰社区安置了朱桥、侯林、刘洼等6个移民村5271人，社区建设中的拆迁、搬迁等事务都由社区建设指挥部直接领导，移民全部搬迁入住以后，指挥部将撤出。社区内有6个村庄，每个村庄都有自己原来的一套村委班子，如何整合这些力量，实现社区良性治理成为东平县社区建设必须要面对和解决的问题。

二是社区服务缺位，生活难提质。移民社区建设不仅要实现移民"住得进"，还要推动服务"跟上来"。农民进入社区以后，生活方式与过去农民生活有很大的不同，在社区内生活，除了住房，其他都是公共场所，这些公共场所的环卫和公共设施服务以及社区内集中供水、天然气、生活超市等生活服务都和每一位居民息息相关，影响着居民的生活质量。一些社区在建设的同时，重建设、轻服务，重视"硬件"建设，忽视"软件"建设，农民虽然搬进了新房，但是生活质量没有同步提高。东平县从2014年开始，几年时间内全县18个社区同时建设，开创了"东平速度"。移民入住以后，生活服务等暂由社区建设指挥部提供。东平县滨湖社区农民在搬迁入住的过程中，指挥部帮助移民缴纳水电费，提供基本的生活服务。移民全部完成搬迁以后，滨湖社区需要独立建立完善的社区服务体系，保障居民生活。

2. 多元融合治理，探索社区发展新道路

社区集政府行政、居民自我治理、公共服务、个体情感认同、社会交际等多种功能于一体，较之传统的农村更为复杂，移民从村民变为居民，对于社区的治理能力有了更高的要求。在一些地区的农民社区化过程中出现了社区居委会、党组织和社区内各村自治组织权力边界模糊不清，各主体职能交叉、治理难以落地等问题。东平县在实现移民安居乐业的基础上，积极探索创新政经分离的乡村治理机制，理清社区集体经济组织与自治组织关系，搞活经济单元，拓展行政单元，下沉自治单元，推进多单元融合的农村治理进程，为社区和居民持续发展铺平道路。

搞活经济单元，奠定社区治理基础。经济单元是社区治理的基础单元。在农村转为社区的过程中，除农民户籍身份转变、房屋拆迁安置等系列变化外，最重要同时也最难以解决的问题就是原村集体经济的主体如何由过去的村委会顺利移交给社区居委会，重新组建社区集体经济主体。原有的各个村子集体经济发展程度不一，简单收归社区，容易产生矛盾冲突。东平县在两区共建的基础上，将集体股份改革与社区建设相结合，使农民入社变股民，继续享受原有集体分红。首先，对于搬迁之前没有集体资产的村庄，在新社区成立之后，将社区集体资产量化，组建社区股份经济合作社，社区内的所有居民都享有社区经济合作社股权。其次，对于搬迁之前拥有一定集体资产的村庄，对集体资产进行清产核资，股权量化到个人，组建股份经济合作社，原有的村民人人享有合作社股权。在进入社区以后，仍享有社区集体经济合作社股权。这样就通过集体产权改革，明晰了产权界限，理顺了社区集体经济组织和各村原有集体经济组织之间的关系。湖韵苑社区原孟庄村村支书徐书记表示："孟庄村原来就有一些集体资产，入社区后，通过产业的发展，社区也积累了一定的集体资产，我们通过建立社区股份经济合作社，原来孟庄村的人就享有了两方面的集体经济股权，大家都非常认同这种做法。"

拓展行政单元，强化社区治理功能。社区建成以后，政府领导力量撤出，社区的行政单元将独立承担社区管理的重任，需要创新传统的村庄管理模式，扩展行政单元新的功能，实现社区良性管理。东平县打破原有以行政村为单位的村庄治理模式，创建了"三委三区两覆盖"的新型社区治理模式。具体而言，就是在移民社区组织成立"三委"，即社区总支委员会、社区事务管理委员会和社区事务监督委员会。社区总支委员会下辖片区党支部和其他服务和经济组织党支部，形成完整的社区党组织体系，以便发挥党组织在社区重大事项决策、社区公共资源支配方面的领导作用。社区事务管理委员会对社区进行规范化管理,整合优化社区各类资源,完善社区基础设施,满足居民教育培训、文体活动、公共卫生、综合治理等发展需求,是实现社区有序管理的基础机构。社区事务监督委员会由居民代表大会选举产生,建立公开接访制度,也会通过各种渠道收集居民意见,为群众和居委会之间搭建沟通平台,同时代表居民监督社区居委会,保证居委会工作符合群众利益。在管理范围界定上,构建"三区"管理服务网络,即社区、片区、楼区三级管理区域,实行责任到人、干部包保到户,切实做好社区每一个区域的管理工作。在党组织领导方向上实现"两覆盖",即把增强党组织的领导核心作用作为一项统领工程,推进党的组织覆盖和工作覆盖,发挥党员的模范带动作用,党员入户为群众解决生活、生产问题,反映群众意见,带动群众发展。

下沉自治单元,实现社区自治。长期以来,农村社会受到政府长期"管控型"管理,农民对基层政府的依赖较大,对于参与村庄自治的热情不高,进入社区以后,农民仍难以摆脱对政府的依赖观念,因此需要尊重农民在社区化过程中的主体作用,明确农民对于社区建设的意愿、需求,构建以农民为主体的移民社区,从而提高农民政治参与意识,实现自治单元下沉。东平县尊重农民主体作用,积极推进居民自治,以构建社区、片区、楼区三级管理区域为基础,打造三级自治体系,将自治单元下沉到楼、到户。湖韵苑社区以社区为基本单位划分7个片区,开展片区自治,以8户为一个楼栋单元,由居民推选楼栋长,负责定期收集和及时解决居民反映的问题,实现楼区自治,提高了居民参与社区自治的积极性,为社区长远发展建言献策。

3. 社区服务落地,提升移民生活质量

社区建设是实现城乡服务平等化的平台。实现农民社区化,就是为了保证农民享受和城区一样的公共服务,提高农民的生活质量。在具体的实践过程中,往往会出现"重样板,轻内涵"的问题,社区虽然建成,但是服务设施和服务机制匮乏,同时农民社区生活经验不足,缺乏社区服务需求表达机制,导致社区服务难以满足居民的需求。东平县构建以需求为导向的服务机制,一方面建设社区服务承接平台,保证各种社区服务切实落地，另一方面积极对接服务部门，建立和城市社区相对接的服务机制，保证农民在社区内享受和城区平等的服务。

对接物业管理公司，提供物业管理服务。物业管理服务是社区服务的重要组成部分，物业服务可以满足居民日常生活中对居住房屋及环境、设备的服务需求。同时物业管理还可以提供保安、保洁、绿化、房屋及设施设备维修养护等服务，这也是社区建设中卫生、治安、环境等最基本的职能范畴。东平县在完成农民社区搬迁以后，鼓励移民社区通过引入专业的物业公司进行社区管理，通过提供专业社区服务，让居民快速融入社区生活。东平县湖韵苑社区引进专业的物业公司，负责管理社区内环境卫生、基础设施维修维护等，营造稳定、安全、舒适、健康的社区环境。社区为了不增添农民"上楼"的经济负担，采取社区企业租金、社区经济发展分红缴纳物业费的方法，将服装加工等两个企业每年60万元的集体土地和厂房设备租金，用于社区物业服务，以减少村民开支，真正实现居民发展成果共享。

打造社区商业区，提升便民商业服务。社区商业服务是满足居民日常生活需求的重要载体。进一步提升社区商业服务功能对于扩大消费、改善民生、增加就业、促进和谐社会建设具有重要意义。农民角色转变为居民以后，农民的生活方式会逐渐发生变化。社区居民的消费需求不同于传统农村"赶集式"的买卖，因此不仅要满足居民们的基本生活需求，同时还要满足其生活质量提高的需求。因此，构建新的社区商业服务格局、提高农民生活质量是社区发展必须要解决的问题。东平县在规划社区建设时，就充分考虑社区商业服务如何落地从而更好地服务居民。东平县凤凰社区科学规划布局，发挥地理位置优势，在建设住宅楼房时，把贴近公路一侧的楼房1~2层留作商业店面，用于出租，一方面租金可以增加社区集体收入，另一方面通过打造社区商业圈，为社区居民提供便利的商业服务，居民可以在社区内购物消费，享受商业服务，同时也为居民自己创业致富提供了渠道。

建立服务平台，保障社区公共平台服务。社区公共平台服务是社区服务体系的重要组成部分。东平县在构建社区服务体系时，注重建设公共服务平台，以便社区建成后承接各种功能服务，方便居民生活。东平县凤凰社区为提升社区服务水平，打造了"十站""两所"公共服务平台体系。"十站"是指社区公益事业服务站、环境卫生服务站、红白事服务站、农技服务站、农民就业服务站、志愿者服务站、社会治安警务站、文体活动站、计生卫生服务站、低保社保工作站。通过这些服务站平台，为社区居民提供多方面的公共服务，不断满足居民的生活需求，如办理生育证明、申请民政补助等民生事项，居民只需要在各服务站提交表格、材料，就可不出社区办理业务。社区服务站的建设促进了居民就业，化解了社区矛盾，促进了社区和谐。"两所"即法律服务所和便民服务所，法律服务所为居民提供法律咨询、法律援助、法律普及和司法调解等服务；便民服务所为居民提供图书报刊阅览、团体活动、文化娱乐等便民利民服务。

六

增效：在农民共享中推进社会建设攻坚

让广大农民共同享受改革发展成果、保障农民权益、增进农民福祉是实现共同富裕、人民幸福、社会和谐的核心要义，更是全面建成小康社会必不可缺的基石，是实现中华民族伟大复兴的必由之路。近年来，随着县域集体产权改革的推进，产权出产业、产权出效益，集体经济迅速做大做强，增量提质。但是，农民生活水平和幸福指数没有与集体经济的壮大并驾齐驱。作为改革成果的农村经济"蛋糕"体量上来了，农民却依旧难以"分一杯羹"。农民少有获得感，已经成为阻碍产权改革深化的主要瓶颈之一，这严重挫伤了农民的积极性，破解这一迷局刻不容缓。

东平县作为拥有80余万人口的农业大县，2014年年底跻身全国第二批农村改革试验区，具体承担"农村集体产权股份合作制改革试点"试验任务，于2017年完成试验试点任务。东平县委书记赵德健在全县国家农村改革试验区建设工作动员会议上表示："产权制度改革要充分尊重民意，让群众参与，让群众发声，集中群众的智慧，真正把改革成果惠及千家万户，以改革促发展、促和谐。"通过改革试点的探索和经验积累，业已将农民共享作为检验农村改革发展成果的准绳，以之为切入点，县政府顶层设计，积极引导，形成了一套行之有效的共享机制，重视农民的主体地位，调动农民的积极性，搭建农民参与平台，提供精准服务，创活农民分配机制，以机制代人治，发挥制度优势，保证共享科学、高效，将幸福东平的建设落到实处。

(一) 实现产权共享，增强农民获得感

在农民共享中激发村庄发展的内生动力，形成外部多元拉动与内部自我发力的互动机制。在这一互动机制中，首要的是以实现农民共享之果，来调动村庄内部的资源、要素和机制为其汲取成长的给养，尤其是调动农民要素，尊重农民的主体地位，实现农民的共建共享发展。

1. 集体产权改革，赋予农民共享身份

农民共享逐步从构想到实现，从纸面到落地，不会一蹴而就。农民身份的转变是参与共享的第一步。在传统固有模式下，农民没有这样一个合法身份，农民群体在村庄治理中，属于被动接受管理的群体，主体地位得不到尊重，在这种身份下，农民不可能共享到发展成果。东平县自集体产权改革以来，以产权钥匙打开农民心门，农民变股民，从身份上享有实实在在的集体经济的股份，入股参股，享股受益。改革过程中，东平县在最初设计时，已充分意识到尊重农民主体地位的重要性，围绕农民诉求、农民利益、农民要素，把农民的主人身份一以贯之，关注农民对改革成果的真实体验和感受，以此来反馈、衡量改革成效。

一是集体资产量股到人，让农民增强对集体的认同。自2015年启动农村改革试验区建设以来，东平县以集体产权制度改革为契机，经试点逐步推开，指导全县716个村全部开展了清产核资。截至2017年4月底，东平县共有48个村庄完成了集体产权改革。通过清产核资使集体摸清家底，使村民心中有数，一举打破家庭联产承包责任制以来"集体是集体，个人是个人"的泾渭分明的"楚河汉界"，通过对村庄成员的身份进行界定，把集体资产按照股份划分数额，平均分配到每个成员身上，使得每个"分灶吃饭"的家庭都占有了一定的集体资产份额。例如彭集街道后围村经过先期的集体资产评估折算，村庄集体资产共计8748300.45元。村庄成员界定后，确立哪些村民应享有股份，哪一部分村民应该排除在外，以此划分股份份额，共计划分20829股，其中个人股占总体的70%，为14580股，每股合420元。而在后银山村，村庄全部资产折股量化共计750万元，其中固定资产195万元、资金555万元，经召开集体成员代表会议讨论决定，按照1元一股的方式,将70%的资产525万元一次性平均量化分配到每位成员,全村共有成员股东698人,每人分得股权额7521元。在马流泽村,共清产核资出1034亩土地中,其中农户承包地703亩,集体土地为331亩(宅基地152亩、集体荒地和房前屋后小片土地共计179亩);此外,还有82亩河滩地。集体产权股份制改革之前,由于存在姑娘出嫁户口未迁的现象,村庄人口登记数为823人,后经资格认定,将此类人排除在外,村庄人口核实为781人,村庄全部资产折股量化共计165万元。通过这种方式,从体量上实现了农民共享。集体和个人扭转了"大路朝天,各走一边"的局面,集体成为大家的集体,集体的每一笔收益,都直接挂钩农民的个人收益,村庄发展与农民息息相关,实现了东平县农民共享集体发展成果,利益纽带的联结促进了农民身份的转变和农民主体意识觉醒,也增强了农民对村庄集体的认同感和村庄凝聚力,共享让农民钱袋鼓了,心中更有获得感。

  二是分类设股,因地制宜,反映农民的真实诉求。东平县在改革之初,设置集体股和个人股,其中集体股占30%,个人股占70%,村庄设置股份,按成员分配。但随着改革试点的探索,个人股按照人头完全均分给每一户农民看似公平,却容易挫伤农民的积极性。有些村庄如前河涯村历史上积累下了大量的集体资产,农民要求在分配时考虑这些人对村庄的贡献,以保证共享的公平,而在后银山村,虽然也有人提出这个设想,但由于大多数人反对,很快就被推翻,依然按照均分到人的方法分配。由此可见,股份配置在实际操作中,应给予村庄更多的决策权,以增强灵活性,避免一刀切损伤部分农民的积极性。东平县在先期的工作部署中,提出按照"因村制宜、理清产权、分类推进、整体受益"的思路,设置集体配置股、个人自愿股、定向扶持股。除此以外,东平县更关注村情村况,在存在利益冲突的核心环节加以引导,对农民的问题农民解决抱有信心,相信农民智慧,根据当地的实际情况和农民诉求分门别类,因村制宜,灵活配股。彭集镇后围村就根据实际需要,当地村民集思广益,别出心裁地设置"年龄股"。将村民的年龄因素纳入股份分配中,按年龄划分档次,每个档次配股不同,年龄越大,档次越高,配股越多。具体操作是18岁以下的分到7股基本股,18~38岁的为8股,39~59岁的为9股,60岁及以上的为

10 股，按年龄的大小，分组配置股权。而在前河涯村，情况又不尽相同。该村设置"村龄股""贡献股"，依据村民的身份、户口、村龄、贡献等因素配置到人，个人股权由基本股、村龄股、贡献股三部分组成。凡在 1980 年 1 月 1 日前在村中落户且当时满 15 周岁的，每人先配基本股 50 股。紧接着再配备村龄股，2015 年 7 月 1 日前在本村出生、落户的按在村的村龄分配，每年 1 股，最多 50 股。针对职务贡献股，规定凡在 2015 年 7 月 1 日前在村两委工作的人员，依据在村两委工作时间，按每人每年 1 股配备贡献股，贡献股最多不超过 20 股。此外在马流泽村，还根据家庭人口的不断变化，实时跟进动态调整配股数，村庄为每个家庭建立台账，设置专人管理台账。股份与分红根据农户家庭人口变动实行月月更新、月月调整，若农户家庭人口增加，则从集体股中找补，若农户家庭人口减少，则将股份并入集体股。因村设股配置，提高了农民共享的质量。不仅使农民有，而且根据实际情况在合理范围内形成梯次差异，这样做更加符合了复杂村庄的情况，符合了公平公正的原则，配置的股份更有说服力和公信力，集中了农民的智慧，也满足了农民的真实诉求，实事求是，让农民的共享过程提质增效。

三是产权改革，促"两区共建"，促进农民全面发展。农民得实惠，不仅是腰包鼓起来，兜里有钱，而且是农民综合素质的提高、农民发展的全面升级，农民共享不仅是经济的共享，还是成果的共享。所谓成果共享就包括农民发展的共享，改变长期以来集体与民争利的局面，重新理顺两者之间的关系，扣紧利益链，走实感情路。集体要适度让利于民，让农民得经济利益，享发展权利。农民共享不仅要让农民腰包鼓起来，关键是促进农民自身发展，让农民共享发展效益，从传统农民身份向新型职业农民转型升级，提高农民综合素质，促进农民职业技能的培训。带动农民就业增收是切实满足农民需求、推动农民发展的直接表现。夏谢五村在养殖场修建期间吸引务工人员 20 多人，其中，有 10 位是贫困户，工期为 8 个月，大工每天工资 100 元，小工每天工资 70 元，实际建设工期为 5 个月左右，增加了农民的务工收入。该村合作社有 14 个养殖大棚，每个大棚配备养殖人员及保安人员，共计 15 人，其中贫困户 5 人，15 位工作人员均为夏谢五村的村民。每批鸡出栏的时间约为两个半月，工人的工资实行"底金+

提成"制,底薪为每月2400元,提成按照鸡苗饲养的存活率进行发放。每批鸡出栏时,每位饲养人员每月收入在6000~8000元的范围内浮动,即每位工人的工资约为每月3000元。安村建立了中药材基地、粉皮小区、养殖基地和蔬菜基地四大产业,共创造170多个就业岗位,带动周边22个村庄的90多名农民就业。其中米粉加工厂雇工90多人,蔬菜大棚雇工50人,十多亩地的食用菌基地雇工达20人,雇工成本为50元/天,一天雇工总费用达8000多元;前埠子村通过发展观光采摘示范园项目,直接带动了村庄附近600余人就业,户均增收8000元。这些产业增收带动了农民的发展,给世代面朝黄土背朝天的农民带来了翻天覆地的变化,随着这些农民收入的增加,农民对自身的塑造迈上了新的台阶,农民素质大大提高,村庄风气大为改观,村庄治理水平得到进一步提升,农民从集体发展中受益,带来了一系列链式连锁效应。

2. 股份合作社搭台,促农民共享参与

广大农村地区不重视农民的参与和农民主体作用的发挥,缺乏行之有效的组织载体来聚合农民意见、落实农民表达,业已成为产权改革的瓶颈。农民长期以来参与热情不高,无处发声导致多数人的沉默,零星发声导致发声没有用,让双向的沟通互动陷入死循环,农民对集体自动产生隔阂,投出"不信任"票。为充分发挥农民主体作用,激活农民主人翁意识,让农民群体从被动一方成为成果共享的主动参与者,为维护自身利益建言献策,为成果分配制度添砖加瓦,东平县积极搭建农民参与的组织载体,让农民有处发声、发声有用,让更多人发声,通过组织平台畅通沟通渠道,让农民参与共建,更好地实现成果共享。

一是成立清产核资小组,算好"会计账",村民"知家产有多少"。对于村庄的集体资产,大多数农民不知道资产有多少,长期"暗中运转"让这笔集体账目变成了"糊涂账"。进行产权改革的当务之急就是算清楚这笔"糊涂账",做出实实在在的明细表,否则,集体产权改革依旧是摸着石头过河,胡子眉毛一把抓,农民依然无法共享。在政府的积极推动下,东平县各改革村庄均成立由党员代表和村民代表组成的清产核资小组,小组成员由公推选出,对集体资产进行清查、量化、核实,算透"集体账"。如东平县接山镇后银山村公选清产核资小组,代表全体农民参与到清产核资的过程中,从源头上把关,确保资产数额不藏猫腻,为量化到个人做好铺垫,让大家看看到底家产有多少,消除农民心中的疑虑,也是为了不伤及最终的农民共享,让成果原原本本落实到个人,不被截留。东平县辅之以聘请有资质的评估公司予以评估,并将评估结果予以公示,把评估结果放到阳光下,接受全体村民监督。

二是成立股东大会,农民依靠股东代表,做好"管理员"。在过去发展集体经济的过程中,通常是两委班子牵头,这些人借助过去的威望或者手中的权柄,往往搞起"一言堂",凭借一个人的能力或几个人的判断进行管理。这样的管理具有偶然性,不适应现代竞争激烈的市场需求,管理最终为少数人受益,农民共享也无从谈起,在撬动股权改革基础上,东平县瞄准村民与集体的发展需求,成立集体经济股份合作社,搭建了联结载体,为实现农民共享,从过程中就让农民参与进来,激活了农民主体的创造力和参与热情,走共建共享的道路。由于股权整合涉及自身利益,农民参与管理的意愿相当强烈,农民愿意贡献力量和智慧来确保自身利益不受损失。但由于合作社内部成员较多,实际操作中往往采用代表形式。东平县各村村民推选股东代表,由其代为管理合作社。如后银山村采取"联户推选"的方式选出30名股东代表,对股民负责。这些股东代表代替全体股东进行管理,对全体股东负责,通过股东大会与股份合作社的发展紧密联系起来。这种方式确保了农民在股份合作社运行中的主人地位,同时也避免陷入多数人僵持不下的迷局,保证了效率。

三是监事会独立运转,做好"监督员"。过去村两委往往一肩挑,既是管理者,又是监督员,造成了自己监督自己、自己管理自己的尴尬局面,所谓监督形同虚设,有名无实,这也造成了运行过程中不依规办事、肆意妄为的情况颇为严重,农民既不知情,也不透底,家产到底有多少、集体经济如何运行、分配标准如何都无法掌握,农民共享更是一纸空文,为确保股份经济合作社依法依规运作,给予公平合理的监督掣肘,依规将应有成果共享给农民,东平县规定各合作社均需成立相应的监事会,监事会成员有责任对股份合作社的运行全过程进行监管,防止越轨行为的发生。且监事会成员与理事会成员互不交叉,杜绝一肩挑,形成掣肘。如后银山村股份经济合作社通过全体股民选举产生的监事会,每月会对合作社账目进行察看,并要求合作社定期向股民公开公示,实现了"账务阳光"。监督让农民共享不被少数人谋取私利污染,确保过程公开公正,整个机制更加科学规范,以监督促过程透明,以监督促结果共享。

3. 分红机制拓联结,农民共享规范化

针对原有的分配机制失灵、分配结果有失公平的状况,要想真正让农民共享改革果实,品尝发展甜头,要开源更要节流。一方面要迅速壮大集体经济,把产业项目规模化、链条化,让农民有东西可分,有利益可享;另一方面要在分配机制上着力,精准施力,既要"精",分配变失效为高能,也要"准",保证基本收入,实行动态分红,发展村级福利,促使集体与村民再度携手,共同分享发展红利。

一是划定红线,保证农民基本收益。保障农民共享基本收益,就是保障农民生活的基本"口粮",让农民心里有谱,对股份经济合作社增信心,对集体股份发展放宽心。其一,东平县划定红线,股份经济合作社的分红一般按照三七分,即集体不能超过总分红的三成,这充分保障了农民共享的份额;其二,对保底租金实行预付,让农民吃下"定心丸";其三,设立风险基金,确保可控度。考虑到客观的市场风险,各股份经济合作社在具体运营中专门设立风险金积累制度,提取合作社收益的30%作为风险基金,马流泽村集体经济股份合作社更是将净利润中的50%留作风险基金,确保村民与集体放心经营。实践证明,农民对流转方开出的"支票"并不感冒,远远不如预付"现金"更具吸引力,因此推动农民共享,关键在于让农民得到看得见、摸得着的实惠。"口头承诺不如现场兑现。"各改革试验村在将土地流转出去之前,便将股民的保底租金提前支付,让农民先"收租"再流转,农民兜底心理得到满足,收益不会因经营方不利而受到损失,农民便不再左顾右盼,犹豫不决,而是积极投身流转中来。如彭集街道马流泽村整合出840亩土地进行流转,起初,农民认为土地就是自己吃饭的饭碗,把土地流转出去后,年底才给付租金,没保障,不安全,所以大多数人并不愿意流转。经过多方沟通和协商,流转方将保底租金提前支付,打消农民顾虑,村民每人每年可获保底收益900元。而在不远处的苇子河村,2016年该村通过流转股份土地,村集体获得4万元保底收益。保障农民的基本收入、保底租金预先支付、风险基金兜底,给农民共享系上了安全带、装上了保护网。

　　二是弹性分红，调动农民积极性。实现农民共享，绝非平均主义的共享。集体产权改革背景下的农民共享，更应分配公平、共享公正。东平县在确保农民基本收益"口粮"保障的同时，考虑实际收益，不把分红标准定死，而是按比例分配，灵活处理分红机制。股份经济合作社在发展集体经济的过程中，涉及的项目产业虽然都经过了层层考察和严格的评估，但进入市场后风险仍无法规避，这些项目产业大都要受到市场行情的影响，一些农业种植项目还要受气候、技术等诸多因素的影响，这也让集体经济合作社的收益充满了变数。如果市场效益较好，股份经济合作社则可能收入颇丰，盆满钵满，而一旦市场行情欠佳，销售受阻，必然会影响农民的分红。鉴于股份经济合作社发展每年具有动态性，东平县变固定分红为动态分红。各村庄均采取弹性分红机制，即根据当年合作社收益情况，按比例进行分红。如2016年年底，马流泽村股份经济合作社效益较好，按照比例每位社员获得900元现金分红和5斤油、20斤面的物品分红。"多收多分，少收少分"，既有利于再生产的投入，又保障了农民分红，为股份合作社运行减轻了压力。

　　三是发展村级红利，扩大公共福利。产权改革以来，东平县各村庄在村庄集体经济壮大到一定程度、积累了一定家产后，大力发展村庄公益事业，为农民共享注入集体层面的新鲜血液。这些公益事业是指为农民服务的村庄基础设施、分担农民个人应缴纳的保险费用以及用于村庄秩序建设的相关投入，主要包括村庄的道路、路灯、水电及其配套设施等基础设施的建设，另外还包括合作医疗保险、养老保险、慰问金、精神文明建设奖励金等其他方面的投入。过去，大部分的空壳村庄无力涉足这一领域，而部分有条件的村庄也藏富于村，一心扩大再生产投入，或转投其他领域，缺乏服务意识，不愿与民共享。东平县坚持"发展成果由村民共享"的原则，培育敢于担当、乐于奉献的集体班子，积极引导将改革成果应用到村庄公益事业的建设上来并卓有成效。近年来，村集体大力扩大公益事业的投入，藏富于民，各村庄按比例将集体股份收益的一部分用于发展村庄公益事业，例如安村村集体承担全村的自来水费、路灯费、纯净水开支，不仅如此，村集体还承担了60岁以上老人合作医疗中村民个人承担部分，并对在读大学生及以上学历的学生、40名"四德"获奖人员给予奖励。春节期间，村集体给每户发放1桶食用油和10斤猪肉的春节慰问品。2016年腊月二十七，村集体共下发福利、保底、分红各项收益达980多万元。安村村民安某称，"我们现在有钱了，生活好了，村里干了很多实事，我们村庄成了十里八乡的模范村，风气也变好了"。

（二）在老人互助中推进幸福养老

据全国老龄工作委员会办公室《中国人口老龄化发展趋势预测研究报告》显示，2001~2020年，中国将平均每年增加596万老年人口，年均增长速度达3.28%，大大超过总人口年均0.66%的增长速度，人口老龄化进程明显加快。到2020年，老年人口将达2.48亿，老龄化水平将达17.17%，其中，80岁及以上老年人口将达3067万，占老年人口的12.37%。社会养老问题已经成为社会普遍关注的热点话题，而我国70%的人口生活在农村，农村养老问题成为整个社会养老问题的重中之重。[①]

处于城镇化、工业化加速发展中的东平县，同样面临着农村老龄化加速、家庭养老困境重重、村内养老服务匮乏等诸多问题。在此背景下，东平县通过前期政府的积极推动、中期多方的攻坚克难、后期老人的互助自助，真正让"幸福院建起来、老人乐意住进来、持续运转走下去"，一步步将农村幸福院养老落到实处，这无疑为广大欠发达地区的农村老人实现幸福养老探索出一条可复制、可推广的"东平道路"。

1. 三重压力，道阻且长，农村养老处境艰

在《国务院关于加快发展养老服务业的若干意见》中指出我国以居家为基础、社区为依托、机构为支撑的养老服务体系已初步建立，城市社区的养老问题基本解决。然而，农村的养老体系始终不够健全，农村留守、空巢、独居老人的生活照料和精神慰藉等问题长期被忽略。可以说，农村养老陷入了由人口老龄化日益加剧导致的养老需求增量不断扩大、由空巢现象不断增多导致的家庭养老缺失、由城乡养老资源配置不均衡导致的农村养老服务匮乏等多重困境之中，农村养老成普遍难题。

---

① 赵文芳：《我国农村养老存在的问题及对策思考》，《中共银川市委党校学报》2017年第19卷第3期。

(1) 人口外迁加速，农村老龄化触目惊心

1990年、2000年先后两次人口普查数据显示，自1990年开始，乡城迁移人口规模及其对农村人口老龄化的影响开始逐年增大，到1999年农村地区较城市地区先行进入老龄化社会，老龄化水平较城市高出1.03个百分点。进入21世纪以来，乡村向城市迁移人口规模的进一步增大进一步加速了农村人口的老龄化进程。2010年的全国人口普查数据显示，到2010年农村地区人口老龄化率已达10.06%，比城市地区高出2.26个百分点。从这一意义上说，城市化将首先直接引起或加剧农村人口的老龄化。基于此，我们可以判断，在外部环境基本稳定的前提下，一定时期内农村的老龄化程度势必越来越高于城市，农村养老问题只会越来越突出。

回到东平自身，截至2014年，东平县79.6万人口中60岁以上的老人已有14.6万，老龄人口规模庞大，老龄化人口比例已达18.3%，其中农村60岁以上老人13.1万，占农村人口总数的20.1%，农村老龄化比例高出城市1.8个百分点。2016年的调查数据显示，农村老龄人口占比达21%，与城市的老龄化比例差额进一步扩大到2个百分点。复旦大学王贵新教授的人口学理论显示，一个开放地区的人口老龄化程度，主要受出生率、死亡率、区际人口迁移规模的影响。考虑到东平县年均20%的外出务工率，并且农村地区的比例远高于此，[1] 预计在相当长一段时间内，排除外力因素的干扰，随着农村青壮年劳力的加剧外迁，农村的老龄化程度必将进一步加深，农村养老已然成为一块"硬骨头"。

(2) 子女务工增多，家庭养老举步维艰

移民大县、靠近库区的历史底色一方面决定了东平较为贫弱的农村集体经济，另一方面限制了东平对第二、第三产业的引进。走访期间，农业局李子武副局长最常说的一句话就是，"咱们东平要保护好环境，就不得不在工业上做出牺牲"。这些条件在客观上致使大量农民不得不外出务工来增加生活收入，空巢老人逐年增多。由于直接数据的缺乏，按照幸福院

---

[1] 本数据根据东平县2009年的人口数据测算得来：东平县地处山东省西南部，2009年全县有78万人口，属于经济欠发达地区，当年外出务工人员达15.6万人，并呈逐年上升趋势。

的建设规模来测算，2014年年底全县约有2800位空巢老人，2015年增加到3360位，而2016年则进一步增加至3598位。① 农村老人缺失家庭供养的情况日益突出。

在此背景下，考虑到我国计划生育政策和城镇化进城务工流的影响，东平县很多家庭呈现4-2-1的模式，而青年一代外出务工收入有限。银山镇后银山村王继伦就曾表示："咱兄弟姊妹又少，孩子还要读书、结婚，工资又那么点，委屈了老人俺心里也不是个滋味。"

与此同时，农村老人经济来源少。东平县城镇化的进程中，普遍老人家中缺乏耕地；部分有耕地的老人大多数年事已高丧失了劳动能力，而农村老年人只有每月112元的养老金，② 在正常情况下还可以维持生计，一旦老人生病，就入难敷出了。③ 对此，尚流泽村67岁的老人闫世春深有感触："俺们年纪大了也做不了活，没了收入，平时腰酸腿疼啥的也是家常便饭，买的药也不便宜，一盒感冒药得十好几块，咱一吃就得好几盒，国家给的一百来块养老金实在是难对付。"

更为麻烦的是，老人照料看护难及时。一方面，儿女长期在外，对老人的日常照顾难免存在疏漏。而老人年事已高，生活诸多不便，日常的用水、用电、用气更是隐患重重。董塘村一户空巢家庭中就曾发生过两位老人双双煤气中毒去世，几日后才被发现的惨痛事故。另一方面，因代际差距存在，对老人的精神慰藉亦难以到位。随着现代生活节奏的加快，年轻人的生活方式发生了很大变化。这种变化不仅造成了代与代之间共同话语的缺失，更加剧了年轻人自身的精神迷茫，依靠他们来为老人提供精神慰藉变得更加不切实际。因此而产生的问题即是，不论子女是否在家，老年

---

① 本部分由于缺乏直接的数据，故只能以间接的方式测算。笔者在假设幸福院的建设规模与当地的养老供养需求完全匹配的前提下，根据2014年、2015年、2016年的幸福院建设数量，同时根据马流泽幸福院、彭集街道后围村的实际供养能力，取每间幸福院的供养均值为14人，二者叠加测算出上述数据。

② 该数据是根据2016年2月新浪财经《山东允许一次性补缴养老保险：让农村老人老有所养》中提到的"山东省荣成市大龙嘴村68岁的岳爱娥年前拿到第一笔'月工资'1230元……，是60岁基础养老金收入的11倍"测算得来。

③ 2017年新农村医保报销范围和比例显示，"村卫生室及村中心卫生室就诊报销60%，每次就诊处方药费限额10元，卫生院医生临时补液处方药费限额50元"。如此来看，老人看病的叠加费用也不少。

人均常常处于无人理会的"精神压力"之中。日常照料的缺失与精神关爱的不足使老人的处境更加艰难。

(3) 服务供给失衡，老人晚年无处可依

"十三五"养老规划明确指出，当前我国"城乡、区域老龄事业发展和养老体系建设不均衡问题突出"，具体到农村养老方面，还存在农村特困人员供养服务机构服务设施和服务质量不达标，低收入、高龄、独居、残疾、失能农村老年人享受养老服务困难，养老模式、方式单一，为老社会组织弱小，为留守、孤寡、独居、贫困、残疾等老年人提供的关爱服务有限等问题。

一方面，养老服务范围过窄。就东平的农村养老服务而言，在2013年兴建"百村工程"之前，其下辖的706个村庄仅有14处敬老院，其中2012年5月建成的东平县社会福利中心是东平县最大的养老工程，但是该中心仅服务于部队退役军人、抗美援朝复员军人、三属、残疾军人等优抚对象以及农村五保对象，针对农村老人的养老服务极为匮乏。

另一方面，供养矛盾不断加剧。随着农村老龄化的不断加剧，老人日益扩展的养老需求与当地实际供给的养老服务之间存在巨大缺口，以2017年为例，全县新修日间照料中心仅26处，按照完全饱和的状态亦仅能服务364人次。再以为特殊老人提供的集中供养服务为例，东平县社会福利中心自2012年成立至今，累计服务仅600余人，这完全难以满足当前农村的五保集中供养需求。

养老服务的匮乏加上家庭养老的缺位，带来了严重后果。以大羊镇西王村为例，村内的22位老人在子女外出务工之后，平时看病只能去村诊所，生活仅能维持基本所需，精神颇为寂寥。其中78岁的陈兆信老人难堪其负，选择以自杀的方式结束晚年生活，因发现及时避免了这场不幸，由此可见，农村养老服务亟待跟进。

2. 政府先行，系统推进农村养老服务

面对当前农村养老的诸多难题，东平县从2013年起，以"老人开心、子女安心、政府放心"为目标，以"政府推动、村级主办、互助服务、社会参与、民政监督"为原则，探索出了符合县情、乡情、村情的"村居养老"的农村幸福院养老新模式，并得到了多方认可。2015年8月24日，民政部邹铭副部长对《破解农村养老难题的生动实践——东平县农村幸福院考察调研报告》一文做出批示并给予了积极的评价:"东平县委、县政府高度重视农村养老服务体系建设,以农村幸福院建设为抓手,探索农村养老服务新模式,注重统筹多方主体共同推动,注重自办自管互助,注重长效机制建立和可持续,值得充分肯定,应予宣传推广,同意所提建议。"从积极探索到大胆实践,东平县逐步将幸福院养老落到实处,为农村老人实现幸福养老迈出"关键一步"。

(1) 先行先试起步

30多年来,我国的农村养老改革一直处于"单兵突进、轻骑兵式的突围"状态,系统推进的顶层思维缺乏。而探索中的东平县也遇到过同样的困境。一方面,各吹各号、各唱各调,顶层设计缺乏系统性;另一方面,步调不一、方向偏离,实施过程缺乏系统性。吸取之前改革系统化不足的教训,东平县立足于顶层设计,通过政府发力,细化改革流程,真正让幸福院建设落到实地。

为推动农村养老事业的顺利开展,东平县政府率先发力。第一,明晰部门分工。启动之初,县政府即出台了《关于加快社会养老服务体系建设的意见》《关于推进农村互助养老院建设的实施意见》《东平县农村幸福院建设和管理实施办法》等文件,明确了民政、财政等22个部门的职责分工,各部门合力解决幸福院的用电、用水、建设等方面问题。第二,先期资金撬动。县级财政在上级没有扶持政策的情况下,加大了资金投入,按照幸福院建设规模给予5万~10万元不等的建设补贴,并对幸福院运行中的水电暖等公共费用进行补贴。第三,考核激励推动。把幸福院建设列入乡镇(街道)和各有关部门科学发展观考核体系,设立专项资金用于奖励进度快、标准高、运行好的乡镇(街道),有效激发了农村幸福院建设的积极性。第四,调研试点实施。在充分调研的基础上,先期选择了23个交通便利、村集体经济好、班子凝聚力强、群众养老需求大的村进行试点。试点村的老年人在逐渐接受这一新型养老模式后,享受着幸福院带来的乐趣和便利。试点村的示范效应带动了其他村的建设热情,在山东省农村幸福院建设现场会之前,已建成47处,2013年年底快速发展到100处。

(2) 强力推动扩规

在试点成功的基础上，2014 年，县委、县政府把农村幸福院建设列为全县为民实事。第一，现场办公，层层分解工作任务。县政府连续召开了农村幸福院建设推进会、农村幸福院建设现场交流会两次会议。制定下发了《东平县 2014 年农村幸福院建设实施方案》，与各乡镇（街道）签订了责任书，把建设任务层层分解，确保责任到位、工作到位、落实到位。第二，深入村庄，联合督导工程运营。联合县督查局、纪工委组成督导组，深入幸福院建设一线，逐村跟踪督导，对乡镇（街道）幸福院建设情况一月一督查、一季一通报，将查摆出的问题及时反馈给乡镇（街道），在进度推进、调动积极性等方面起到了强大的推动作用。各乡镇（街道）因势利导、强化措施，加快推进幸福院建设。第三，科学规划，因村治宜灵活实施。彭集街道将幸福院建设纳入村级工作"擂台赛"，在科学规划的基础上，确立了"串式"发展思路，沿 331 省道、105 国道建设了幸福院 26 处，有幸福院的村占到全街道行政村的一半。新湖镇通过出台文件、召开会议、专人督导、现金奖励、对上争取等措施，建成了 15 处幸福院，每建成一处幸福院，镇政府统一配备用品和设施。接山镇根据各村实际，采取家办、捐办、联办、社区办等多种方式建设了 18 处幸福院。2014 年年底，全县完成 200 处幸福院建设，增加养老床位 5000 余张。

(3) 提标扩面规范

2015 年，县政府继续把农村幸福院建设运行列为为民实事，既增加数量、扩大规模，更重视管理、注重运行。农村幸福院作为一种新生事物、一种新型养老模式，在运行方面并没有可以借鉴的成熟经验，只有在实践中不断摸索完善。针对幸福院运行方面存在的问题，县民政部门在大量调研的基础上，依据上级文件精神，查阅相关资料，并结合本地实际，起草并提请县政府出台了《东平县农村幸福院运行管理办法》，对农村幸福院的运行管理从服务分类、办理程序、资金保障、设施配备、院务管理、考核奖励等方面进行了细化和规范。这样，农村幸福院的运行管理得到了保障，活力和吸引力大大提高，使更多在家的老人走出家门到幸福院活动，提升了农村老人的幸福感和归属感。

(4) 深化服务增效

幸福院建成了,管理也规范了,但是养老服务的质量迟迟难以跟进,这也成为阻碍东平推进幸福养老工程的一项难题。为此,在响应国家"十三五"养老规划中明确提出的"为留守、孤寡、独居、贫困、残疾等老年人提供丰富多彩的关爱服务"要求的基础上,东平县于2016年9月2~6日,积极支持本地100余名幸福院相关管理、服务人员(泰安共计260人次)前往济南参加第三期全省社区居家养老规范化、信息化管理培训班,针对管理人员开展综合素养培训,使其了解国家养老大政方针、养老服务行业的发展趋势;针对服务人员,按照其服务内容,分别开展失能失智老年人照护培训、社区日间照料中心老年人活动策划师培训、医养结合专题培训、养老护理员考评培训、养老护理员实操培训等相关技能培训,全面提升了幸福院管理、服务人员的素质,使得入住老人得到了更为专业的护理。截至2017年5月,全县已完成农村幸福院建设242处,累积拥有床位6000余张,其中80%以上都实现了正常运转,随着管理、服务的专业水准提高,农村幸福院真正达到了"老人开心、子女安心、政府放心"的效果,成为东平人民最值得点赞的工程。

3. 多方攻坚,有序推进幸福养老工程

纵观历史,改革的成功与否,不仅在于顶层设计、实施步骤的系统性,更为关键的是,这些系统性的方案、措施都需要落脚到一个个关键节点、关键难题的解决上,如果谈不上攻坚克难,便谈不上真正的改革成功。同样的,东平县在探索农村养老模式的过程中,也面临着三个无法回避的难题。一是钱的问题,即幸福院建设、运营的资金问题;二是人的问题,即幸福院为谁服务,以及如何吸引老人入住的问题;三是建的问题,即幸福院建在哪里比较合适、建设规模如何确定以及建设何种类型的幸福院。围绕着上述三个关键问题,东平县开展了以下工作。

第一,钱的问题。"百村工程"的正常开工及运营,需要大量资金的支持。经测算,一家拥有50个床位的养老服务中心一次性建设成本高达500万元,而相同规模的农村幸福院建设成本亦需要50万元以上,规模在20人左右的幸福院建设支出亦在30万元左右。对于"县域经济、村集体经济"双困难的东平县而言,要想从根本上解决资金问题,必须多方联动融资,激活政府、集体和社会的活力,聚集多方面资源,合力共建平台。一方面,建设资金有保障。基于空壳村庄的现实状况,县级政府以先期投入来撬动幸福院建设显得迫切而必要。首先,县级资金启动幸福院建设。为满足社区老年人的养老服务需求,东平县委、县政府先后投资2600万元,启动了26处社区老年人日间照料中心的建设。同时,县级财政按照每间幸福院床位20张、30张以上标准分别给予每间幸福院5万~10万元不等的建设补贴。经统计,东平县投入幸福院的前期启动资金累计达1.2亿元,这无疑有力推动了全县200余处幸福院的大规模建成。其次,在前期投入的基础上,东平县鼓励村庄筹措资金。经济条件较好的村可以采取独资建设、集体补贴的建设形式,经济条件稍差的可以整合村庄危房改造、扶贫、移民等项目资金打捆使用。例如,彭集街道安村集体经济基础好,村集体就独立投资了200余万元新建了一处高标准幸福院,而大羊镇后魏雪村只投入了20余万元对原有校舍和办公场所进行改造用作幸福院。最后,在二者的基础上,发挥社会的力量也显得尤为必要。而农村幸福院建设无疑为社会各界爱心人士搭建了一个奉献爱心的平台,通过爱心企业家的直接投资建设幸福院。东平街道栾庄创业大户投资38万元建起占地10亩的幸福院;民政局党委委员马庆华将自己老家大羊镇杜村的房子进行了整修,配齐了室内设施,无偿提供给村里办幸福院,建起了东平第一个以个人姓名命名的幸福院。多方筹资,保证了"幸福院工程"的顺利启动。

另一方面,运营资金有保障。第一,政府持续投入,助力幸福院平稳运行。东平县政府通过协调民政局、财政局等各个县直部门,利用以奖代补、减免费用等方式来促进幸福院的正常运营。具体而言,县财政局在用地、用水、用电等方面给予每人每年600元的优惠补贴;而县民政局则在定期开展的"幸福院运行管理工作推动月"中,对于已经运行的幸福院,按照实现的功能分别给予1万~2万元的运行奖励。第二,村庄在自筹资金的基础上,通过社会各界爱心人士的慈善捐赠来弥补幸福院建设和运行资金的缺口。一方面,通过社会各界爱心人士的慈善捐赠来弥补幸福院运行资金的缺口。尚流泽村在"九·九"老人节联络在外人员,共同为幸福院捐赠了5万余元。另一方面,通过爱心企业家的直接投资来改善幸福院运行条件。东平街道栾庄创业大户投资38万元,将原有幸福院扩展到10

亩地的范围；民政局党委委员马庆华将自己老家大羊镇杜村的房子进行了整修，配齐了室内设施，无偿提供给村里办幸福院，建起了东平第一个以个人姓名命名的幸福院。如今社会资金投入已成为幸福院正常运营的重要保障。第三，积极动员村中经营大户、党团员、留守妇女、志愿者组织等社会力量加入服务幸福院的队伍中来，打扫卫生、种植蔬菜等，也在一定程度上减少了幸福院运行费用的支出。县书法协会、青年志愿者协会、东平吧雷锋团、自行车运动协会、虹慈公益服务中心等36个社会组织均已制定了具体的敬老活动方案，陆续开展了一系列敬老爱老送温暖活动。同时，县保法综合医院部分医护人员组成工作队先后来到州城街道敬老院、彭集街道敬老院，为入住老人免费进行健康体检。这些措施极大便利了老人生活，保障了老人健康，节约了幸福院运行成本。

第二，人的问题。幸福院建立起来之后，具体就要考虑服务对象，即人的问题了。人的问题主要涉及两个方面，一是何种老人可以入住，即老人入住的规范问题，二是建成后如何吸引老人入住。老人入住的问题亦主要涉及谁能入住以及如何入住两个问题。第一，针对谁能入住，亦即服务对象的问题，东平县出台了《东平县农村幸福院运行管理办法》，明确规定农村幸福院的服务对象为"年满65周岁，生活能够自理，无精神疾病、传染病和其他影响集体生活疾病的本村老人"，这一规定不仅明确了幸福院的服务对象，而且为幸福院后期的自主运作提供了条件。第二，在明确服务对象的基础上，幸福院进一步规范老人入院流程。坚持村级自治与群众自愿相结合，严格按照"一表、一会、一榜、一书"的入住程序，即由老人子女填写申请表、召开村民议事会商定投票表决适宜入院的老人、对符合条件的入院老人张榜公示七天、与幸福院签订协议书，严格规范入院流程，方便后期管理。在明确了老人入住的相关问题之后，东平县将吸引老人入住的问题提上了日程，并为此搭建了一条引导老人从家到"院"的便捷走廊。具体而言，通过以下三个步骤来实现这一目标。首先，梯级发力，变革养老旧观念。如前所述，东平县靠近儒家思想的发源地，老人居家养老的观念很强，不是迫不得已，基本不愿离家外出养老。考虑到这一点，东平县通过村委、幸福院多头发力，破解老人的养老观念问题。具体而言，第一，东平县牵头成立乡镇干部工作组，以座谈会等形式专门给镇内老人"开小会",以更好地将幸福院建设、入住条件等政策内容告知镇内老人。第二,在此基础上,幸福院院务管理委员会配合以"喊喇叭"的形式,向村中老人宣传幸福养老案例。小高庄村幸福院管理委员会就以"喊喇叭"的形式,有效扭转了村中15位老人"养老靠子女"的旧有观念,最终让老人自愿入住幸福院。第三,各村干部借助熟人优势,在茶余饭后主动与老人拉家常,通过交谈传递养老新观念。对此,耿山口村的耿文刚老人表示:"和村书记拉拉呱,俺这老头子的养老观念也让带先进了。"据统计,三轮宣传过后,已有15名老人克服思想障碍入住幸福院。

其次,情感融合,吸引老人乐入"院"。为了解决如何让老人高兴入住幸福院的问题,东平县基层干部多措并举、多端发力,逐渐弥合老人的情感网。一方面,在老人与干部之间,通过给老人发放写有干部联系方式的服务卡来密切二者联系、丰富老人情感。另一方面,在老人与子女之间,各幸福院通过对子女探望次数进行登记,以喇叭或张榜公布的形式予以表彰,来进一步激发子女的敬老热情,弥合老少两代关系。据前河涯村幸福院负责人吴承淼介绍,经过该种激励措施,该院入住老人子女每月探望可达4次以上。通过这三种方式,幸福院最终搭建起老人与干部、同伴、子女间的情感交流桥,扫除老人入住幸福院的情感障碍,使老人乐意入住幸福院。截至2017年7月,全县250余处幸福院的入住老人与村干部联络率达100%,同时各幸福院入住老人子女每月探望可达4次以上,老人的情感网得到了极大的修复,用大羊镇后魏学村幸福院冯德兰老人的话说就是,"幸福院人多热闹,我平常也就是回去瞅一眼就再来,这幸福院不孬"。最后,身份认同,助力老人长居"院"。修复了老人情感上的连接之后,东平县更加关心的是如何让老人从心理层面认同幸福院养老、让老人自愿长久住下去的问题。为破解该难题,东平县借助习惯延续和身份再造,成功构建起老人的身份认同,让老人长居幸福院成为可能。一方面,东平县规定各幸福院的建设占地面积至少在2亩以上,在此基础上,将院内一部分荒地开垦出来,交由年轻院民刨种菜园,借此让入住老人沿袭农耕习惯,进而保留农民身份。对此,西王村幸福院韩大爷笑着说:"当了一辈子农民,干啥都不如干点农活来得畅快。"另一方面,东平县各幸福院每季主办一次"五好院民"评选活动,通过民主互评激发老人的参与意识,实现老人对其院民身份的认同。对此,后魏雪村党支部书记郑昌华表示:"参与'五好'评选首先得是院民,这实际上是在让老人知道自己是谁哩。"经过上述措施,截至2017年5月,东平全县范围内无一例老人出现退"院"的情况,常住率达100%。

第三,建的问题。有关幸福院的建设问题,除去前述已经解决的资金来源问题外,东平县还考虑到了建设的地点、方式、规模和类型等问题。首先是建在哪里的问题。对此,东平县既要考虑到建设成本的问题,同时还要顾及老人"故土难离"的情感问题。基于此,东平县所有的幸福院无一例外均建在村内或改建后的社区内。县民政局局长李强对此评论道:"把幸福院建在村内,真正做到让老人'离家不离村,离亲不离情'。"其次是建设方式的问题。同样遵循"因村制宜、实际实用"的原则,东平县充分考虑村情差异,一切从实际出发,业已形成嫁接型、改建型、新建型等多种建设模式的幸福院。具体而言,"嫁接型"就是依托现有资源优势和基础条件,搞好结合,发挥资源最佳效益。州城街道南门村、梯门镇东瓦庄村幸福院就将村幸福院与村两委办公室、文化广场、卫生室、幼儿园建在一起,较好地满足了农村老人多方面需求,增强了幸福院的吸引力和辐射力。"改建型"就是利用集体闲置资产或租用农户闲置房产建院,实现资源增值最大化。大羊镇后魏雪村利用闲置的校舍进行装修改造,然后配备必要的设施建成幸福院,让本村老人一起居住生活,实现了低成本、高效化运行;州城镇桂井子村买下了村里农户闲置的房屋进行改造,建设了一处家庭式幸福院。"新建型"就是在村集体经济较好、有空闲场地的村新建院落,虽然投资大,但设计更适合老人居住,功能更加完善。例如,沙河站镇前河涯村、彭集街道安村都是利用村中空闲场地单独选址新建院落,高标准配备设施,让农村老人享受到全新的居住环境和活动空间。截至2017年5月,东平县80%以上的幸福院为"嫁接型"和"改建型",有效地节约了建设资金。最后是建设规模、类型的问题。在有效选址、多元建设的基础上,东平县政府更是"精打细算",有针对性地选择建设规模和类型。一方面,针对幸福院的建设规模问题,各村采用了机动灵活的办法。在村级层面上,对区位相近、规模较小、分散零落的多个村,结合新型农村社区建设规划,集中建设一个区域社区幸福院;而在村内层面上，每处幸福院根据建制村老年人数和村民养老需求，由村民会议或村民代表大会讨论对农村幸福院建设类型及规模进行分级。另一方面，在建设类型上，各村综合考虑当地老人的实际养老需求，有针对性地建设。若该村老人同时需要实现入住、日间照料、休闲娱乐三项需求，则在综合该村实际人数的情况下，建设一级综合幸福院；而随着老人养老需求的递减，则依次建立日间照料中心等不同级别的幸福院。正是基于上述考虑，东平县才先后建立200余处一级幸福院，新修26处日间照料中心、14处敬老院、9处具有社会养老服务功能的社会养老服务中心，有效满足了不同类型老人的不同养老需求。

4. 创新机制，促进幸福养老长效运转

在农村养老方面，政府常常站在管理者的角度，仅将老人作为被动的服务接受者，未能充分调动老人的积极性，发挥老人的应有价值，常常致使养老服务过于死板，难以持续。20世纪六七十年代实行的集体养老模式即最终因为政府作用的缺失而瓦解。

在吸取历史教训的基础上，同时也为了响应"十三五"养老规划大力发展"农村互助养老"的要求，东平县在开展"百村工程"初期，就将充分调动老人积极性、实行"自助互助"养老定位为幸福院养老工程的核心特色，经过2012~2017年的长期实践，逐渐把"助人互助"精神融入老人的生活起居、幸福院的运行管理以及后勤服务支援中，最终为农村老人迈向幸福养老探索出一条可复制、可推广的道路。

首先，通过互帮开展互助养老法。一是院友互助服务。这主要涉及两个层级，一个是老人间的日间服务，另一个是幸福院的运行管理。针对前者，幸福院一般情况下不聘请专职服务人员，基本由入住老人实行互助服务。这种互助服务在东平县80%已正常运营的幸福院中得到了普遍应用。一方面，在房间安排上，年龄小的搭配年龄大的，身体好的搭配身体稍弱的。后魏雪村幸福院74岁的韩星芬老人在日常生活上主动照料同住的年满90岁的大姐，俩人因为入住幸福院，结下了深厚的友谊。另一方面，在院内事务的协作上，会做饭的当厨师，腿脚好的当保洁员，识字多的当读报员。西王村幸福院2名身体好的老人自愿为其他20名老人服务，老人参与意识强。老人们始终围绕助人自助这一核心，变"单一接受型"养老为

"共同参与式"养老,使得自身在享受服务、提升自我素质的同时,亦将自身余热通过为人阅读、相互照料等形式奉献出去,以长者互助减轻幸福院养老负担。针对后者,东平县各幸福院以成立老人自助组织为基础,助力幸福院管理。一方面,民主选举产生院长。院长一般在入住老人中选举威望较高、身体状况较好的担任。院长在日常生活中起领导、协调、带头作用。前河涯村幸福院的院长吴承森,现年72岁,他每天除了处理好自己的生活事务外,还要负责协调好院内的大小事务。另一方面,民主选举产生院务工作小组。幸福院通过成立卫生保洁小组、生活监管小组、院务监督小组、矛盾协调小组,充分发挥老人余热,让他们力所能及地参与到幸福院自我管理中去。可以说,在幸福院里,每位老人都有自己的事务,老人可以在参加院务管理的过程中找到存在感和价值感。二是亲人暖心服务。一方面,老人入住幸福院后,子女除了缴纳一定的入住费用外,还需与幸福院签订"制度化"的亲情协议,约定子女现场探望、电话联系的次数;另一方面,幸福院建立"亲情账本",对子女现场探望时间、携带的礼品进行登记,每季度张榜公示,公开表扬,以此鼓励更多子女常来看望。通过上述制度,东平县各幸福院子女月均探望老人4次以上,亲人的暖心服务得到了保障。三是村民热心服务。如今,幸福院已经成为村民献爱心、做好事的平台,村民通过自身的努力,全方位为幸福院服务。在建设资金上,东平街道栾庄创业大户投资38万元建起占地10亩的幸福院;在劳务供给上,种植大户张敬雪免费为本村幸福院的2亩菜地翻地、除草、施肥;在改善条件上,民政局党委委员马庆华将自己老家大羊镇杜村的房子进行了整修,配齐了室内设施,无偿提供给村里办幸福院,建起了东平第一个以个人姓名命名的幸福院。

其次,通过互动创新工作养老法。东平县在发展幸福院的过程中,充分发挥入住老人的一技之长,走出了一条"在工作中养老"的创新之路。一方面,入住幸福院的老人在院内长期提供专职服务的,可以获得一定的经济补偿。后魏雪村幸福院老人的平均年龄在80岁左右,老人的行动能力较为欠缺,因此村委会在院内老人中聘请两位年纪稍轻的老人负责做饭,每月给予600元的生活补助。这在激励老人发挥自身价值的同时,也降低了幸福院的运营成本。另一方面,村委会为院内老人免费提供一定亩数的菜地，老人通过自给自足，减少经济负担。董堂村幸福院院内有 2 亩菜地，菜地实行责任制，每人承包 2 分菜地，老人根据季节变化，种植丰富多样的蔬菜瓜果。董堂村支部书记介绍道："幸福院的老人除了冬天买点大白菜外，其他季节都不用买菜。"在院内开辟菜地的同时，有的村庄还为幸福院提供粮食地，保障院内开销。同样以西王村为例，村内主动为幸福院提供 3 亩粮食地，老人通过自我劳作，卖出的粮食基本补足了幸福院的日常花销。这些措施在相当程度上解决了老人的食物来源和幸福院的运营所需问题。

最后，通过互娱实施快乐养老法。幸福院的建设为同龄老年人提供了集中休闲娱乐的场所，丰富了老年人的精神生活，使老年人在日常休闲中，实现自娱自乐。东平县幸福院在建设过程中规划了独立的多功能活动室，活动室内设施齐全，应有尽有。同龄老人在茶余饭后可以一起交流谈心、读书看报、打牌下棋。紧靠文化大院的幸福院的老人可以加入广场舞的队伍，活动筋骨、强身健体。每逢重大节日，老人还可以参加文艺汇演，活跃文化生活。对此，尚流泽村 64 岁的老人闫世春激动地说："这里可好了，来了，我就不想走了。"通过互帮，村内形成了"人人为我、我为人人"的良好氛围；互动，使老年人在工作中提升了自我效能感；互娱，则大大改善了空巢老人、独居老人的精神面貌。

（三）强化移风易俗，树立文明乡风

乡风文明是社会主义新农村建设的重要内容之一，是社会主义新农村建设的灵魂，2016 年 11 月 28 日，中宣部、中央文明办召开推动移风易俗树立文明乡风电视电话会议，刘奇葆在会上强调要深入学习领会习近平总书记重要指示精神，坚持以社会主义核心价值观为引领，把反对铺张浪费、反对婚丧大操大办作为农村精神文明建设的重要内容，推动移风易俗，树立文明乡风。近年来，农村经济有了"质"和"速"的提升，硬条件实现了飞跃，但是"软环境"并没有齐头并进。农村婚丧中的陈规陋习反而愈演愈烈，天价彩礼、高额人情消费、比阔气讲排场等问题致使村民个人经济压力增加，精神负担加重，进而导致家庭纠纷不断，村庄风气日下，影响生产生活，造成文明乡风建设停滞不前。因此这一问题亟待解决。

山东省作为中央文明办确定的全国农村移风易俗工作试点省份，其下县东平县根据中央要求，响应省级号召全面启动乡村文明行动，以移风易俗为切入点，积极推行丧事简办、喜事新办，提倡厚养薄葬，力求革除农村陈规陋习，大力加强文明乡风民风建设，全面推动"软环境"与"硬条件"同步发展，据此探索出了一套高质长效的文明建设思路，采取切实有力的措施，真正使移风易俗助推文明乡风稳步"着陆"。

1. 革除陈规陋习刻不容缓

由于农村思想观念守旧、缺乏政府引导，农村婚丧中的陈规陋习弥漫乡村。由婚丧喜庆的不文明做法，如大操大办、封建迷信、铺张浪费等，引发了家庭邻里纠纷增加、村民致贫返贫情况增加等一系列社会问题，损害了人际关系，败坏了社会风气，浪费了社会财富，农村的矛盾日益尖锐，严重影响乡村文明进程和社会稳定和谐，让广大人民群众不胜其烦。破除陈规陋习已迫在眉睫，势在必行。

（1）经济大山压身，压力矛盾纠纷多

随着农村经济的发展，农民的收入水平整体提高，红白事的各项开销却也水涨船高。越来越多的村民反映，办不起席、吃不起酒，且由经济问题导致贫困或者返贫的情况比比皆是，兄弟姐妹之间常因为开销问题矛盾不断，家庭纠纷频频。在农村主要存在以下四种经济压力。一是天价彩礼。近年来，农村的天价彩礼有增无减，高额彩礼不仅让普通村民压力倍增，更极大抬高了贫困户家庭再生产成本，从整体上恶化了贫困群体的生存状态。不少家庭举债结婚已经成为司空见惯的常事，因婚致贫、因婚返贫在农村已经成为脱贫攻坚目标的阻力，大大阻碍了村民脱贫致富。二是高额人情消费。人情消费，是人与人在社会生活正常交往中的感情投资，是个体用于人情往来的正常消费，但在物质条件日益丰富的农村，人情消费已经成为时下村民的一大经济负担，就农村人情风俗异化的情况来看，农村普遍存在收礼项目多、礼金高的现象，人情消费的增长已经高于收入的增长，特别是加大了中低收入人群的经济负担。三是大操大办。随着农村经济的发展，农村大操大办之风大为盛行，中央纪委官网曾刊文，对判定红白事是否属"大操大办"给出六条标准，包括是否收其礼金礼品等，近年来，不只是村内干部，村内群众也开始大规模、高开销地操办红白事，严重超过了当地平均消费水平，这本质上是一种价值观的扭曲和面子观念的膨胀，在村内已经成为一种陋习恶习，在东平县的调查研究中，姜庄村尚大爷说道，"村内举办一个丧事在 20 桌席左右，还不算火化等其他费用最低需要花费一万元，但是从农民收入来看，人均 2 亩地，每年种麦子、玉米两季，毛收入最多也才 1 万块钱，入不敷出，村民的负担过重"。上述的问题，俨然是一座座经济大山压得村民喘不过气，由此衍生众多社会危害，不仅会阻滞脱贫攻坚进程，甚至会由经济问题滋生违法犯罪活动，给村庄稳定和社会治安和谐造成严重危害。

（2）缛节繁多费时，生产生活常延误

风俗礼节是祖祖辈辈传承的精神文化，是特定社会文化区域内人们共同遵守的行为模式或规范，在该区域内具有流传时间长、受众多、深入人心等特点，受儒家思想的深刻影响，中国人在礼仪习俗上一直一丝不苟，但在婚丧风俗沿袭的过程中，过度规律守旧的风俗基因已经导致生产生活的人力资源、物力资源被大量消耗浪费，时间成本无形增加，在很大程度上影响了村民的正常生活生产活动，损害了生活生产的自由性和独立性，使得村内生产动力常常出现被打断、被停滞的情况，村民有怨气却不言，传统风俗认知已经给文明乡风建设带来了挑战。大量精简现有的各种传统礼仪程序步骤，特别是存在其中的陋习恶习，能有效地在不破坏人情往来的前提下，提高农村生产力，促进文明建设。调研中发现，改革前东平农村办理丧事复杂烦琐，费时费力，如人去世后，先请地理先生算殡葬时间，少的在家要放 4~5 天，长的甚至达半个多月。村里有每天要哭丧 3 次的习俗。请客吃饭更是复杂，帮忙的都请来吃饭。葬礼时子孙要谢客，跪在棺材旁向前来奔丧的人们叩礼，直到把逝去的人入葬，晚上子孙们还要再次谢礼。等丧事结束了，主家还要重新布置房间，打扫卫生，其他农活也不干，一直守到一个月才算完全结束。赵楼村村民马秀芝说道，"办理一个丧事，前前后后加起来要这么久，身体累，心更累"。

（3）面子观念束缚，节俭新办难推行

在农村，村民也存在矛盾、复杂的面子观念，且面子观随着家庭收入水平的提高和农村整体经济的发展愈演愈烈，加之我国农村存在宗族抱团等情况，中国人普遍推崇一种"家庭"形式的集体主义价值观，面子观从个人上升为集体，即便有经济压力，也会"碍于面子"，变相地增加自己的消费。同时，在农村人际交往中，互动的双方为了拉近彼此的关系，一方面为自尊，另一方面也为给别人"面子"，很多人甚至为此套上精神枷锁，背上沉重债务，降低自己的幸福指数。从本质上看面子反映的是一种社会等级或阶层差异下的自尊感和和谐度，大多数村民认为通过红白事的规模和开销、人情礼金的多少，可以反映出本家的经济水平在村上的等级，这种外显消费在一定程度上可以满足村民的虚荣心，如此滋生出盲目攀比等陋习，东平县姜庄村第二村民小组组长、曾任丧事"大总理"的王丙银也深有感触地说："真该刹刹这股邪风了，现在办丧事是一家比着一家，你这次花了6000，我下次就花9000；你这次买个纸马，我下次就扎个纸轿。虽说现在家庭条件好了，但在这方面比阔气，钱花得有点冤。"

2. 文明乡风治理的新思路

刘奇葆指出，树立良好社会风气，是推动社会主义核心价值观在农村落地生根的必然要求，是深化美丽乡村建设的有效途径。要联系农村生产生活实际和农民群众思想实际，找准工作载体抓手，深化文明素质教育，加强移风易俗宣传和舆论监督，推动乡风民风美起来。东平县以移风易俗为突破口，开创出一套建设文明乡风的新思路，通过县级政府推动，政策引导，在村级建立以红白理事会为基础的治理平台，创新治理机制，用平台服务推送新风，并充分发挥规章制度的支撑作用，用规章制度形成内部约束力量，在此基础上增设奖惩保障体系，助推文明建设的长效运行，从而使移风易俗真正"进村入户"，破解了文明乡风"难推行"的困境。

（1）县级顶层引导，创新平台机制

过去，农村乡风治理没有引起政府部门的重视，缺乏政府引导。政府对于农村婚丧恶习放之任之，部分地区虽然采取了一些措施，但是由于力度不够，措施不准，婚丧恶习并没有得到有效根治，大操大办、铺张浪费等现象依旧严重，农村乡风无法得到改善。东平县正视这一问题，结合实际情况和各部门具体职能，制定出台了《东平县乡村文明行动移风易俗工作联席会议制度及责任分工》，各有关部门按照职能分工，发挥部门优势，积极配合，形成了全县步调一致、上下联动的工作格局，改变了政府在移风易俗工作中"放空"的状态，扎实有效地推动全县移风易俗工作的深入开展。东平县积极联结乡镇和基层乡村,在14个乡镇街道和县经济开发区管委均成立了移风易俗工作领导小组,统一组织协调移风易俗工作的具体开展。

自2015年开始,东平县把移风易俗工作作为乡村文明行动的重点,先后印发了《关于在全县村居成立红白理事会的通知》《东平县移风易俗工作细则》等文件,从县级层面指挥引导各村开展移风易俗工作,并完善治理服务平台,充分发挥红白理事会的服务功能,并且创新性地在原有红白理事会基础上,下设治丧委员会、监督委员会,打造"三位一体"的服务平台,以服务助推移风易俗顺利落实。

一是以红白理事会为阵地,统管村庄红白事办理。近年来,不少乡镇陆续成立了红白理事会,但就真正实施情况来看,不少理事会呈现"空壳"状态,"口号喊得亮,事情做得少"是不少村民对于红白理事会的看法,这个乡风建设的主要发力平台在广大农村没有真正发挥效能,鉴于此,东平县重整村内红白理事会,激活其服务功能,设定红白理事会为村内有红白事的家庭无偿提供服务,积极向群众宣传党的相关方针政策,引导群众改变传统红白事习俗,强化农村思想道德建设,树立"婚葬从简、孝养礼葬"的新风尚,教育村民在婚丧嫁娶活动中移风易俗,文明理事,破除陈规陋习,反对封建迷信,坚持节俭理事,反对大操大办、铺张浪费,纠正或制止各种不文明行为。在红白理事会的成员任命上,东平县采取让"两委班子挑担子"的做法,村主任或村支书担任理事会会长,把农村有威望、公道正派、热心服务群众的群众选入红白理事会,真正起到"优秀领头班子"的带头作用,其他若干成员由村民选举产生。截至2017年6月,东平县716个村(居)均成立了红白理事会,实现县域全覆盖。各村红白理事会主办丧事5600多起,主办率达99%,凡村民办红白事,一律由村内红白理事会主持操办,在将服务落到实处、达到便民效果的同时,也顺利将移风易俗在村庄内部顺利铺开。

二是红白理事会下设治丧委员会,将服务细化。红白理事会的统领统管作用在一定程度上使其面对村庄众多具体事宜时余力不足,合理的责任下放和细化分工就显得尤为重要。东平县开拓新路,各村设立治丧委员会专事专管,专门负责村中白事操办,如负责制定孝服、设定餐桌标准工作等，并在委员会中设有专人负责管账、迎客、拉布条等工作，真正实现服务到位，让村民体验到新风建设过程中带来的服务便利，治丧委员会会长被称为大总理，由村内小组长担任，牵头主办组内白事，小组内有白事，先通知大总理，由大总理上报给红白理事会会长后，可直接调动理事会成员和小组成员协助主家办理丧事，形成了小组自治的有效"链接"，充分发挥了村民自治功能，建立流程规范，提供了现场服务，极大地提高了红白理事会工作效率，减少人员浪费，有助于节约成本。调研中发现，在姜庄村，11个村民小组均由小组长出任本组大总理，组内成员去世后，由大总理带领治丧委员会协助主家办理丧事，对此，姜庄村续开印老人说："村里的治丧委员会出人又出力，我们是省心又放心。"

三是红白理事会下建监督委员会，将服务做亮。随着红白理事会的广泛普及，很多问题也逐渐显露，这些潜在的危机威胁着红白理事会在移风易俗工作中的服务与推动作用。有服务无监督和监督对人不对己、对下不对上是主要存在的两大问题，有村民反映红白理事会中的理事会成员对其亲戚朋友的违规行为不加以制止，这种情况严重损害了理事会的名誉声望，让村民对理事会产生怀疑，也对移风易俗工作失去信心。为了规避这种情况，东平县从完善治理体系着手，在村里组建监督委员会，分属于红白理事会，监督委员会全程参与并摄像记录所操办的红白事，一方面监督了村内村民新规执行及遵守情况，另一方面监督了相关管理负责人员的管理力度、执行力度，从"官"到"民"两方面监督，打造了监督经纬网，借此形成公开透明的服务体系，把服务工作做正做亮。东平县还积极调动乡绅能人，邀请村内德高望重、品行良好的村民和有威信的宗亲代表担任委员会成员，充分发挥其说教与劝导作用，安村理事会成员王继伦是宗亲代表，入职监督委员会，他在调研中说："有大操大办的，干部不好去说，我都可以出面，族里人不敢不听我的，我是他们三服以内的长辈宗亲。"借此打造阳光透明的监督体系，让移风易俗工作推行有道，治理有方。

东平县以县带乡，充分发挥上级引导作用，为乡村文明建设工作进行具体部署和安排，积极探索出推进移风易俗工作的新思路新方法，带动村庄落实，从根源上破除农村陈规陋习，革除不文明不和谐现象。

（2）村级集聚民心，建立新规系统

2016年11月，在移风易俗推进会上提出要强化制度约束，构建起党章党规、法律法规、公共政策、规范守则相互支撑的保障体系，推动形成良好社会风气。东平县在推进移风易俗工作时，将建章立制纳入重要步骤，将乡规民约作为重要载体，在找准农民利益需求的前提下，建立"白纸黑字"的约束性章法，确保移风易俗顺利推动。

长期以来，移风易俗工作难以在农村扎根，其根源在于没有从群众的实际需求出发，充分了解群众的现实诉求，往往走了"偏路"，需要通过多种渠道、多元方式，多角度全方位了解群众诉求，这样才能够赢得最后的成功，有村民反映，政府大力推行移风易俗，但是落实到乡村，没有落实到点子上，发了宣传单，却没有做实事，对于大操大办没有明令禁止，对于高额人情也束手无策，久而久之，村民对于移风易俗的工作初衷产生怀疑，甚至认为其又是一场"作秀"。在中央文明委第五次全体会议上，刘云山强调要加大对群众反映强烈突出问题的治理力度，激浊扬清、移风易俗，推动形成良好社会风尚。东平县多方实地调研总结经验教训，充分认识到紧扣村民利益需求才是移风易俗的基本路径，对此，引导各村结合自身村庄情况，针对村庄风俗，特别是红白事中突出的陈规陋习建章立制，对症下药，集中火力解决问题。

在具体实施上，东平县实行新规"三步走"，引导各村庄通过汇聚民意、民主讨论、民主决议的方式创设新规，将其纳入村规民约，实现文明乡风的"有规可依"。第一步，听民声集民意。在建立新规之前，东平县号召村中党员干部入户走访，真正知晓村民对于红白事的看法以及面临的主要困境，找到集中发力点，将群众的需求放在第一位，如果有的群众有着不同意见和建议的话，则往往不能够将移风易俗进行到底。在姜庄村，书记姜兴合携村两委干部和党员代表分批走访了全村402户家庭，和村民"面对面"详谈，认真听取村民建议，详细记录不同意见，奠定了新规制定的民意基础，为新规的设立减少了阻力。第二步，共商共议。在过去，村内的规章制度都是上级直接下发，村民不参与新规内容的讨论，往往导致村民有"被自愿"的不悦感，容易促发村民对于规章制度的抵触情绪，为了规避这种情况，破除村民对于"一言堂"的反感，东平县要求村两委召开村民大会,让群众参与到新规细则的讨论制定中,切实保障新规依民心、顺民意,让农民发声,从以往的"要我改"到"我要改"。例如在大高庄村,村两委前后召集全村602户家庭开展了3次新风讨论活动,让村民针对婚丧标准、礼仪礼节等问题各抒己见,会上村民积极活跃,踊跃发言,村民角色从"守规者"转变为"定规人",更能提高村民的参与度、激发村民的自觉性。第三步,民主决议定规。一些政府部门集决策权和执行权、监督权于一身,使治理体系无法公开透明,为了保障新规的科学性与民主性,切实落实人民群众在新规制定中的知情权、参与权和决议权,东平县实行民主决议制定新规,有利于公民理解决策,推动决策的实施,进一步提高公民的政治参与热情、社会责任感。姜庄村在确立新规时推行"三会三表三签字",即召开党员干部大会、村民代表大会、全体村民大会,要求与会人员现场表态,签名为证。

通过"三步走",大高庄村出台了《大高庄村移风易俗新规定》,对破除陈规陋习、倡导文明新风的活动进行了具体的部署和细化量化。如在村移风易俗新规定中明确要求,喜事新办婚姻自由,提倡喜事一天办完,办理婚宴时不能超过十桌,婚宴十人桌标准不能超过三百元,制定了礼金不能超过两百元、迎亲车辆不能超过六辆等规章制度,使移风易俗工作落到实处。

(3) 村县两级合力,广宣传多引导

通过县级引导打造了创新型服务平台助推移风易俗,在村级建章立制保障移风易俗,但就村庄实际情况来看,单方向发力往往会造成治理失衡的情况,如重服务轻新规,对此,东平县升级村县合力链条,通过两级宣传、两级模范引导等方式,提升移风易俗工作水平。一是多方法多渠道宣传。宣传工作可以直接、有效地建立起村民与移风易俗工作的联系,从而激发人们的参与欲望。在新规的推行中,东平县通过广播、横幅、标语、宣传栏、文化墙、"明白纸"、文艺汇演、教育培训等丰富多样的形式,拓展文明乡风的宣传路径,广泛宣传开展移风易俗活动的重大意义,这些宣传方式有着信息容量大、内容丰富、图文并茂等特点,覆盖面广,轰动性强,营造了良好的移风易俗氛围,在潜移默化中让新风入心入脑。在2016年5月全面铺开的文明一条街建设工作中,东平县文明办对文明一条街整体版面进行了统一设计,把移风易俗作为重要内容纳入其中,专门编撰东平县移风易俗七字歌、村规民约模版,并将红白理事会成员名单在文明一条街上公示。其中老湖镇、州城街道利用移民社区建设的机会,统一为新社区烧制张贴移风易俗瓷砖118套,彭集街道利用旧村改造、村庄规划等机遇为20个村庄统一制作移风易俗瓷砖,达到了广推树立文明新风、破除陈规陋习的效果。

二是干部带头模范引导。东平县积极依托干部带头领跑、党员言传身教,树立起遵守新风新规的先进标杆,为移风易俗工作的顺利推行提供了强大精神动力。在新规新风的推行中,村民往往会更在意干部是否积极主动落实规定,在过去,部分干部在政策的推行上常存在严于律人、放任自我的情况,使得村民对其失去信任感,对此,东平县号召党员干部一定以身作则,以身效法,树立良好带头作用,产生"一花引来万花开"的效应,充分发挥带动作用。2005年农历正月十三,姜庄村村委会主任姜兴合的堂哥姜兴立因病去世,村里顿时炸开了锅,只要村干部的亲属搞特殊,那么这项制度就等于一纸空文。而姜兴合态度十分坚决,一切按照"厉行勤俭节约,反对铺张浪费"的原则,使第一桩丧事办得既简朴,又得体,让村民们看到了移风易俗的希望。之后,这年农历三月初八,姜兴合的叔伯嫂子去世,"一碗菜、不发烟"等规定照例执行,村民们陆续开始接受这"不要面子"的习俗。东平县还要求村内党员深入群众,通过讲述自身实例来号召村民遵守新规。如大高庄村80名党员签订了《党员干部带头移风易俗承诺书》,并走进602户群众家门,以有血有肉的亲身事例,感召村民践行新规,发挥先锋模范作用。

(4)监督奖惩随行,保高质促长效

移风易俗是"十三五"期间深化乡村文明行动的核心内容,是新时期农村精神文明建设的重要举措,保障是长效运行的关键,东平县将适度奖惩融汇于移风易俗工作之中,实现了文明乡风的"高效聚能"。

第一,打造交互式监督网格。东平县通过在村庄构造责任联动的监督网,激发村民集体荣誉感和责任感,实现村民双线监督。一方面,在村庄划片管理促进村民实现自主监督,即在村庄内部实行划片管理,以责任连带机制激励村民自我监督。连带责任机制的推行使得村民彼此权益相互关联，为保护自身利益不受损害，村民不仅会严于律己，也会主动监督他人遵守村规，减少了移风易俗的人为阻碍。如安村以胡同为单元，胡同内若有一户村民违规，则该胡同所有村民将集体被取消享受节日慰问品的资格。另一方面，实行有奖举报，以物质激励推动村民相互监督。各村以有奖举报的方式，激励村内成员相互监督，形成群防群治的监督机制。相互监督的方式调动了村民自觉遵守村规的自主性和敢于揭发违规行为的积极性与主动性，在移风易俗推行中起到了良好效果。安村规定举报者可凭借照片、音频、视频等证据举报办事主家或理事会成员，一经查实，被举报者将被处以2000元罚款，罚金全部奖励给举报者。

　　第二，创建多维度激励体系。东平县从物质、服务、精神多维度激发村民动力，为新规新风设立助推体系。一是以物质回馈带动村民的主动参与。东平县各个村庄规定可以以小额现金奖励为守规村民"点赞"，为守规行为颁奖。二是以无偿服务提升村民的满意度。东平县号召村中红白理事会免费为守规村民服务，协助其招待宾客、置办宴席等，做好"一条龙"的服务工作。后口头村李大爷说道："我们家的老人去世就是理事会来给办的，让我们少操了不少心，还少花了钱。"三是以精神嘉奖激发村民的积极性。东平县充分发挥群众性精神文明创建活动移风易俗、改造社会的重要作用，将守规遵规纳入村庄"十星级文明户""好媳妇好婆婆"等群众精神文明评选活动的考核标准，提升了村民守规遵规的积极性。

　　第三，建设多元化惩处标准。传统的治理模式往往重激励轻处罚，在这种模式下滋生了大量违规行为，违规者普遍认为违规成本低，对其生产和生活不会产生影响，因此对规章制度缺乏敬畏感，肆意妄为。鉴于此，东平县引进多元惩处体系，将其作为一种负强化手段，以适度的惩罚达到有效地预防和纠正违规行为的目的，保证全民"不越轨、不触雷、不踩线"，在移风易俗中采取的多样化惩处手段，使得村民主动摒弃攀比的陋习，整个村庄都呈现文明新面貌。首先，东平县在村规中增加了经济处罚内容，主要以现金惩罚形式对违规行为进行处罚，以实实在在的直接损失触动村民切身利益，以求达到小惩大诫的效果。如姜庄村规定，对于违规的逝者家属，党员罚款2000元，普通群众罚款500元，对此，姜庄村村委主任表示："自从立了这个规矩，我们还没有收过一次罚款呢！"由此可见，罚款规定的确立有效抑制了村民的违规行为。其次，对于违规农户，村庄将取消其享受红白理事会服务的资格，以权利权限的限制促使村民遵守村规，如若违规将难以享受和行使其原本的权益。拿安村来说，该村一位农户因违反规定，花费20多万元为家人办理丧事，村中红白理事会成员无一人提供服务。最后，村委会通过全村广播、张贴告示等方式通报批评违规村民，从精神层面督促并规劝其遵守新规，以批评和说服教育的方式令村民知错就改，积极配合移风易俗工作的开展。多元化惩处标准的建立有效摆脱了治理无戒线的困境，其与激励体系双向合力保证移风易俗长效运转。

3. 移风易俗打造文明乡风新常态

截至2016年年底，东平县所有村（居）已将移风易俗正式纳入村规民约，普遍建立起红白理事会并切实发挥其作用，完善了规章制度，建立了长效保障机制，农民群众对移风易俗满意度达90%以上，使文明乡风顺利推行成了农村新常态。

（1）思想升级，破除村民精神桎梏

过去，受传统思想的禁锢，村民在面对婚丧习俗时往往陷入"难改变"的困境，背上巨大的思想包袱，面子观念深深毒害着中国婚丧的消费市场，这是中国传统文化、传统价值观、人格特征、社会文化的耻感取向共同作用的结果。东平县移风易俗工作顶层引导、落实村级的做法，使得文明新风在农村顺利推动，让村民的精神面貌和思想观念发生了重大改变，村民切身感受到移风易俗带来的成效，同时，人们的思想也得以解放，不再受传统理念的束缚，打破了多年以来禁锢农村文明建设的枷锁。村民放下了面子观念，不再盲目攀比，大搞面子和形象工程，而是遵规做事，量力而行，从简从新。村民从思想上摒弃传统陋习，接受改革新举措，主动走在移风易俗的最前列，不再被陈规旧俗所牵绊，以新思想新理念开辟新天地、共建新生活。姜庄村自实施移风易俗以来，共有100余位村民去世，不论家庭条件如何，一律遵循"一碗菜、十不准"的原则举行丧事活动，这个昔日不被人看好的"不要面村"，如今却成为文明乡风的典型村，先后将全县"文明村""经济社会发展一等奖"等30余块牌匾收入囊中。村党支部书记尚福军这样深有感触地说："以前，我们到接山镇开会，最怕周边村的人念叨顺口溜，'姜庄不要面，发丧一碗菜'。如今，村民们挺起了腰杆，昂起了头，有一种说不出的自豪感。"村民们现在是"不要面子要里子""不要数量要质量"，思想观念得以转变升级。

（2）经济减压，推动村民生活增质

2017年中央一号文件提出要加强农村移风易俗工作，引导群众抵制婚丧嫁娶大操大办、人情债等陈规陋习。在此背景下，东平县稳步有序地开展移风易俗工作，且取得了显著成效，特别在经济上达到了为群众减负减压的效果，通过红白理事会无偿服务，村规民约制定宴席、礼金标准等有效措施的实施，压在村民身上的经济"五指山"已经移走，村民的心理负担也随之减轻，基本上制止了大操大办和高额人情礼金等不良现象，让村民经济减压减负，在一定程度上提高了村民生活质量，从而使村民生活更加富足。在实行移风易俗以前，由于村民收入低，加上丧事大操大办，一年的收入也不够发一次丧。兄弟多者，分得账多；兄弟一人，往往新账连老账，竟然四五年经济上翻不了身。领导班子看在眼里，急在心里，痛下决心移风易俗，引导群众丧事简办。自实行移风易俗后，一桩丧事下来至少节省五六千元，多者则可以节省上万元。据统计，截至2017年6月，东平县累计节约资金2000余万元，仅姜庄村就共计为村民节省费用100余万元。如今，在移风易俗工作的推行下，东平县各村革除陋习，大兴节俭之风，村民们切实体会到了移风易俗带来的各种益处，不仅减轻了经济压力，而且提高了生活质量，各村已不再出现因婚致贫、举债办丧等情况。解决了村民生活的后顾之忧，奢靡攀比的不良风气也得以有效遏制。

（3）就简去繁，助力村民省事省力

移风易俗提倡"丧事简办、喜事新办"，主张重生前、薄生后，丧葬活动的举办去掉了大量的繁文缛节，以简便节俭为主要原则。以前，披麻戴孝、扎灵棚、设宴招待等程序一样都不能少，费力、费人、费钱，让本来痛失亲人的主家更加疲惫不堪。如今，一切从简，"一碗菜、不设灵"等规定深得民心，改革前需要花费几周甚至一个多月才可以办完的红白事，现在只需几天就可以圆满结束，大大缩短了举办时间，省去了许多不必要的礼节和环节。银山镇后银山村还规定除直系亲属及陪灵人员有孝外，其他客人均不动孝，以白花代替；抬棺人由20人变为16人；为去世之人三期或五期烧一次纸，其他期数自己烧，不再动客，一改之前兴师动众、大操大办的旧习陋习，极大地就简去繁，既节省了人力资源，又节约了宝贵时间，无论是给主家抑或是客家，都带来了不少便利和益处，最大限度地使人力、物力、财力得到充分利用，使得村民可以将更多的精力和时间投入生产生活和工作当中，真正实现在红白事上解放村民，同时，也使勤俭节约的优良传统美德得以继承和发扬。

（4）源头防控，减少村庄矛盾纠纷

移风易俗在经济上为村民减压，在精神上为村民减负，倡导一切删繁就简，有效地从源头上减少了由婚丧嫁娶事宜导致的家庭邻里纠纷，缓和了家庭邻里矛盾，使得家庭邻里之间相处更加和睦，关系更加和谐，也为村庄的和谐与稳定发展助力，有效推动了文明乡村建设和新农村建设。以姜庄村为例，2005年丧葬改革之前，困难家庭总需要举债发丧，费用主要由兄弟们分摊，此时因为分摊不均极易出现兄弟之间反目的现象。除此之外，也出现了总理无偿服务后，因为花费原因跟主家伤了和气的情况。移风易俗推行之后，总理只需要服务2天，由于"一碗菜"等简办制度的设立，不良风气得以遏制，推动了和谐乡村建设，让广大的农村物质生活水平不断提高的同时，精神生活也步入健康文明的轨道，为和谐新农村的发展打下了基础。

结　论

党的十九大报告指出："农业农村农民问题是关系国计民生的根本性问题，必须始终把解决好'三农'问题作为全党工作重中之重。"对此，十九大报告提出了实施乡村振兴战略，坚决打好精准脱贫攻坚战等一系列战略部署。在当前全面深化改革的大背景下，农村改革也进入了深水期和攻坚期，面临着各种"难啃的骨头"。如何根据地方实际来落实国家的战略部署，破解改革发展中"难啃的骨头"，成为各地政府肩上的一大重任。山东省东平县集移民大县、农业大县、扶贫重点县于一身，在发展过程中更是面临着诸多"难啃的骨头"。对此，东平县立足本地实际，充分发挥政府的责任意识和担当意识，在政府的顶层设计和统筹规划下稳步推进改革攻坚工作。具体而言，就是以农村产权改革为突破口和着力点，积极推进产权股份合作制改革，并将产权改革贯穿在农村发展攻坚、移民搬迁攻坚、农民增收致富攻坚、社会建设攻坚等改革攻坚过程中，通过产权改革、产权发展和产权共享，让改革攻坚释放出综合效益和长久效益，走出了一条符合地方实际的产权攻坚道路。这一攻坚道路具有针对性、系统性和前瞻性，不仅解决了农村和农民面临的眼前问题，更强化了农村和农民持续发展的后续保障。这可以为全国其他农业地区、欠发达地区开展改革攻坚提供可参考、可借鉴、可推广的思路和经验。

(一) 东平攻坚的内涵

东平攻坚就是利用农村产权改革这一杠杆，撬动脱贫攻坚、移民搬迁攻坚和社会建设攻坚。从更广的意义上看，东平攻坚在如何实现欠发达地区农村发展和乡村振兴的问题上，探索出了新路径。

1. 东平攻坚是以产权发展为核心的系统性改革

在当前历史条件下，农村地区尤其是欠发达农村地区在发展过程中都面临着错综复杂的问题，因此，农村的改革需要的是综合性的、系统性的改革。山东省东平县从本地区的实际情况出发，以产权改革为抓手，将产权改革与移民搬迁、脱贫攻坚、集体增收和农民致富有机结合，将产权改革、产权发展作为主线，形成了改革链条，各个改革之间环环相扣，由此形成了系统性改革。在攻坚过程中，通过产权改革激活发展的内在资源和要素，在此基础上依托市场机制、社会力量，促进产权发展，通过产权发展带动移民长效脱贫和农民增收致富。东平的攻坚探索避免了以往改革过程中零碎化、片面化的弊端，通过产权改革、产权配套和产权发展形成了系统性、综合性的举措，由此也促进了农村的综合发展。

2. 东平攻坚是实现乡村振兴的有益探索

在以往的改革实践中，不少地方只是将改革当成一项工作或者任务，在实践的过程中，不注重改革的系统性和持续性，仅仅局限于做出一个亮点，或者为了应对检查而进行短期的探索，这些改革可能会带来一时的成效，但无法获得深刻的创新与长远的发展。东平县的改革攻坚起因于农业大县、移民大县和扶贫重点县三重压力，起步于农村产权制度的改革，发展于"产权发展、产权衔接"的探索实践，但落脚于农民获得感的实现和乡村的振兴。在改革实践的过程中，东平县并不是将这项改革当作一项简单的产权改革，而是通过科学的顶层设计、系统的制度保障、渐进的改革举措和不断深化的改革理念来推进基层的探索实践。虽然在改革的举措上，东平县重点发挥产权改革的作用，但是在具体的实践过程中，则是将集体产权改革与乡村振兴、农民发展有机结合起来。东平的改革创新，一方面，以土地为核心，着力推进土地股份改革和集体产权改革，激活了内在资源和内部资产，引活了外部资金；另一方面，以产权为载体，让产权走向市场，通过企业与村集体和农民的合作，让村集体和农民提高了增收致富的能力，使得农民的"钱袋子"鼓了、村集体的"腰包"厚实了、村庄的面貌"焕然一新"了。

3. 东平攻坚是促进农民增收致富的内在创新

长期以来，农村地区的改革攻坚主要依靠政府的力量，往往陷入运动式、强制性的改革困境中，许多工作不仅"费事、费时、费力、费心"，需要投入大量成本，而且往往效果不佳，农民群众认可度不高、受益不明显。山东省东平县以农村产权为核心的改革攻坚，不只是简单的为脱贫而改革，而是"以产权改革为突破口的乡村振兴、农民发展"，其重要的特点是以产权改革为着力点激发乡村的内在创新和内部动力。通过利用土地产权股份制改革和集体产权股份合作制改革，将乡村的内在资源、资本和要素聚合起来，充分发挥了内部资源的作用，也由此提升了乡村资源的内在价值。以产权改革为契机，通过引入市场机制，充分发挥农村乡贤、乡土资本的作用，为农村集体经济和产业发展注入了新鲜血液。在产权改革的推动下，农民参与到多样化的股份合作和产业发展过程中来，提升了致富的能力。东平的改革攻坚，以产权发展为枢纽向外延伸，为农村的可持续发展和农民的持续性增收提供了内在动力。

4. 东平攻坚是增强农民"获得感"的实在之举

东平县的产权攻坚与探索，不是仅仅依靠政府外部推动的政绩工程，而是以增强农民获得感为目标的基层创新。在改革的过程中，政府虽然以精准脱贫为工作重点，但是这并不是改革的终极目标。相反，精准脱贫只是实现这一目标的必经之路。正是通过将产权改革和精准脱贫、增收致富相结合，最终促进了农民获得感的精准落地。在东平攻坚的改革过程中，政府作为公共产品和公共服务的供给者，主要发挥引导和扶持作用，通过整合政策、人力等资源，为农村产权制度改革提供强有力的保障与支持，同时通过建立多维的激励机制，将物质激励、荣誉激励与政治激励相结合，调动基层政府、村干部和农民改革创新的积极性。农民作为乡村振兴的主体，在改革过程中对其加强引导，激发其主人翁意识，使其充分参与到改革中来，共享改革成果。也正是因为有这样的改革意识，将改革与农民紧紧联结起来，才有了农民获得感的显著增强。

(二) 东平攻坚的成效

东平县立足于产权改革基础上的系统攻坚举措，通过不懈的探索实践，取得了良好的成效。产权改革为农业农村发展提供了源头活水，不仅促进了农村集体经济发展和农民脱贫增收，而且优化和改善了农村发展环境，同时也强化和改进了党的领导，锻炼了干部，融洽了干群关系，提升了基层治理能力。

1. 发展了集体经济，促进了现代化经营

东平县的产权改革在推进之初就以发展农村集体经济为主要目标，与发达地区的产权股份改革不同，东平的产权股份改革主要处于"做大蛋糕、扩大增量"的阶段，其重点是通过产权改革探索集体经济的有效实现形式。通过改革攻坚，充分发挥市场机制的作用，有力促进了集体经济的发展，繁荣了农村产业。一方面，通过产权改革，成立了新的经营主体。截至2017年6月，东平县已发展土地股份合作社94家、入社农户9860户、入股土地7.6万亩，同时，在集体产权股份改革方面，东平县101个村实施集体资产股份合作制改革。而通过股份合作，东平县引进和培育龙头企业、家庭农场、专业合作社等新型经营主体分别达174家、309家、1325家，这些有力促进了现代化经营和生产。另一方面，集体经济不断壮大，村级经济基础更加牢固。许多村庄在产权改革的基础上，发展现代产业，实现了集体经济的"从无到有""由弱变强"。在村庄能人的引领下，东平县有72个村由负债村变成了富裕村，彭集街道17个"空壳"村庄通过产权改革，村集体平均增收180万元，经济实力呈现"阶梯式"增长。

2. 实现了移民脱贫，促进了农民增收

促进移民脱贫和农民增收是东平县改革攻坚最主要的目标。在库区移民搬迁问题上，东平县将产权改革与移民搬迁相配套，通过将移民资金产权化、整合利用，以"布局合理、结构实用、功能配套、环境优雅"为准则建设移民社区，为移民提供高水平的居住条件，从而实现了移民的"安居"，通过"两区共建"，积极发展社区产业，为移民"乐业"创造了有利条件。在11个移民社区周边规划了30个产业园区，有效带动1.2万余名库区贫困移民就业创收。在贫困人口脱贫方面，依托产权改革来发展农村产业，带动了产业脱贫、就业脱贫，通过脱贫攻坚，2016年东平县精准退出贫困村52个，占全县贫困村数量46.4%，脱贫8373户、21296人。东平的改革攻坚不仅促进了移民和贫困群体脱贫，而且有效促进了农民增收致富。农民在改革攻坚过程中充分享受到产业发展、股份分红、村庄福利带来的好处，获得了持续性的收入来源。通过产权股份制改革，原来农户土地流转一般每亩300~500元，入股后每亩保底在700~1000元，土地经营权的收益翻倍。与此同时，农民的财产性收入也在持续增加，在整合资源的过程中落实个人的股权收益，实现股民分红由无到有、从几百元到上千元的跨越，最终以股份建立起农民增收"保底+分红"的"造血系统"，拓宽了增收来源。

3. 强化了党的领导，巩固了执政根基

习近平总书记强调，"基层是党的执政之基、力量之源。只有基层党组织坚强有力，党的根基才能牢固，党才能有战斗力"。东平县的改革攻坚实践，不仅在农村经济发展和农民增收方面取得了良好成效，而且以改革促进基层党组织的建设，有力巩固了党的执政根基。在改革过程中，东平县注意发挥村级党组织的领导核心作用，"坚持农村基层党组织的领导核心地位不动摇，围绕巩固党在农村的执政基础来谋划和实施改革"。一方面，通过实施"能人回请"计划、开展递进培养工程，积极吸纳经济能力好、政治责任强、乐于奉献的乡贤能人到基层党组织中，其中有106名经济能人返回家乡，并成为村党支部书记，有227名乡贤能人进入村两委任职，这极大充实了基层党组织的力量，提升了基层党组织的战斗堡垒作用。另一方面，在改革攻坚过程中，更加明确基层党组织管方向、管大事、管监督的职责，推进了服务型党组织的创建。在开展的产权改革、产业发展、移民搬迁、社区建设等工作中，都注重发挥基层党组织的核心作用和服务功能，使得基层党组织的凝聚力、战斗力明显增强。

4. 密切了干群关系，提升了基层治理

干群关系直接决定着农村基层政权的稳固和发展。东平县的改革攻坚实践，不仅提升了基层干部的管理水平和服务能力，而且密切了干群关系，促进了干群之间的良性互动。通过改革攻坚，促进了干部从"不作为"到"愿作为"，在改革压力和群众的期许下，许多干部开始结合村庄的实际，认真"想事情、做事情"，积极推进产权改革，发展产业项目，促进村庄发展。通过党员引领、干部带动，促使农村基层党群关系、干群关系更加融洽，农民的"气顺了、话柔了、理到了"。产权改革和攻坚实践也改变了乡村治理的条件，促进了乡村的有效治理、良性治理。一是村民参与村庄事务更积极，干部工作难度降低。改革使村民们养成了"关心公共事务"的习惯，将村庄发展看做自身之事，参与热情和参与效率大大提高。"过去开会没人来，现在开会100%都能到。我们干部的工作也更多地被群众理解。"二是村民自我管理力加强，村集体治理水平提升。各村村民从本村实际出发，综合考虑人力、资源、区位等因素，自主探索村庄发展和治理之路，有效提升了村民们的管理能力。三是村民认可度提升，集体凝聚力增强。村干部认真实干，通过带领村民发展集体经济，鼓实了村民的腰包，获得了村民认可和好评。

（三）东平攻坚的价值

山东省东平县以农村集体产权股份改革为切入点和突破口的攻坚改革，不仅有效实现了精准脱贫，而且促进了农村发展、农民富裕，对于振兴乡村具有深刻的现实价值和长远的启示意义。

1. 找到了乡村振兴的有效实现路径

党的十九大指出："农业农村农民问题是关系国计民生的根本性问题，必须始终把解决好'三农'问题作为全党工作重中之重。"为此，十九大提出了实施乡村振兴的重大战略部署，但乡村振兴还需寻求有效的实现路径。目前各地的农村改革多以"单向输送"或"大力引进工商资本"为主，而且注重的是短期的经济效益，这些改革不仅会增加治理的成本，而且取得的效果不甚理想。而山东省东平县探索的东平攻坚的核心在于"以点带面"，即在改革中并未"散点开花"，而是以农村产权改革为起点，在此基础上将产权改革与脱贫攻坚有机结合起来，不仅使得改革的成本很低，而且将现有的资源要素利用起来，从而实现了脱贫的精准落地。通过产权改革与产业发展相结合，推动了农村的产业转型，从而增强了农民对乡村振兴的信心。通过产权改革与乡村建设的结合，让农村吹起"文明之风"，从而促进乡村社会物质文明与精神文明同步发展。东平县探索的东平攻坚实践对于其他地方的改革具有深刻的启发意义，为乡村振兴的有效实现提供了可供借鉴的路径。

2. 探索了稳固长效的脱贫攻坚机制

习近平总书记强调,打好脱贫攻坚战,是全面建成小康社会的底线任务。要重在提高脱贫攻坚成效,关键是要找准路子、构建好的体制机制,建立健全稳定脱贫长效机制。但近年来,部分贫困地区为完成脱贫任务,注重多"输血"少"造血",导致脱贫工作陷入"短期化、易返贫"的尴尬境地。山东省东平县作为移民大县、农业大县和扶贫重点县,移民如何长效脱贫、农民如何脱贫致富、农村如何持续发展是亟待攻克的难题。为激发贫困地区和贫困群众脱贫致富的内在活力,提高贫困地区和贫困群众的自我发展能力,东平县通过创新股份投入机制、深化股份合作机制、优化精准精细机制、营造共建共享机制,探索出了脱贫攻坚的长效机制,促进了搬迁移民长效脱贫和农民增收致富。可以说,东平的产权改革奠定了移民脱贫攻坚的基础,确保了移民长久脱贫的稳固性。

3. 创新了增强农民"获得感"的方式方法

"全面深化改革,根本要激发动力,让人民群众不断有获得感。"改革开放以来,我国农村的基层治理主要依靠行政与自治两种方法,但是由于受传统治理思维的束缚,行政手段往往居于强势,甚至出现"行政取代自治"的现象,这就与现代社会治理相悖,导致农民获得感普遍偏低。东平县探索的产权改革与创新,突出特点就是以群众需求为导向,将接地气、贴民生的方法和手段引入改革过程中来,脱贫攻坚的最终目标是让农民获得实实在在的收益,充分享受改革发展带来的红利。东平县在攻坚过程中,以产权改革为基点,以提升农民权益为目标,通过产权改革,赋予农民财产权利,让农民从土地中获得更多收益;通过脱贫攻坚,将土地入股、产业发展与精准扶贫挂钩,以长效机制促进贫困群体脱贫致富;通过移民社区建设,让移民住进新社区、从事新生产、享受新生活,从根本上解决移民生存和发展问题。在此基础上,同步促进产权发展、经济建设与社会建设,通过开展幸福养老和移风易俗,让农民共享改革发展成果,有更多"获得感"。

(四)东平攻坚的进一步思考

改革是一项在摸索中不断前进的工程,不可避免地会出现一些问题和困难。东平县的改革实践同样如此,虽然取得了显著成效,但仍有部分不足之处，需在后续发展中进一步深化与完善。

1. 政经分离有待进一步深化

"村社合一"往往会造成行政力量对资本发展的挤压，导致合作社发展效率低、农民发展活力小。东平县在产权改革之初，积极引导能人回村，一方面，能人进入村两委，承担起村庄治理重任，另一方面，兼任村集体经济股份合作社理事长，带动集体经济的发展。不可否认的是，在改革之初，这种发展模式切实发挥了显著成效。但是值得注意的是，随着集体经济的壮大成熟，合作社一方面更多地受到市场的牵引，另一方面受到行政的制约，其后续发展之路可能受到牵绊。鉴于此，东平县已经通过设立市场化、独立化的集体经济股份合作社法人主体，使村集体经济组织与村民自治组织相分离，开始推动政经分离，只是当前还在起步阶段，后续有待进一步深化。

2. 社会力量有待进一步被吸纳

一直以来，我国的地方改革往往过度依靠政府的力量，由此形成了政府的单一主导和推动，导致市场、社会、群众等其他主体的活力不足。东平县在产权改革和攻坚过程中，虽然发挥了企业这一市场主体的作用，但是应该看到，社会力量也是不容忽视的关键主体。当前东平县改革尚未充分发挥社会力量的优势。一是由于缺少参与平台，社会组织和社会力量缺乏有效的参与载体和依托，社会成员即使有服务意识也无处着手。二是社会参与意识未被激活。东平县改革攻坚取得的成果在一定程度上在于政府力量的推动，客观上弱化了社会参与程度。因此，如何激发社会参与意识、吸纳社会力量，是东平县今后深化改革攻坚不可忽视的一环。

3. 村庄治理有待进一步跟进

村庄经济的持续发展往往需要村庄治理同步升级。如若经济发展的同时，治理停滞不前，抑或倒退，则势必会造成"畸形成长"。尤其在当前经济社会转型升级时期，社会成员更加注重利益的获得，而轻视其他要素。从东平县的改革实践来看，村庄的发展更多的是依靠与市场的结合，村庄治理体系和治理能力的配套尚显不足。在村庄治理层面，村民自治这一基本制度的活力不够充分，村庄自治力量激活不足，村民的自我管理、自我服务能力仍需加强。不过，我们也应该乐观地看到，东平县的改革攻坚客观上已经刺激了村民参与的意识，只是如何将这种"因利而为"延展成"因需而为"，是东平县实践过程中需要解决的难点之一。

4. 改革红利有待进一步释放

当前，东平县的产权改革主要处在发展壮大集体经济的层面，其改革的重要特点就在于在改革之初就将产权发展与壮大集体经济紧密结合起来，也因此通过股份合作制改革探索出了集体经济的有效实现形式，促进了村级集体经济的发展。随着集体经济的壮大，村庄公共服务的支出增加，农民获得的福利也逐步增多。但是在现有阶段下农民能享受分红的还不多，如果长此以往，农民会心存疑虑：村庄发展好了，但"只见增收，未见分红"。基于此，东平县在后期深化改革中，有待从两方面着手进一步向前推进。一是公共事务定期公开，让村民知道村庄收入有多少、资金用在何处，实现透明化治理；二是当集体经济在资本积累过程中出现"稳定剩余"，且剩余资本呈"边际递增"时，各村应在保证合作社正常运转、村集体事务得以保障的情况下，及时按股份分红，让村民在攻坚中切实尝到改革的"甜头"，真正释放改革红利。

## 实践经验篇

产权攻坚：以股份合作制改革探索稳固长效脱贫之路

——基于山东省东平县农村综合改革的调查与思考

党的十九大报告指出，要坚决打好精准脱贫攻坚战。习近平总书记强调，打好脱贫攻坚战，是全面建成小康社会的底线任务。要重在提高脱贫攻坚成效，关键是要找准路子、构建好的体制机制，建立健全稳定脱贫长效机制。山东省东平县作为移民大县、农业大县和扶贫重点县，移民如何长效脱贫、农民如何脱贫致富、农村如何持续发展，是亟待攻克的难题。为此，东平县坚持问题导向，以产权改革为基点，以产权发展为主线，探索和创新脱贫攻坚长效机制，从而促进移民长效脱贫，促进农民增收致富，让农民在改革攻坚中有更多的"获得感"。

具体而言，通过产权改革，创新股份投入机制，破解"动力不足"难题；通过产权定位，深化股份合作机制，破解"方法不灵"难题；通过产权衔接，优化精准精细机制，破解"途径不畅"难题；通过全链升级，营造共建共享机制，破解"效益不显"难题。在此基础上，探索出了脱贫攻坚的长效机制，不仅促进了搬迁移民长效脱贫和农民增收致富，而且促进了农业经济、农村社会和农民权益的全面提升，让农民在改革攻坚中有更多的"获得感"。东平的实践探索，可以为全国其他农业地区、欠发达地区开展脱贫攻坚提供可参考、可借鉴、可推广的思路和经验。

一 问题倒逼，长效机制缺乏，引发多重贫困难题，亟须脱贫攻坚新举措

在全面建成小康社会的决胜阶段，农民脱贫致富依然是突出短板，也是最迫切的任务之一。东平县作为移民大县、农业大县和扶贫重点县，在这三重压力的作用下，移民发展举步维艰，农村发展后继乏力，农民脱贫致富任重道远，亟待寻求脱贫攻坚新思路。

（一）移民大县，移民发展举步维艰，亟须解困之路

20世纪50年代，国家修建东平湖水库，东平县因此成为全国第二、山东省第一移民大县，现有移民24.5万人，约占全县总人口的1/3。长期以来，库区移民生存无保障、生活无着落、生产无出路，是东平县当前脱贫攻坚的"硬骨头"。

1. 灾害频发，移民生存无保障

东平湖水库是黄河的滞洪区，库区移民长期遭受旱涝灾害的威胁。一到汛期，水位上涨，洪水往往淹没农田和村庄；汛期过后，又很快进入旱季，移民只能靠丰年的储备粮维持生活，其生存环境十分恶劣。对此，当地流传着这样一句俗语，"东平州，十年九不收，一收吃一年"。

2. 居无定所，移民生活无着落

在库区移民村，一些移民以船为家，过着久居水面的"水上漂"生活。还有许多为了避险，长期经受着"居无定所"和"频繁搬迁"的困扰。州城街道孟庄村的部分村民，在1956～1966年的十年间就搬迁了十多次。该村支部书记徐延全对此感叹："我们村子穷就穷在搬迁，一搬三穷!"由于长期居无定所，移民家庭的生活也陷入窘境。

3. 无地可耕，移民生产无出路

在东平县468个移民村中，54个为无地移民村，无地移民4.6万人。对于有地的移民村，其土地面积也非常小，人均只有几分地。老湖镇侯林村全村217人，仅有耕地40亩，人均不足两分地。由于缺乏土地资源，许多移民无地可耕，只能靠捕鱼为生，导致移民的收入普遍很低。2015年，库区移民的人均纯收入不足3500元，许多仍处于贫困状态。

(二) 农业大县，农民增收后继乏力，亟待转型之道

作为典型的农业大县，由于历史和现实因素的制约，东平县也面临着农业生产低效、农民增收乏力、集体经济薄弱等困境，导致农村发展后继无力，亟须寻求破题之路。

1. 土地经营分散化，农民增收难

东平县最大的资源莫过于土地资源，但长期以来，土地经营分散化、细碎化现象严重，县内17万农户家庭承包土地86万亩，户均经营5亩地，"一户四五亩、种地五六块"的现象比较普遍。由于规模偏小，经营分散，农业生产效率低，农民从土地上获得的收入非常有限，土地成为影响农民增收致富的"束缚田"。

2. 集体资源闲置化，农民受益难

作为农业大县，东平县村集体的荒地、荒山、荒滩等"四荒"资源丰富，有26万亩。但是，长期以来，农村"四荒"等集体资源处于管理无序的状态，导致集体资源乱圈乱占、低价发包的问题比较严重，不仅造成了资源的极大浪费，也使得村庄内部矛盾频发，农民难以从集体资源和资产中获益。

3. 集体经济空壳化，村庄发展难

东平县作为传统农区，村庄以第一产业为主，集体经济普遍薄弱，经营性资产过百万元的村庄不足15%。2015年，全县30%的村庄没有集体收入，成为名副其实的"空壳村"。许多村庄不仅村集体经济基础薄弱，而且集体经济的发展缺乏出路。

(三) 扶贫重点县，脱贫致富任重道远，亟待突围之法

1. 贫困人口基数大，脱贫任务重

东平县是山东省20个扶贫工作重点县之一，县内库区、滩区、山区、老区"四区"叠加，是山东省易地扶贫搬迁人口最多的县，也是全国移民避险解困、黄河滩区居民迁建工程试点县。2016年东平县共有省市级贫困村112个，贫困人口39629人，约占全县总人口的5%，脱贫任务非常繁重。

2. 扶贫机制欠缺，效益难长效

长期以来，我国的扶贫工作主要采用政府主导型模式，没有形成可持

续的脱贫机制，从而导致贫困户"脱贫效益低下，持续脱贫乏力，返贫现象频发"。在扶贫资金的使用上，东平县每年承接的财政扶持有3亿多元，虽然数额庞大，但是由于碎片化投入、分散化使用，资金使用效率低、效益难持久。"分散的补贴就像撒芝麻盐，撒下去就看不见了，成效不明显，农民还是贫困。"同时，在以往的扶贫工作中，主要采取简单的"输血型"帮扶，没有形成内在的"造血"机制，脱贫内动力不足，返贫率较高。

二 产权改革，创新股份投入机制，破解"动力不足"难题，夯实脱贫攻坚基础

农村脱贫攻坚是复杂的系统工程，需要找准突破口和着力点，走好"最先一公里"。为此，东平县立足农业大县的实际，以土地为核心，以产权改革为着力点，推进土地股份合作制改革和集体产权改革，激活了内在资源和内部资产，通过创新国家投入股份化，盘活了外部资金，从而为改革攻坚注入了强劲动力。

（一）农民土地份额化，激发内在资源动力

针对土地分散经营、农民增收致富难的现实困境，东平县积极在土地上下功夫，推进土地股份合作制改革，引导农民土地入股，发展规模化经营，有效放活了土地经营权。

1. 土地确权，明晰产权归属

东平县按照"四至清，权属明"的原则，因地制宜地进行土地确权，将承包合同、经营权证书落实到户，做到证、账、簿、地相符，确保农民的承包权益。通过土地确权，不仅使农民吃上了"定心丸"，也为土地有序流转奠定了基础。截至2017年5月，东平县农村土地确权颁证率达96.59%。

2. 土地入股，激活经营权

在土地确权基础上，按照自愿入股的原则，鼓励农民以土地经营权入股合作社，签订入股合同，颁发股权证，促进经营权变股权。通过土地入股，促进了土地流转和集中连片，推动了规模化、集约化经营，由此提升了土地利用率和增值效益。彭集街道安村拥有家庭承包地1270亩，通过土地股份制改革，农民自愿入股1156亩，占承包地总面积的91%，在此基

础上该村发展多种规模经营,实现了土地产出效益的成倍增加。

3. 股权入社,护实土地权益

在土地入股的基础上,引导农民组建土地股份合作社,合作社坚持"入社自愿、退社自由",由群众自主决定土地是否入股、何时退股,对于退社的成员,采取异地置换的方式,既不影响土地利用规模,又充分保障其土地权益。在运营过程中,合作社普遍建立风险金积累制度,从收益中提取30%的风险金,以此规避市场风险,确保旱涝保收。截至2017年6月,东平县已发展土地股份合作社94家,入社农户9860户,入股土地7.6万亩。

(二)集体产权股份化,盘活内部资产动力

针对集体资源闲置、资产管理混乱、农民集体产权难受益的问题,东平县通过清产核资、分类设股、确股定权,深入推进农村集体产权股份合作制改革,有效盘活了集体资源和资产,充分维护农民集体财产权益。

1. 清产核资,摸清集体家底

一方面,分类有序推进。根据不同地域,区分城中村、城郊村、传统农业村和山区村、平原村、湖区村,在此基础上,区分经营性资产、非经营性资产和资源性资产,分别登记造册。另一方面,民主专业核资。清产核资小组充分吸纳党员代表和村民代表参与,并召开村民大会进行审核确认,张榜公示以接受村民监督。截至2017年5月,东平县716个村庄全部开展了清产核资。接山镇后口头村通过清理"三资",将乱占乱用的村内外荒片81亩、荒滩200亩收归集体统一经营,并以份额的形式平均量化给全体成员股权,实现了资源的共享共赢。通过清产核资,"群众对集体资产清清楚楚,干部更加清清白白"。

2. 巧置活配,科学设置股权

东平县以"因村制宜、理清产权、分类推进"为思路,灵活配置股权。一是资产、资源区分定股。根据实际情况,将集体股细分为资产股和资源股,资产股一般按人口基本股和劳动贡献股配置,资源股主要是集体"四荒"土地和非农建设用地等,按照成员平均量化股权。截至2017年6月,东平县101个村实施集体资产股份合作制改革。二是基本股、贡献股灵活配置。根据不同村庄村情,对于集体配置到个人的资产股,按照基本股、贡献股等灵活设置,避免"一刀切"。彭集街道后围村在集体资产股配置时,纳入年龄因素,实施"年龄配股法",即18岁以下的为7股,18~38岁的为8股,39~59岁的为9股,60岁及以上的为10股。三是集体、个人比例配股。为确保农民得大头,同时避免将集体资产"分净吃光",集体配置的股份实行"三七开",即集体股不高于30%,个人股不低于70%,保障农民收益的同时托底集体收入。

3. 还权赋能,保障成员权益

其一,确员定股东。通过召开村民代表大会确定成员,以户为单位发放股权证,村民变为"股民"。银山镇后银山村会计王继伦提及股权证说道:"股民身份有了标志,享受分红和其他权益有了依据。"其二,立社定职权。按照"政经分离"的原则,成立股份经济合作社,建立法人治理结构,承担壮大集体经济、发展村级公益事业、服务集体成员的职能。截至2017年6月,东平县101个村完成改革并成立了股份经济合作社,界定股东成员281732人。其三,确股赋权利。通过股东会议制定合作社章程,明确股东所享有的决策、管理、监督权能。后银山村采取"联户推选"的方式选出30名股东代表,对股民负责,同时股份经济合作社监事会每月对合作社账目进行审核,并定期向股民公开公示,实现了"阳光账务"。

(三)国家投入股权化,提升外部扶持动力

东平县作为移民大县和扶贫工作重点县,每年承接大量国家财政资金。为克服以往财政资金平均分配、"撒胡椒面"的弊端,东平县借力产权改革,通过整合资金、资金入股,促进了资金的产权化、股权化,确保了国家财政投入的可持续,有力提升了外部扶持动力。

1. 资金整合,集约化利用

按照"统筹规划、集中投放、优势互补"的思路,整合财政扶持资金,对29项涉农涉贫政策资金进行梳理,实行100%整合,做到"多个渠道进水,一个池子蓄水,一根管子放水",促进资金集中发力。接山镇周徐村集中周边七个省市级贫困村的专项扶贫资金共160万元,注入集体农场建设养殖小区,并委托公司运作,充分发挥了扶贫资金的规模效益。在库区移民资金的使用上,东平县避免了以往"一次性发放"的弊端,在尊重移民意愿的基础上,将人均2.5万元的移民扶持资金"打捆使用",集中用于建设移民社区，让移民尽量不花钱或少花钱就能入住新社区，以此发挥移民扶持资金的最大效用。

2. 资金入股，股份化分配

东平县以集体产权股份合作制改革为契机，针对政府投入的具有明确扶持对象和范围的扶持资金，在不改变资金使用性质及用途的前提下，对其定向股份量化，对于集体承接政策性扶持资金人均1000元以上的村庄，将资金折股量化到扶持对象后，集中形成股份合作制经营项目。通过资金入股经营，使扶持对象可以持续享受到股份收益。接山镇周徐村将扶贫资金投入村集体形成的经营性资产，按不低于60%的标准量化给贫困户，设立"优先股"；其余部分量化给村集体，设立"一般股"，对于产业项目形成的收益，按相应比例分红给贫困户。

3. 资金增值，市场化运营

为充分提升财政资金效益，东平县彭集街道以财政扶持发展集体经济项目为契机，通过引入市场化经营，以项目为依托、以造血为目标，扩大扶持资金的"乘数效应"，让"死资金"变为"活资本"。一方面，对接金融机构，打造"扶持基金池"。彭集街道提取1000万元扶持资金与沪农商村镇银行合作，银行以支农创新贷款方式放大3倍系数，形成总额度3000万元的支农贷款。截至2017年3月，彭集街道王庄村、西郭庄村等6个村庄已从中贷款共500多万元，为村庄经济发展注入了充足资金。另一方面，对接优质项目，创新循环利用机制。政府将扶持资金贷款按照"一年一清"的原则进行回收，回收后的资金由政府统筹管理，由此形成的"再生资金"用于扩大优势项目或帮扶其他村庄发展，使资金红利惠及更多项目和村庄。

三 产权定位，深化股份合作机制，破解"方法不灵"难题，激发脱贫攻坚活力

长期以来，在政府单一主导的模式下，地方政府往往采取大包大揽、行政命令的方式推进农村改革，导致农村工作陷入"方法不灵、方式老套、活力不足"的困境。对此，东平县在产权改革的基础上，充分把握发展的新趋势、新动向，通过市场联动、社会参与、技术助推和乡土支撑，

创新脱贫攻坚的方式方法，有效促进了产权定位，激发了脱贫攻坚的活力。

（一）市场联动，聚合多元要素，创新资源配置方法

东平县立足产权改革，通过引入市场力量，发展股份合作，聚合现代要素，发展现代生产，充分发挥市场在资源配置中的决定性作用，有力带动了农村集体经济持续发展和农民持续增收。

1. 依托市场纽带，聚合现代要素

依托产权改革，以股份合作为纽带，将土地、资本、技术、管理等要素有机聚合起来，促进经济持续发展。一方面，吸纳乡贤能人，激活社会资本。在产权改革的同时，积极实施"能人回请"计划和递进培养工程，吸引富有乡土情结的外出经商者、企业家等返乡，借助乡贤能人的力量，向农村注入资本、管理等现代要素，建立新组织、发展新产业。截至2017年上半年，东平县有106名经济能人返回家乡，并成为村党支部书记，有227名乡贤能人进入村两委任职，有72个村由负债村变成了富裕村。另一方面，对接科研院校，融入现代技术。积极与科研院校开展合作，通过科技项目、人才智力、技术指导等方面的合作，为现代农业发展提供科技、人才、信息支持。山东农业大学对彭集街道东史庄村盛德土地股份合作社给予了樱桃种植的选种、育种、田间管理、病虫防治等方面的指导，使栽培的樱桃幼苗成活率近100%，示范园的樱桃种植成活率在90%以上。

2. 引入市场主体，开展多元经营

东平县通过引入市场主体，发展多样化股份合作，因地制宜地促进多元化经营。一是自主自营。一些村庄积极利用股份改革后的土地资源和资产，自主开展规模化经营，发展集体产业和项目。马流泽村由村集体领办股份经济合作社，自主发展草莓采摘园项目，2016年村集体收入20余万元。二是合作经营。通过与工商企业、新型经营主体等合作经营，利用外部资本，发展产业项目，村庄以土地入股、提供服务等方式获得长期收益。接山镇朝阳庄村与普世南山集团合作，利用古村落和3800亩荒山发展高端养殖和乡村旅游产业，使一穷二白的贫困村变成远近闻名的"明星村"。通过合作经营，东平县引进和培育龙头企业、家庭农场、专业合作社等新型经营主体分别达174家、309家、1325家。三是委托经营。一些

村庄在股份改革后,将村集体闲置的土地、厂房、房屋等租赁给企业、公司等,以此获得稳定的租金收入。银山镇后银山村将折股后的 100 亩闲置厂房以合作社名义出租给外来公司,租金为 1000 元/亩,年租赁收益达 10 万元,有效盘活了集体闲置资产。

3. 借力市场机制,发展现代生产

东平县在产权股份改革的基础上,充分借助市场机制,促进集体经济的长效发展。一方面,引入企业化管理机制。以"政经分离"为原则,强化股份合作社的经济职能和独立运行。引导合作社依法成立股东大会、理事会、监事会等法人治理机构,组织之间各有分工、相互配合。另一方面,实施专业化经营机制。鼓励和支持有条件的股份合作社成立企业或者公司,通过公司化运行发展集体经济。彭集街道安村在土地股份制改革后,以村集体的名义成立了安大农牧有限公司,公司对农户生产的粉皮产品进行统一管理、统一包装和统一销售,产品附加值提高 30% 以上,农户一年收入可以达 30 多万元,村集体从粉皮加工中收取管理费,一年收入可达 200 多万元,不仅实现了农民增收致富,而且提升了集体经济收入。

(二)社会参与,引入慈善超市,创新协同推进方法

为避免以往脱贫攻坚工作中政府和干部"唱独角戏"的弊端,东平县创新性地搭建"慈善超市"平台,并以此为载体,充分调动政府、企业和社会各方面参与,通过协同推进,形成脱贫攻坚合力。

1. 依靠社会力量,创建慈善超市

东平县以政府为引导,联合山东儒原实业公司,由公司捐献 2000 万元冠名基金,同时捐出 2000 平方米库房,组建慈善超市,并借助企业的销售网络、物流渠道和运营管理优势,直接服务于贫困群众。在此基础上,慈善超市设立爱心专柜,鼓励企业、公司加盟,捐资捐物。截至 2017 年 5 月,爱心专柜共引进 6 个企业,总计物资 2.3 万件。此外,拓宽社会捐赠渠道,利用"慈善月"等活动,吸纳社会爱心人士等各方面的捐助。据统计,截至 2017 年 5 月,慈善超市共接收社会捐款 408.6 万元,定向捐物 1.5 万余人次。

2. 提供精准服务,实现供需对接

慈善超市充分发挥款物募集、困难群众救助等功能,为贫困人口提供

零距离服务。慈善超市向扶贫包保人员实名制发放"专用卡",包保人员对照"贫困对象所需生活物品清单",持卡到超市低价购买相关物品,再向帮扶贫困家庭发放。为实现精准扶贫,包保人员主动深入群众,到贫困户家中进行"一对一、面对面"交流,详细了解其意愿和需求。截至 2017 年 5 月,东平县共发放慈善扶贫超市专用卡 2258 张,涉及 6774 户贫困户。

3. 实施规范管理,促进持续运行

慈善超市采取公司化运行机制,促进规范化管理。通过建立信息网络平台,将贫困户及其所需物品、持卡人及其领取物品、对接发放等信息全部录入系统,进行一条龙管理。同时,制定规范化工作制度,坚持阳光操作,及时公布捐赠款物接收、使用情况和去向,并自觉接受媒体和社会公众监督。此外,发挥政府作用,设立回访监督机制,东平县纪委、督查局、民政局定期派人对贫困户进行抽查式走访,以了解脱贫物资的落实情况。

(三)技术助推,开辟电商渠道,创新网络驱动方法

为适应网络化、信息化发展的大趋势,东平县积极发展电商项目,充分发挥电子商务"全天候、全方位、零距离"的优势,克服了交通区位瓶颈制约,使传统农区的农民对接了大市场,推动互联网创新与脱贫工作深度融合,真正带动农民增收致富。

1. 网络下通,构建服务平台

东平县建立县、乡、村三级电商服务平台,在县电商产业园建设电商扶贫服务平台,各乡镇设立电商扶贫服务中心,各村设立电商扶贫服务工作站。截至 2016 年年底,东平县以"买卖惠""卖货郎"为主的村级服务站有 1000 多家,直接提供就业岗位 2000 个。此外,吸引淘宝、京东等电商平台在当地建设产地直供、直发等电商基地,构建电商扶贫产业链,拓宽农民致富渠道。东平县电商产业园负责人屈克志表示,"建设电商基地后,带动了种植、养殖、加工等产业发展,让农民参与每一个环节,从而达到脱贫致富的目的"。

2. 培训先行,培育电商"新农人"

根据不同群体的特点与需求,积极开展"电商扶贫培训进乡村"活动,进行分阶段、分类别的培训。同时,聘请阿里研究院、淘宝大学的讲

师免费讲授电商知识和实际操作，指导其选渠道、选产品、开网店，促进农民向"新农人"转变。此类培训共举办了12期，受培训贫困户达1000人次。除现场培训外，东平县还牵头专业公司建立微信群，负责对参训人员后续创业遇到的问题进行线上解答，确保农民电商发展少走弯路。截至2017年6月，网上咨询平台共接待咨询人数近300人，咨询个案约700例。

3. 因村制宜，发展电商产业

东平县成立农产品电商运营中心，鼓励各村根据实际情况发展电商产业，引导农村合作组织、农副产品经销业者等建立营销网站，同时，筛选策划了60多种特色农产品、传统手工艺品和旅游产品上线淘宝、京东等电商平台，促进线上线下一体发展，将丰富的农产品转化为农民可支配的财产性收入。彭集街道后亭村发挥集体优势，通过发展电子商务，对特色农产品进行统一销售。后亭村已培训电商人才500余名，成功开设淘宝店铺131家。2016年后亭村被阿里巴巴集团认定为"中国淘宝村"。

（四）乡土支持，建立互助协会，创新内生内动方法

为破解以往扶贫工作中"政府干、农民看"和"等靠要"的问题，东平县充分发挥农民的主体作用，探索建立扶贫互助协会，通过农民互助和抱团发展，不仅解决了资金短缺问题，而且拓展了农民发展机会和条件，有力提升了脱贫致富的内在动力。

1. 自愿抱团，成立互助协会

以财政扶贫资金为基础，以村民自愿缴纳一定比例的入会资金为依托，成立扶贫互助协会。政府将分散到户的扶贫资金加以整合，为互助协会注入"第一桶金"，农户按照"入会自愿、退会自由"的原则，自愿缴纳200～1000元不等的入会股金，贫困户可以免交股金，免费入会享受资金帮扶。东平县已有35个村、8922个农户入会，吸纳互助资金总额1148.86万元，其中财政扶贫资金1013.83万元，村民自筹资金135.03万元。

2. 简易快捷，便于资金扶困

扶贫互助协会以村为单位设立，方便资金困难的会员就近申请，会员申请资金帮扶，只需缴纳少量的资金占用费，利率很低。在资金投放上，

互助协会制定了"小额度、短周期、生产性"的原则，将借款额度控制在5000~10000元，借款期限6个月以内，并通过民主审批、投放公示等程序确保互助资金用于生产经营性项目，有效解决了贫困群众生产资金短缺的难题。在互助协会运作期间，会员借款用于种植业的资金达2156万元，占资金使用总额的60%；养殖业资金867万元，约占资金使用总额的24%。通过协会资金的使用和发展，借款户户均增加收入3600元，取得了良好扶贫效益。

3. 延伸服务，助力长效脱贫

互助协会不仅解决了农民的"燃眉之急"，而且将救急解困和后期指导、产业发展相结合，促进贫困农户长效脱贫。一方面，强化后期管理，协会通过充分的沟通和走访，在了解贫困户实际情况的基础上，对其资金的使用提供可行的指导意见。梯门镇尚元村村民薛吉正，夫妻两人60多岁，无生产劳动能力。在协会帮助下，借款5000元购买了豆腐机，制作豆腐在村内销售，每天收入六七十元，极大地缓解了生活困难。另一方面，加强技术培训和指导，协助村民寻找适合自身发展的脱贫致富项目。梯门镇西瓦庄村民万永军，2012年向协会借款5000元，发展养猪业。在技术人员的指导下，摸索积累了养猪经验，2014年养殖规模扩大到年出栏2000头生猪的水平，万永军走上了致富之路。

四 产权衔接，优化精准精细机制，破解"途径不畅"难题，提升脱贫攻坚效力

"扶贫开发贵在精准，重在精准，成败之举在于精准。"为此，东平县以精准为靶向，以长效为目标，将产权改革与精准脱贫有机衔接，优化精准精细机制，通过精准识别农户需求，在手段、程序、内容上精准发力，由此提升脱贫攻坚效力。

（一）精准施策，构建需求导向机制，畅通政策落地途径

为避免"大水漫灌"式和大包大揽的工作弊端，东平县坚持以需求为导向，通过精准精细开展建档立卡工作，在精准识别上摸实情，真正解决好"扶持谁"的问题；通过定期走访、入户调查等形式，真正了解农民需求，为政策的精准落地打好基础。

1. 精准识别，明确"扶持谁"

一是精准核实贫困人口。东平以县为单位，分级负责，严格遵循"农户申请、入户调查、民主评议、公告公示"程序，逐村、逐户、逐人、逐项对贫困对象的信息数据进行调查与核实，共确定建档立卡贫困户16032户、39629人。二是建立大数据，实施精细管理。以建档立卡信息为基础，创建扶贫信息数据库，涵盖基础信息、帮扶措施等内容，构建"户有册、村有簿、镇有档、县有网"的精准扶贫信息综合平台。三是动态调整，健全退出机制。对贫困村和建档立卡贫困户实行动态管理，对扶贫对象进行全方位、全过程监测，脱贫及时退出，返贫及时纳入。严格把握退出标准和评议评估、公示公告等退出程序，确保符合脱贫标准的贫困村、贫困户有序退出，新增贫困户、返贫户及时纳入。2016年东平县精准退出贫困村52个，占全县贫困村数量的46.4%，脱贫8373户、21296人。

2. 对接需求，促进精准落实

为保证脱贫攻坚精准落实，东平县以农民的需求为导向，通过定期走访、意向调查等形式了解农民的真实意愿和需求。在精准脱贫工作中，充分发挥"第一书记"和包保干部的作用，定期对贫困户进行走访交流，切实掌握贫困户的需求，做到脱贫工作有的放矢。在移民搬迁过程中，通过定向入户方式，变"上访"为"下访"，对移民住房面积、户型、套数、就业需求等进行意向性调查，并按户建档立卡，在此基础上签订搬迁协议，由此充分尊重了移民的意愿和需求，使得移民搬迁协议签订率达96%以上，实现了移民拆迁安置工作的零上访。

(二) 精确分类，创新两区共建机制，畅通产业脱贫途径

习近平总书记强调，发展产业是实现脱贫的根本之策。要因地制宜，把培育产业作为推动脱贫攻坚的根本出路。东平县立足实际，将产业扶贫作为脱贫攻坚的主渠道，根据不同区域、不同村庄的特点，因地制宜地发展产业项目。在移民搬迁工作中，突出"两区共建"，推进移民社区和产业园区同步建设，发展多元产业，以产业带就业，以就业促脱贫。

1. 因地制宜，形成不同产业路子

东平县根据区域内贫困户致贫原因、贫困程度，区分脱贫的难易程度，形成了两种不同的产业发展路径。一方面，对涉及移民搬迁的乡镇，

按照"两区共建"模式，在建设移民社区的同时，同步规划配套产业园区，实现安居乐业的目标。东平县在11个移民社区周边规划了30个产业园区，已有21个项目落地建设，有效带动1.2万余名库区贫困移民就业创收。另一方面，对不涉及移民搬迁的乡镇，在每个乡镇建设一个特色园区，发展特色种养、乡村旅游、电子商务、光伏发电等特色产业项目。

2. 因村施策，采取不同产业模式

根据不同村庄的资源禀赋、经济基础、地理区位等条件，考虑插花贫困村与重点贫困村的区别，东平县因村施策，采取不同的方式发展产业项目。一是车间式扶贫产业。在每个省市级贫困村建立一个扶贫就业点，形成"一村一品、一乡一业"扶贫格局。现已重点建设扶贫就业点48个，带动9482名贫困群众增收。二是农场式扶贫产业。依托公司和企业，推广家庭农场、集体农场、致富农场，分别通过"公司+贫困户""公司+集体+贫困户""公司+新型经营主体+贫困户"的方式，促进贫困农户脱贫。接山镇依托汉世伟集团，达到"人均养殖十头猪、彻底告别贫困户，村村一个养猪圈、集体收入过十万"的效果。三是乡村旅游扶贫产业。对于旅游资源丰富的村庄，引导发展乡村旅游，通过一二三产业融合，发展产业脱贫项目。东平县现已规划建设了36个乡村旅游示范点，打造了5个国家级乡村旅游试点村，发展星级农家乐、渔家乐160家，带动2283户、5385名贫困户脱贫。

3. 因需而异，发展不同类型产业

"产业对口，发展能持久。"东平县根据农民的不同需求，引进和发展不同类型的产业。其一，依就业需求，引进劳动密集型产业。为满足搬迁移民的就业需求，积极引进服装、纺织、玩具、农产品加工等劳动密集型产业，实现家门口就业。州城街道湖韵苑社区总投资1520万元，建设了5个车间的服装加工园，安置沿湖七村800多人就业，妇女既可照顾孩子，又可实现增收。其二，依创业需求，发展电商产业。老湖镇凤凰社区开网店的农户达120余家，主要从事东平湖湖产品的网上经营，现已有40~50个店铺长期经营且有固定客户，户年均增收2万余元。

(三) 精细培育，健全长效培训机制，畅通技能脱贫途径

贫困群众是扶贫攻坚的对象，更是脱贫致富的主体。为激发贫困农户

的脱贫内动力，从源头上治贫，东平县坚持扶贫与扶智相结合，通过健全长效培训机制，不断提升贫困人口技能，增强脱贫的"造血"能力。

1. 政府牵引，开展多样化培训

政府积极转变服务理念，根据农民的需求和产业园区的发展需要，开展多样化的培训。一方面，整合人社、商务、教育、农业、科技等资源，设立培训"流动课堂"，共开展电子商务、乡村旅游、种养加农业技术等培训120多次，培训6546人次。另一方面，开展免费劳务输出培训，签订劳务输出合同，提升务工贫困群众的就业能力。截至2016年年底，劳务输出培训5328人次，实现"一人就业，全家脱贫"。此外，依托东平湖移民培训中心挂牌山东省水利移民教育培训基地的资源优势，先后举办库区移民生产技能培训班600次，培训移民群众7.5万人次，实现移民转移就业5万多人，带动移民创业1700多户。

2. 企业对接，实行前置性培训

东平县通过引入公司、企业等市场主体，发挥市场主体的作用，开展多样化的就业和技能培训。山沙公司通过提供技术、技能指导，带动贫困户创设制衣加工点，经理房华表示："2016年我们通过给技术、提技能，带动了26户贫困户脱贫。"鸿泰公司还将车间"外延"至行动不便的贫困户家里，公司上门培训编织技术，并提供编织原料，此外，针对移民搬迁社区，在产业园区建设的同时，积极引进企业，并对移民进行生产培训，实现了生产和培训的无缝对接。州城街道湖韵苑社区已有260人提前接受了社区服装加工老厂的培训。

3. 农民点餐，创新订单式培训

根据岗位及移民技能需求，就培训内容、培训方式等征求农民的意见建议，请农民自主"点餐"，再"量身定做"培训方案，有针对性地进行技能培训。泰禾食用菌公司组织县内外专家，对1345名贫困群众开展食用菌栽培技术培训，培育发展了21个食用菌扶贫专业村。通过技能培训，不仅提升了农民的就业能力，而且有力促进了收入的增加。据统计，东平县涉及一、二期移民避险解困工程的村庄的人均纯收入，由2014年的2867元提高到2016年的5676元。

五 全链升级，营造共建共享机制，破解"效益不显"难题，释放脱贫攻坚红利

东平县以产权改革为起点，将产权改革、产权发展与脱贫攻坚工作有机结合，让农民充分享受产权发展带来的收益，实现了农民的脱贫致富。在产权改革的基础上，促进移民社区建设，完善农村养老服务，促进农村乡风文明和社会建设，让农民充分享受到改革发展带来的红利。

（一）开创产权脱贫新思路，农民共享股权化收益

东平县以产权改革促进股份合作，发展现代生产，农民以土地入股、股份入社等方式参与到股份改革和现代生产过程中，使得农民的承包权、经营权、收益权等权益得到延伸和扩展，农民以此享受持续性的红利，有效促进了农民脱贫致富。

1. 农民土地入股，享受多重收益

以产权股份改革为抓手，农民以土地入股合作社、企业、公司等新型经营主体，实现了"土地租金+务工收入+合作分红"三级收入，农民既可获得保底租金收入，又可享受股份分红，同时可以参加合作生产，获得工资性收入，这有效拓展了农民增收渠道，使农民获得了多重收益。据统计，原来农户土地流转一般每亩300~500元，入股后每亩保底在700~1000元，土地经营权的收益翻倍。在分红收益上，老湖镇周林村的农户以土地入股瑞青公司，每年享受保底收入和分红，2016年平均每户分红500元，63名贫困户实现了脱贫。

2. 集体资产入股，享受村庄福利

东平县通过集体产权股份改革，盘活集体资源和资产，以集体资源和资产入股的形式，联合企业、公司和新型经营主体，发展现代生产，促进集体经济发展。彭集街道赵楼村由村集体领办成立股份合作社，利用村北小学旧址建设高标准厂房，租给当地的纸业制品公司，每年可获得15万元的租金。在壮大集体经济收入的基础上，村庄以"集体福利"的形式为村民提供服务，在效益分配上，保证老年人、困难群众的村级福利和村民的社会保障等公共服务支出，最大限度保障村民利益。

3. 扶贫资金入股，农民持续受益

通过扶贫资金捆绑发力，对资金集合产生的利益按比例分红，保证股金红利发放入户，使得贫困农户持续受益。接山镇夏谢五村经过产权改革，将两年160万元省专项扶贫资金以股金的形式投入生态养鸡场，折股量化给219户贫困农户，按贫困人口数量平均分红。2016年，贫困人口人均分红600多元，2017年预计分红达1000元，预计2018年可以实现全部脱贫。

4. 打造社区产权，拓展移民权益

东平县在推进移民搬迁的过程中，将集体产权改革与社区建设相配套，充分保障移民产权权益。一方面，成立社区股份经济合作社。在新社区成立之后，将社区集体资产量化，组建社区股份经济合作社，社区内的所有居民都享有社区经济合作社股权。另一方面，保留村级股份经济合作社。对于搬迁之前的村庄，拥有集体资产的，先期进行清产核资、股权量化，进入社区之后，在一定时期内仍保留原有的集体资产股份权益。

（二）打造移民搬迁新社区，农民共享社区化发展

为从根本上解决库区移民的生存和发展问题，东平县以高标准的社区建设为着力点，通过整合移民资金、顺应移民需求、保障移民利益，建设移民新社区，以此解决移民"居无定所"的难题。

1. 高位统筹，建设移民新社区

东平县以"布局合理、结构实用、功能配套、环境优雅"为准则，高标准、高质量建设移民家园。根据移民家庭收入状况和不同年龄段需求，设计52平方米、75平方米、115平方米三种户型，以此满足移民多样化的需求。在此基础上，同步配套完备的水、电、路、气等基础设施以及学校、卫生室、养老服务中心等公共设施，为移民提供高水平的居住环境。移民群众的人均居住面积由原来的不足10平方米提高到现在的40平方米。新社区防御洪涝和地质灾害的能力极大提高，移民彻底摆脱了长期以来面临的洪涝灾害和地质灾害的威胁。

2. 精细辅导，移民适应新生活

为了让移民不仅"住得下"，而且"住得好"，东平县通过开展精细化的新生活辅导，逐步改变移民的生活习惯、生活方式，让移民适应社区新

生活。其一，政府干部前期介入。为了"不让移民带着问题上楼"，政府组织新生活辅导员提前进社区，以衡量自家的标准替村民验收新房，一旦发现问题立即上报，由指挥部安排专业人员整改。其二，物业公司专业辅导。通过引进专业物业公司以及燃气公司等相关单位，借助专业人员，免费对村民进行天然气、用电知识等培训。其三，社区移民自我辅导。引导居民根据自己的意愿，选举自己楼栋的楼长，形成了以居民辅导居民的模式。湖韵苑社区居民刘新明表示，自己越来越习惯社区的生活方式，"之前看成是一种负担，现在则是享受"。

3. 服务配套，移民享受新生活

"移民进社区，服务要跟上。"一方面，搭建综合服务单元。东平县在社区层面，以社区事务管理委员会统筹社区公益事业服务站、红白事服务站、农民就业服务站、志愿者服务站等10个服务站，为社区移民提供服务。另一方面，引入物业管理，构建专业服务单元。为了让居民生活提质，引进专业的物业公司，以系统管理和专业服务，为居民打造舒适社区生活。同时为减轻居民负担，社区以租金分红等形式交物业费。湖韵苑社区将服装加工等两个企业每年给的60万元的集体土地和厂房设备租金，用于社区物业服务，减少居民开支。

4. 升级治理，移民共享新发展

一是形成自治体系。在社区层面成立社区事务管理委员会，形成社区居民自治；将原来的行政村变成自治单元，形成片区居民自治；根据楼栋分布，形成楼栋居民自治，由此，建立了"社区—片区—楼栋"三级自治体系。二是构建自治规则。州城街道湖韵苑社区以8户为一个楼栋单元，居民自主推选楼栋长，负责定期收集和及时解决居民反映的问题，建立了长效自治机制。三是拓展行政单元。东平县在移民社区成立"三委"，即社区总支委员会、社区事务管理委员会和社区事务监督委员会，将行政与自治进行有效剥离，为移民转变为居民后能更好地进行自治提供了更多空间。

(三) 采取幸福养老新举措，农民共享均等化服务

东平县通过产权改革，有力促进了集体经济发展和农民增收致富。在此基础上，东平县同步进行社会建设，围绕农村如何养老这一普遍性难

题，开拓出了"村居养老、互助养老、幸福养老"的养老新路子，让农民享受到优质的养老服务。

1. 政村互动，建设幸福院

东平县根据县乡财力和村集体经济的现状，立足实际，分类推进，形成嫁接型、改建型、新建型、公寓型等不同类型的建设模式。在资金投入上，政府设立引导资金，按照建设规模给予专项补贴，经济条件较好的村采取独资建设、集体补贴的形式；经济条件较差的村将危房改造、扶贫、移民等项目资金打捆使用，有效破解建设中的资金、场所难题，实现了"富村穷村都能建"。截至2017年6月，东平县共建设农村幸福院298处，农村幸福院覆盖率达42%，解决了1万余名农村独居、空巢、高龄老人的养老难题。

2. 互助养老，提升幸福感

在服务的供给上，一方面，幸福院为老人提供日间照料、餐饮服务、健身活动等基本服务，满足老年人的日常需要。另一方面，幸福院以自我服务、互助服务为主，充分发挥老年人的作用和积极性。年轻的照顾年老的，会做饭的当厨师，腿脚好的当保洁员，识字多的给大家念报纸，彼此合作共事，互相帮助，既解除了无人照顾之忧，老人亦能在互助中找到存在感与归属感。大羊镇后魏雪村负责为全院老人做饭的吴大娘说："看着大家开心，感觉到我们还有用，我们很愿意做。"

3. 社会参与，实现可持续

为促进幸福院的可持续发展，东平县积极发挥政府、社会、家庭等各方面的作用。一方面，吸纳社会资本助财力。在幸福院建设和维护过程中，积极吸纳乡贤能人、社会热心人士的慈善捐款，同时动员村民自愿捐资、投工投劳。东平街道顾村创业大户张营为了回报家乡，投资38万元建起占地10亩的互助幸福院。另一方面，吸纳社会力量助服务。在幸福院的后期管理和服务中，鼓励村中的留守村民以及入住老人的子女等轮流到幸福院帮工，并给予适当的奖励，充分调动了村庄的内部资源和力量，同时唤起了村民的敬老爱老意识和责任意识。

（四）深化移风易俗新风尚，农民共享现代化文明

东平县坚持经济建设与文化建设"两手抓"，坚持物质文明与精神文

明"齐步走",在以产权改革促进经济发展的同时,以"移风易俗"为抓手,通过搭建平台、创规立制、多元激励,促进移风易俗真正"进村入户",让文明乡风外化于行、内化于心,破解了长期以来农村存在的"宴席铺张浪费、办事互相攀比、人情愈演愈烈"的难题。

1. 搭平台送服务,促文明风气落地

为促进移风易俗活动有效落地,东平县创新性地在村级层面建立了红白理事会、治丧委员会、监督委员会"三位一体"的服务平台,同时积极利用村民小组长、宗亲代表等乡土权威的力量,劝导农民节俭办事。截至2017年6月,全县716个村(居)均成立红白理事会,实现了全覆盖。2016年以来,各村红白理事会主办丧事5600多起,主办率达99%,累计节约资金2000余万元。此外,积极开展"文明一条街"建设,通过编撰移风易俗七字歌、制定村规民约等,向农民宣传文明新风。老湖镇、州城街道利用移民社区建设的机会,统一为新社区制作移风易俗瓷砖宣传栏118套,彭集街道利用旧村改造、村庄规划等机遇为20个村庄统一制作移风易俗瓷砖宣传栏。

2. 定规则重示范,促文明乡风践行

在移风易俗推行过程中,东平县通过规则引导、宣传倡导、示范引领,为营造文明乡风培育"沃土"。其一,引导村庄通过民主讨论、民主决议的方式,让群众共商共议新规细则,让规则成为村民的共识。彭集街道大高庄村召集全村602户家庭开展了3次新风讨论活动,让村民针对婚丧标准、礼仪礼节等问题各抒己见。其二,抓住"关键的少数",充分发挥村干部和党员的带头示范作用,通过示范引领,激励农民遵规、守规。接山镇姜庄村村支部书记姜兴合在堂哥去世后,坚持按照"一碗菜、不发烟"等规定办理,成为村中丧事简办的第一人。

3. 构建多维激励,促文明乡风践行

为促进移风易俗的长效运行,东平县通过强化激励机制,为新规新风设立助推体系。一是物质激励促主动。各村以小额现金奖励为守规村民"点赞",提升村民参与积极性。如接山镇姜庄村规定,按规火化并葬入集体公墓的逝者家庭都将免费获得价值200元的骨灰盒一个。二是精神激励促积极。将守规遵规纳入村庄"十星级文明户""好媳妇好婆婆"等群众精神文明评选活动的考核标准，提升了村民守规遵规的积极性。三是适度惩罚防违规。对于违反规定、大操大办的农户，取消其享受红白理事会服务的资格，同时，村委会通过广播、张贴告示栏等方式通报批评，并规劝其遵守新规。

六 产权攻坚，提质增效，让农民有更多"获得感"

面对移民搬迁脱贫和农民脱贫致富这两大难题，东平县立足县域实际，以产权改革为着力点，探索脱贫攻坚的长效机制。通过产权改革，巩固和提升搬迁移民脱贫成效，促进移民长效脱贫；通过产权改革，激活股份合作，促进共享发展，实现农民脱贫致富。这为其他地区开展改革攻坚工作提供了思路，具有重要的借鉴意义和价值。

（一）产权改革是走好脱贫攻坚"最先一公里"的突破口

习近平总书记强调，要处理好改革"最先一公里"的问题，突破"中梗阻"，防止不作为，把改革方案的含金量充分展示出来。在当前决胜阶段的大背景下，我国农业地区，尤其是欠发达农业区域，面临着一系列问题需要攻克，因此必须要找准破解系列难题的关键"钥匙"，走好攻坚克难的"最先一公里"。东平县立足农业大县和移民大县的实际，抓住土地这一核心要素，以产权改革为突破口，通过土地股份改革和集体产权股份改革，盘活内在资源和资产，为改革攻坚注入内在动力；在此基础上，将产权改革贯穿综合改革的全过程，通过股份合作、股份投入、股份惠民，有效促进了农民增收、集体发展和贫困户脱贫，破解了当前农业地区发展过程中的系列难题。东平的探索实践证明，产权改革是破解农业地区攻坚难题的有效突破口，通过产权改革的"一子落"，激发脱贫攻坚棋局的"全盘活"。

（二）产权改革是形成脱贫攻坚长效机制的坚实动力

当前，我国脱贫攻坚已进入啃硬骨头、攻坚拔寨的冲刺阶段，必须要构建稳定持续的长效机制，以此巩固脱贫攻坚成效。对此，东平县立足移民大县的实际，以产权为着力点，将产权改革与移民搬迁脱贫有机结合，通过移民资金产权化、财产化，创新股份投入机制，将资金集中用于社区建设，让移民享受到最大收益；将产权改革与"两区共建"相衔接，促进产业发展与移民就业，避免了以往移民搬迁"一搬了之"的弊端，实现了移民长效脱贫。与此同时，通过产权发展，激活股份合作机制，农民以土地入股融入市场化、现代化的生产中，在产业发展的带动下，分配土地股份收益，形成可持续的"造血"机制，有力促进了农民增收致富。由此可见，产权发展是构筑脱贫攻坚长效机制的坚实动力，依托产权发展，形成了长效的股份投入、股份合作与股份收益机制，从而使农民能够持续受益。

（三）产权改革是促进脱贫攻坚精准发力的关键环节

习近平总书记指出，要以"钉钉子"精神抓好改革落实，扭住关键、精准发力。当前，农村改革已进入攻坚期，以往"大水漫灌"式或"撒胡椒面"式的改革方式势必难以破解当下的难题。对此，东平县在改革攻坚中聚焦精准发力，通过与产权改革相衔接，创新股份投入机制，促进扶持资金精准落地；通过构建需求导向机制，适应民众需求，促进项目和产业精准供给；同时，优化攻坚方式与方法，健全长效攻坚机制，从而促进了手段、方法、程序和效益的精准，有效释放了攻坚活力，提升了攻坚效力。可见，产权改革是促进脱贫攻坚精准发力的关键环节，以产权改革为切入点，聚焦攻坚靶向，找准发力点，从而不断激发脱贫内动力。

（四）产权改革是提升农民脱贫攻坚获得感的源泉

党的十九大报告指出，"深入开展脱贫攻坚，保证全体人民在共建共享发展中有更多获得感"。在当前决胜阶段的大背景下，农村改革攻坚的最终目标是让农民获得实实在在的收益，充分享受改革发展带来的红利。为此，东平县在脱贫攻坚过程中，以产权改革为基点，以提升农民权益为目标，通过产权改革，赋予农民财产权利，让农民从土地中获得更多收益；通过脱贫攻坚，将土地入股、产业发展与精准扶贫挂钩，以长效机制促进贫困群体脱贫致富；通过移民社区建设，让移民住进新社区、从事新生产、享受新生活，从根本上解决移民生存和发展问题。在此基础上，同步促进产权发展、经济建设与社会建设，通过开展幸福养老和移风易俗，让农民共享改革发展成果，有了更多获得感。

产改"攒家当":"荒山"何以变"金山"？

——基于山东省东平县农村集体产权改革的调研

2017年中央一号文件指出要"从实际出发探索发展集体经济有效途径，鼓励地方开展资源变资产、资金变股金、农民变股东等改革"。然而，我国许多农村地区始终面临着"资源闲置缺利用、人才外流缺动力、机制不活难发展等问题"，导致集体经济弱化、虚化、空化。为此，东平县以农村产权改革为契机，探索出一条以"攒家当"为着力点发展集体经济的有效路径。所谓"攒家当"，是指以本土优势资源为杠杆，撬动其他资源，并以项目为依托，变资源为资产、变资产为资金，以"点滴汇流"发展壮大集体经济。具体而言，就是以"四荒地"股份量化为突破口，盘活集体资源；以引育人才为关键，带动产业发展；以健全机制为根本，促进循环可持续，真正实现"化少为多、聚沙成塔"。东平县"攒家当"的创新实践为全国其他欠发达地区发展集体经济提供了有益样本。

一 产改"点金"，促四荒地变聚宝盆

为深入推进农村集体产权股份改革，促进集体增收，东平县在有效整合"四荒地"资源的基础上，对其充分利用，同时通过网纳人才，明确规

制，使集体资产"发酵"。

（一）撬动四荒，助集体资源"泛活"

在农村集体产权改革进程中，东平县以四荒土地为突破口，通过"清、改、用、租"等形式盘活集体资源。一是清四荒，集聚化利用。如后口头村通过清理三资，共拆除违规搭建房屋186间，收回集体机动地81亩、荒滩200亩、村道与河滩两侧大面积边角地。二是改四荒，股份化合作。东平县依托集体经济股份合作社，将清理出的四荒土地全部折股量化，所折股份由合作社统一管理，集体和股民则按土地年收入的30%和70%进行分成。三是用四荒，规模化经营。在对四荒地股份量化的基础上，东平县充分利用四荒资源，将土地承包给农业大户，开展规模种植。如后围村将310亩四荒地承包给了2位种植大户。四是租四荒，市场化发展。东平县改革试验村，利用自身四荒地资源优势，招商引资，面向企业承包"四荒"地。接山镇朝阳庄村将本村3000亩荒山地租赁给南山集团发展养殖业、旅游业。

（二）积攒人才，保集体资产"增值"

鉴于改革的切实需要，东平县主动汇聚各类人才，让"能工巧匠"充分发挥一己之长。一是以政策，吸引贤能。东平县政府通过财政扶持资金和个人激励措施，呼吁能人回乡，八里湾村在外经营企业的张廷华响应政府"能人回乡"号召，回乡当选支部书记。在张廷华的带领下，2016年八里湾村集体增收205万元。二是借培训，授民以渔。为解决基层人才匮乏问题，东平县设立"流动课堂"，对农民进行"菜单式"就业培训。全县关于电商、乡村旅游、种植技能等内容的培训已进行120余场次，参与人数达6546名，增强了集体增收的内源动力。三是重培植，育人接续。东平县采取"选、育、用、管"机制，选拔干部，以解决村两委领导人才不足问题，力保集体"家业"持续稳增。后银山村王书记说："火车跑得快，全靠车头带，我现在下劲培养村领导班子，差不多有5人，都是搞经济的好手。"

（三）畅通机制，让集体增收"持续"

为保证集体经济发展可持续，东平县各村集体经济组织不断完善管理和运作机制。一是对接市场，信息"活源拓路"。东平县紧随市场"风向标"，通过产业"手拉手"合作，吻合市场浪潮。如彭集街道充分发挥东平电商产业园的作用，鼓励各村利用电子商务平台充分把握市场动态，拓宽市场信息渠道。二是防控风险，经营"激流稳航"。东平县在产业经营上采取"不把鸡蛋放在一个篮子里"的做法，分散经营风险。如南堂子村除了集体经营之外，还采取大户承包经营、企业托管经营等各类经营模式，保证集体资产经营平稳运行。三是透明监督，发展"配好准绳"。东平县大力推进"政经分离"，并在集体股份经济合作社内部成立监事会，从组织架构上确保监督有效。同时，实行账务"透明化"，定期公示财务账单。其中，后银山村集体股份经济合作社采取一月一公示，进而扫除股民心中"雾霭"。

二 产改"蓄金"，使空壳村变繁荣港

东平县通过发展集体股份经济合作社，帮助一些"空壳村""负债村"脱掉了"贫困帽"，实现了华丽"转身"。

（一）聚沙成塔，壮大了集体经济

东平县经过集体产权制度改革，初步完成了集体经济增收壮大，促进了村集体发展。一方面，集体经济"破土生根"。安村在产权改革前是个典型的"负债村"，通过"村社联姻"发展产业项目，每年可实现年收入400万元以上。村书记孙庆元说："我们村以前是典型的负债村，但是经过集体产权制度改革，我们村成了远近闻名的富裕村。"另一方面，集体经济"化苗成林"。东平县通过建立股份经济合作社实现了转化薄弱村的发展目标。例如彭集街道17个"空壳"村庄成立合作社并开始规范运营，均见到效益，村集体平均增收180万元，村经济实力呈现"阶梯式"增长趋势。

（二）举一反三，激活了村庄发展

东平县通过吸引企业、融合外资、升级产业，催化了村庄发展的活性。一是企业投资得以加大。东平县为企业提供土地租赁优惠政策，促进企业加大投资。如沙河站镇泰安山沙服饰有限公司在一期项目基础上追投5000万元，实施二期扩规项目，新增就业岗位200个，用工需求辐射周边40多个行政村，实现了集体效益的"大丰收"。二是产业升级得以加速。

东平县积极优化产业结构，实现了从第一、二产业向第三产业的转型升级。如后银山村曾经主要依靠种植业、建筑原材料生产业到如今大力发展地产业、电商服务业、休闲旅游业为集体创收。三是对外融合得以加深。后银山村通过集体股份经济合作社，通过社企联姻，实现由过去的封闭性到现在的开放性，村会计王继伦说："以前村里面挺闭塞的，现在大力对外界外开放。"

（三）拓能增效，带动了治理提档

东平县通过发展集体经营，解决村民就业问题，改善了干群关系，激发了农村基层干部干事创业的激情和活力。一是提高了村民的就业率。为"啃掉"村民难以就业问题这块"硬骨头"，接山镇朝阳庄村规划建设的制帽厂，为本村及周边村提供了就业岗位300多个，提高全村就业率并实现了村集体增收。二是提升对干部的认可度。村干部认真实干，通过带领大家发展集体股份经济组织，鼓实了村民的腰包，获得了村民认可和好评。后银山村王支书说："我很乐意给大家做贡献，带领大家共同致富，大家也都信得过我，村民对我的好评达90%以上。"三是激发了村务参与的积极性。彭集街道安村积极推行"三会"制度，即建立成员大会、理事会和监事会，村民作为股民积极参与，旁听了解、建言纳策。村支书孙庆元说："之前村民基本上没有参加村务会议的，现在分到股份，和自己利益相关，村里面开会村民参与率明显提高。"

三 产改"生金"，激活集体经济有效实现

东平县以集体产权股份改革为契机，通过"攒资源""攒人才""攒机制"，壮大集体资产，为集体经济的发展提供了可供借鉴、可以推广的范本。

（一）整合闲散资源是盘活集体资产的重要环节

整合闲散资源是盘活集体资产、推动集体经济加快发展的"关键一步"。然而长期以来，中国农村"四荒"土地很多处于"无人问管"状态，造成了资源的极大浪费，直接影响了村庄的整体发展。为此，东平县以"四荒"地整合为基点，在此基础上发展产业项目，有效地盘活了集体资产。因此，要想实现"荒山"变"金山"，村庄需要对当地的闲散资源

充分地加以整合和利用。

（二）集体资产股份化是壮大集体经济的有效途径

长期以来，集体资产一直是"一锅粥"的混沌状态，产权不明、归属不清，阻碍了集体经济的发展。东平县借助集体资产折股量化的方式，将村民与集体紧密地联结在一起，实现了"农民变股民""资金变股金"。在此基础上，依托于股份经济合作社带动村庄集体经济发展。实践证明，推动集体资产股份化是发展、壮大集体经济的可行性路径之一。

（三）产业发展是壮大集体经济的关键依托

产业是集体经济壮大的"扶手"。依靠产业"托力"，引进相关项目，是做大、做强集体经济的可靠之路。然而过去，村庄发展主要依靠单一的小农经营，难以产生规模化效应。为此，东平县握牢产业发展的"风向标"，通过在产业之间"牵线搭桥"，形成产业增值的"乘数效应"。因此，以产业发展来突破集体经济"窘迫"的瓶颈，是壮大集体经济的关键支撑。

（四）集体经济可持续发展的核心在于创活机制

创活机制是集体经济可持续发展的核心。但是长期以来，农村地区管理过于僵化，市场衔接不紧，村庄发展呈现"疲软乏力"状态。基于此，东平县实施"引进来"与"走出去"相结合的战略，在体制机制上积极创新，盘活了集体资产，壮大了集体经济，真正走出了一条发展有活力、发展能持续的新路子，为其他地区推动集体经济可持续发展提供了一种有益思路。

股改"活存折":存出农民财产性增收"小金库"

——基于山东省东平县农村集体产权股份改革的调查与思考

党的十九大报告指出,"深化农村集体产权制度改革,保障农民财产权益"。然而,长期以来,由于农村集体产权虚置,农民对于集体资产往往"有名无分、有名无实、有名无益",导致农民虽有"身份权"却无"财产权",财产性增收十分乏力。为此,山东省东平县以农村集体产权股份改革为契机,通过确员定股东、确股定归属,让集体资产"实至名归";通过对接市场、多元经营,让"死股份"变为"活资产";通过风险前置、基金兜底,防范股金贬值,由此使股权成为农民的"活存折",为农民提供持续稳定的财产性收入来源。

一 确股定权,对接市场,激发股份增收潜能

各试点合作社在定员赋权的基础上,以对接市场盘活经营为立足点,通过前置风险规避市场波动,切实保障农民的股份增收权益。

(一)推股改,确成员,下放股东权能

对合作社成员做出合理的身份界定,用章程和法律的形式保障股东各项权利。首先,确员定股东,"村民"变"股民"。通过召开村民代表会确

定原始成员，以户为单位发放股权证，村民变为"股民"有了"身份证"。银山镇后银山村会计王继伦提及股权证说道："股民身份有了标志，享受分红和其他权益有了依据。"其次，确股定归属，股东享产权。股民取得股权后，除了依法享有资产收益权，还对股份拥有社内流转、置换、退出的权利。例如，彭集街道安村划拨周边同等质量土地与退社股民的家庭承包地进行置换，既保证了合作社土地的统一规划，又尊重了农民"退社自由"权。最后，确权赋功能，权利有保障。通过股东会议制定合作社章程，明确股东参与股东代表大会、理事会、监事会所享有的决策、管理、监督权能。马流泽村股东代表任广贵表示："合作社有事我们都来开会，不管是引入产业项目还是与瑞星集体合作，都要经过股东大会通过。"

（二）接市场，活经营，确保存折红利

以多元经营模式促进农民股份保值增值，确保股民"有利可分"。一是控股自营，整合集体资源。合作社将村内的承包地、四荒地纳入管理范围，开展统一规模化经营。比如，彭集街道王庄村由村支部领办成立了土地股份合作社，共整合村内耕地260亩自主种植蔬菜。2016年村集体结余6万余元，集体收入实现了从无到有。二是参股合营，引入资源技术。合作社通过与企业合股经营产业项目，引入资金技术，按股份占比分红。夏谢五村与立华牧业及富华养殖合作成立新公司，合作社与两公司分别持股57%、43%，成功引入195万资金和养殖技术，合营"雪山"牌草鸡养殖。2016年，合作社增收达16万元。三是内股外租，获得稳定租金。以租让承包地、闲置厂房、商业楼盘的方式，合作社取得固定的租金来源。银山镇后银山村将折股后的100亩闲置厂房，以合作社名义出租给外来公司，租金为1000元/亩，年租赁收益达10万元，顺利盘活了集体闲置资产，实现了合作社稳定增收。

（三）存备案，控风险，压缩贬值空间

保障股份持续增收，农民的财产性收入不致亏损，需要完善配套措施规避市场风险。其一，保底预支付，风险先承担。东平县提倡合作社预付保底金让股民"定心"，由合作社及其合作人承担市场风险。如王庄村每年10月1日将第二年800元/亩的保底金支付给股民，"先给钱后种地，社员不担心经营风险，合作社也省事"，理事长李为民说道。其二，风险设基金，损失可防控。各试点村抽取合作社收益的30%作为风险基金，为股份今后的贬值"注射预防针"。例如，银山镇南堂子村股份合作社建立了风险金积累制度，从合作社收益中提取30%的资金作为风险金，股民能够放心。其三，经营多方向，亏盈能互消。合作社利用村庄的各类资源，同时经营多种产业，保证股份"不缩水"。后围村自营的果树三年后方见效益，其间贷款28万元，但由于该村有楼盘租赁和村办企业共100多万元收入兜底，无论果树种植亏盈，股民收益都不受损。

二 股份撬动，资源整合，释放财产增收活力

东平县以农村集体股份制改革为依托，整合村内各类资源，以股份带动农民财产性增收的同时，更以"红利代福利"规范了福利性收入，进而取得农民收入结构优化的效果。

（一）"保鸡生蛋"，获得了双份收益

推进农村集体产权制度改革，有利于拓宽农民财产性收入来源，东平县以股份建立起了农民增收"保底+分红"的"造血系统"。一方面，获得保底收入。保底金保证了农民土地的正常收益，同时打破了农民始终束缚在"一亩三分地"上的传统。在东平县，原来农户之间的土地流转一般每亩为四五百元，入股后每亩保底收益在700~1000元，土地经营权价值实现了翻倍，农民不种地"坐享"土地保底收益。另一方面，赢得分红收益。土地入股成为"活存折"，可根据合作社的盈利情况获得分红收益。如老湖镇周林村瑞青土地股份合作社自2013年成立以来，已实现4次分红，分红金额累积达到每人次1400~1600元，农民的分红收益不断攀升。

（二）股份分类，拓宽了增收来源

东平县通过鼓励资源、资产、资金等不同类型资源入股，实现了股份来源的多样化。一是资源股，收益快速转现。2011年接山镇朝阳庄村将全部山林收归集体，南山集团一次性支付6600万元租下该村3800亩山林及其他1422亩土地69年，林区用于发展畜牧业。该村计划利用3500万元投资，所得利润折股量化，可见资源成功转化成股份的现金收入。二是资产股，股份持续盈利。集体的经营性资产和村办企业等作为资产入股，每逢年底合作社按时发放红利。如西沟流村宝泉土地股份合作社，将分散的

1400亩山岭薄地连片种植樱桃、石榴等优质林果，村集体年均增收53万元，实现入股村民户均增收1200元。三是资金股，收入不断"发酵"。马流泽村依托"龙泽生态园"项目发展乡村旅游，该项目总投资250万元，除投入村庄土地流转获取的84万元，还包括财政部项目扶持资金共计85万元。2016年合作社在精心经营的基础上，集体收益达到23万元。

（三）收益分型，优化了收入结构

东平县通过股份改革壮大了合作社的经济实力，在提高农民经营性收入的同时，还优化了农民的收入结构。其一，经营性收入明显提高。股份制改革前，农民经营一亩土地的收入为600~700元；土地入股后，农民除了获得每亩700~1000元的保底收入，土地股份也带来了200~4400元不等的经营性收益，入股后的土地经营收益实现了连续翻番。其二，福利性收入得以规范。东平县各试点村按照集体与个人"三七开"的比例来配股，部分村庄采取"以红利代福利"的方式，用集体股所得收益按照个人所占份额发放福利，划清了股份收益与福利发放的界限，解除了过去集体发放福利过程中收益分配不均、帮扶对象不准、分配争执多的困境。

三 股改发力，打造财产性增收"活存折"

东平县用股份"保底+分红"的收益模式，破解了农民财产性收入不足的难题。其创新做法对深化农村集体产权改革、确保农民财产性增收具有重要的推广价值。

（一）股份改革是增加农民财产性收入的有效途径

长期以来农民有土地资源而无土地收益，财产类型多而增收渠道少，导致财产性增收不足、财产性收入过低的现状。东平县立足本地实际，着眼现实需求，大胆迈出农村产权改革的最新步伐，将农民的土地转化为股份经济合作社的股金，把集体资产、资金股份量化到个人，并且通过合理界定股民身份进而确保股民的财产收益权利。真正将农民的土地转化为股权，财产变为增收的"活存折"，让农民的财产实现持续、稳定的增收效益。东平县的实践启示我们，股份改革是激活农民财产收入的有效路径。

（二）盘活集体资产是增加农民财产性收入的前提

农业部部长韩长赋指出，大量的集体资产，如果不盘活整合，就难以发挥应有的作用。对此，东平县统筹规划，由县农业局指导村庄安排专门的清产核资小组，清查集体的资产、资金、资源等"家底"，将集体资源"统起来"。在此基础上，集中村庄的优势资源和雄厚资金"办大事"，因村制宜发展产业经济、物业经济、租赁经济以及混合经济等，不断壮大合作社经济实力。同时，在整合资源的过程中落实个人的股权收益，实现了股民分红由无到有、从几百元到上千元的跨越。由此可见，盘活集体资产是实现农民财产性增收的前提条件。

（三）增加财产性收入是农民增收的重要组成部分

总体而言，在农民收入的构成中，财产性收入所占比例非常之小，是农民未来增收的潜力所在。为此，东平县抓住农村集体产权股份改革的契机，通过股份合作与股份经营，激活农村各类生产要素，让农民手上的资源通过入股实现财产化，使"土地变股权，寸土变寸金"成为现实，改变了以往有财产资源而无财产收入的局面，使财产性收益成为农民收入的新增长点。

（四）农民财产性收入持续增加需建立长效机制

"授人以鱼不如授人以渔"，促进农民增收并非一日之功，而需建立长效机制。东平县精准研判，改变过去农民有财产资源而无增收渠道、财产性增收乏力的局面。通过创设多元经营机制，利用控股自营、参股合营、内股外租等方式不断壮大股份合作社实力，促使农民股份保值增值；同时，健全风险防控机制，预设风险基金，防止农民股份"贬值"，以此充分保障农民财产增收长效有力。实践证明，推动农民财产性收入持续增长必须建立长效机制。

股改"牵红线": 村民与集体何以"再携手"?

——基于山东省东平县产权改革背景下村民与集体联结的思考

村民与村集体能否有机联结关系着村庄的整体凝聚力,决定着村庄治理的成效。然而自家庭联产承包责任制实施以来,村民与村集体长期"分灶吃饭",导致二者之间"利益纽带缺失、信任程度降低",最终使得村庄陷入"干部难作为、村民难满意、治理难发力"的窘境。为此,东平县作为农业大县,以集体产权制度改革为突破口,促成了村民与村集体再次"携手"。具体而言,即通过借助集体产权股份量化、鼓励村民自管股权、致力股权经营发展的方式,激活双方信任,扣紧村、民利益,以此实现村民与村集体共享发展成果,为村民与村集体的深度联结找准路径。

一 找准"契合点": 村民与集体"同频共振"

为破除长久以来村民"不信村干部""脱离村集体"等困境,东平县抓住集体产权股份改革这一"关键节点",为村民与集体再度"携手"牵起"红线"。

(一)以股权改革为动能,激活信任,破解"合"的障碍

东平县从村庄集体产权入手,借助股份权能改革率先激活村民信任,

化解"信任危机"。一是让村民知"家产有多少"。各改革村庄均成立由党员代表和村民代表组成的清产核资小组,对集体资产进行清查、量化、核实,东平县辅之以聘请有资质的评估公司予以评估,并将评估结果予以公示,接受全体村民监督。二是邀村民议"股份如何配"。鉴于各村村情不一,将选择权交还村民,邀请村民共商共议、因地制宜配置股权,避免"一刀切""一套案"。后围村主动召开村民会议,邀请村民表达诉求,评议方案。纳入年龄因素,实施"年龄配股法",即18岁以下的为7股,18~38岁的为8股,39~59岁的为9股,60岁以上的为10股。三是请村民享"股权量到人"。东平县实行集体资产股权量化,变过去集体资产"共同所有"为"按份所有",将集体资产的70%配置给有成员身份的每一位村民,让村民尝到"分蛋糕"的甜头。

(二)以股权整合为基点,激发参与,拓宽"合"的空间

在撬动股权改革的基础上,东平县瞄准村民与集体的发展需求,成立集体股份经济合作社,搭建了联结载体。一方面,对接需求,村、民选好"代理人"。基于股权整合涉及自身利益,村民参与管理的意愿相当强烈。但由于合作社内部成员数较多,东平县各村村民通过推选"股东代表",由其代为管理合作社。如后银山村采取"联户推选"的方式选出30名股东代表,对股民负责。另一方面,履行权利,村、民做好"监督员"。为确保股份经济合作社依法依规运作,规定各合作社均需成立相应的监事会,且监事会成员与理事会成员互不交叉。如后银山村股份经济合作社的监事会每月会对合作社账目进行察看,并要求其定期向股民公开公示,实现了"账务阳光"。

(三)以股权经营为抓手,扣紧利益,创活"合"的机制

为强化村民与集体联结程度,东平县依托股权经营系紧利益纽带。第一,自主经营,种好"摇钱树"。东平县部分村庄借助集体股份经济合作社自主探索经营发展之路。如马流泽村以市场为导向,发展草莓采摘园项目,截至2017年3月共盈利20余万元。第二,委托经营,当起"掌柜人"。部分村庄结合本村实际,将股份土地以租赁等形式委托给新型农业经营主体。如王庄村就将260亩土地出租给沙河站种植大户经营,村民每年可获保底租金800元。第三,合作经营,携手"合伙人"。除以上两种

经营方式外,东平县还积极引导"村企联姻"促成合作经营。该县后口头村就与水建公司共同承担大汶河生态河道建设项目,共同经营200多亩河滩地。

(四)以股权增效为根本,共享成果,深化"合"的持续

东平县以"保基本、稳增收"为原则,推动村民与集体的联结深化可持续。首先,保证基本收益,吃下"定心丸"。"口头承诺不如现场兑现。"各改革试验村在将土地流转出去之前,便将股民的保底租金提前支付。如彭集街道马流泽村流转出840亩土地,村民每人每年可获保底收益900元;2016年苇子河村通过流转股份土地,村集体获得4万元保底收益。其次,实行弹性分红,增强获得感。鉴于股份经济合作社发展每年具有动态性,东平县均采取"弹性分红"机制,即根据当年合作社收益情况,按比例分红。如2016年年底,马流泽村每位社员获得900元现金分红和5斤油20斤面的物品分红。再次,设立风险基金,确保可控度。考虑到客观的市场风险,各股份经济合作社在具体运营中专门设立风险金积累制度,提取合作社收益的30%作为风险基金,马流泽村集体股份经济合作社更是将净利润中的50%留作风险基金,确保村民与集体放心经营。最后,扩大公益事业,提升幸福力。东平县各村坚持"发展成果由村民共享"的原则,按比例将股份收益的一部分用于发展村庄公益事业。截至2016年年底,安村用于村民合作医疗、水电费、奖励金等公共福利的支出就达75万余元。

二 理顺"关系线":村民与集体"相得益彰"

东平县在集体产权股份改革中以股权为抓手,再一次理顺了村民与集体的关系,极大地强化了村庄内聚力。

(一)化"分散"为"聚合",主体关系融洽

东平县的股份改革以需求为导向,紧接地气,促进了农民与集体关系和谐。一是聚合了农民意见。东平县各村干部转变工作方法,变"单项输出"为"双向互动"。如后围村为实现富民兴村,紧抓股改契机,向村民收集良策达60多条。二是落实了农民表达。后围村在征集意见基础上直面回应、积极落实。其中,过去最令村民不满的是该村经营性资产长期出租却未见收益。为此,村两委干部借力此次集体资产股份量化的良机收回土地和房屋,根据村庄发展规划重新有效利用。三是促进了农民发展。带动农民就业增收是切实满足农民需求、推动农民发展的直接表现。前埠子村通过发展观光采摘示范园项目带动了村庄附近600余人就业,户均增收8000元。

(二)变"失效"为"高能",联结程度加深

过去村庄的管理是"两条线":干部说干部的,村民做村民的。集体融合性不强,以至于村庄治理常常陷入"失效"状态。在集体产权股份改革中,这一局面得以扭转。第一,村民参与率提高,干部工作难度降低。集体产权股份改革使村民们养成了"关心公共事务"的习惯,将村庄发展看做自身之事,参与热情和参与效率大大提高。彭集街道安村书记表示:"过去开会没人来,现在开会100%都能到。我们的工作也更多地被群众理解。"第二,村民管理力加强,村集体有序性提升。东平县各村村民从本村实际出发,综合考虑人力、资源、区位等因素,自主探索村庄发展和治理之路,有效提升了村民们的管理能力。如后银山村将村庄划为三个片区,每个片区村民推选出一位村民代表,负责管理片区事务,稳定了村庄秩序。第三,村民归属感加强,村集体向心力深化。东平县的集体产权股份改革通过利益联结增强了村民对集体的认同感。马流泽村张书记说道:"通过股权改革的成员认定,村民们都很清楚自己就是村庄的一分子。"

(三)转"务虚"为"实干",治理能力提升

东平县以农村集体产权改革为突破口,激发了干部服务意识,提高了干部服务能力。一是从"不作为"到"愿作为"。彭集街道后围村过去不仅是个穷村,更是一个乱村,村干部对村庄不管不问,放任自流。通过这次股份改革,村民们重新选举出自己的"当家人"。如今的田书记带领村民们积极发展果树种植项目,使得村庄再一次焕发了"生机"。二是从"推责任"到"敢担当"。东平县充分调动干部积极性,鼓励干部敢于担当。小高庄刘传奇书记在上任前,村干部对村民一直未用上自来水的问题避而不谈;上任后,刘传奇先以自有资金垫付,使得村庄自来水得以接通。三是从"弱服务"到"精服务"。东平县在探索股权改革过程中,创新服务村民方式,提高了服务水平。2016年,东平县在整合农业、科技等资源的基础上,为村民开展电子商务、农业技术等针对性培训共计120多

次、6546 人。

三 走实"利益链":村民与集体"休戚与共"

东平县集体产权制度改革在探索股权经营和发展中重塑了村民与集体的关系,使村民与集体从"分"走向了"合",具有重要的启示与价值。

(一) 产权改革是村民与村集体联结的有效杠杆

村民与集体的有机联结是维护村庄和谐稳定、促进村庄持续发展的重要保证。然而长期以来,我国农村地区一直存在集体凝聚力缺失、弱化等问题,导致村庄难以突破发展瓶颈。为此,东平县立足农业大县的资源优势,以集体产权股份改革为杠杆,将集体资产股份量化,并将量化的股权融入产业,实现村民与集体的"双丰收",很大程度上强化了村民与村集体的联结程度。因此,产权改革是推动村民与集体联结的有效路径之一。

(二) 产业发展是村民与村集体联结的重要依托

要使村民与村集体联结有效,就必须找到联结双方的载体与支撑。东平县在改革集体产权的同时,探索出发展壮大集体经济的可行路径,即通过成立股份经济合作社,引进各类发展项目,实现股权的保值增值。值得一提的是,东平县各村在发展产业时,避免"一刀切"和"盲目跟风",而是在充分考察调研的基础上,因村制宜地寻找符合本村实际的产业项目。可见,推动村民与村集体有效联结,绝非一项"口头工程",更需要找到其联结的有效依托。

(三) 共建共享是村民与村集体联结得以实现的关键

长期以来,村民与村集体"分灶分锅",使得双方养成了"单兵作战"的习惯。为破解这一困境,东平县积极倡导并贯彻"共建共享"的治理理念。一方面,通过自主管理和经营股权的方式,强化村民的参与意识;另一方面,通过采取"租金保底、弹性分红"机制,实现村民与村集体"共赢",促使村民富了、干部乐了、集体更加凝聚了。因此,村民与村集体有效联结的关键在于过程共建、成果共享。

全链合力：共缔财政扶持资金"乘数效应"

——基于东平县彭集街道扶持村级集体经济发展试点的调查

2017年中央一号文件指出，要确保农业农村投入适度增加，着力优化投入结构，创新使用方式，提升支农效能。财政扶持资金是村级集体经济发展的重要动力源之一，然而，当前扶持资金多采用"撒胡椒面"式投放，致使资金配置"泛而不精"，资金监管"存而无力"，资金效力"弱而难持"，造成"广种薄收"的困境。对此，山东省东平县以财政部扶持村级集体经济发展为契机，培育资金增值"新细胞"，激活了资金的"生命力"。具体而言，即以靶向投放为前提，以撬动金融为突破，以回收循环为纽带，以常态监督为保障，全链发力，促进资金"稳存量、扩容量、提质量、长增量"，充分发挥其"乘数效应"，实现财政扶持资金的提质增效。

一 靶向投放，引领扶持资金"精准着陆"

为释放财政扶持资金的乘数效应，彭集街道立足源头，细化过程，确保资金精准落地。

（一）对象精准，立乘数之"源"

彭集街道采取政府主导、村庄对接的双向互动模式，精确扶持项目，确立乘数本源。一是定点观摩，学习典型寻思路。由彭集街道镇长牵头成立的领导小组，组织村干部前往省内外典型村庄取经学习，引导村庄主动探寻发展思路，改变了其以往"等、靠、要"的依赖思想。二是村申镇审，择优遴选定项目。采用"村庄主动申请、街道统一把关"的方式，遴选出26个试点村，扶持其村级集体增收项目。彭集街道办事处常务副主任张华介绍："遴选标准非常严格，村委班子要有力、群众基础要和谐、发展意愿要强烈。"截至2017年1月，彭集街道已启动集体增收项目24个。三是分类适配，因村施策保落地。依照资源和区位优势，将26个试点村划分为四种发展类型，即提供服务型、物业管理型、资源有效利用型以及混合经营型，助力项目精准落地。到2017年3月，试点村中已有22个项目步入正轨。

（二）程序精细，承严谨之"脉"

彭集街道以"程序精细化、标准规范化、审批严格化"为原则，指导项目审定。首先，手续完备"牢地基"。各村在申报项目扶持资金时，手续完备是基础。安村孙庆元书记说："申请时要提交项目计划书、整体规划设计方案、招标手续等诸多材料，缺一不可。"其次，实地考察"定桩位"。街道委派专人实地考察项目建设基础，为项目发展"立桩定位"。县农业局副局长王少祥讲："街道委派的专人必须进入合作社现场、项目选址地以及企业内部进行核查验证。"再次，评估论证"上保险"。试点区采用"管区初审、街道评审小组论证、第三方评估"相结合的方式，对扶持项目进行充分论证，确保项目高质量落地。最后，审批备案"存据证"。评估合格的项目，由街道统一上报县财政局审批备案，县财政局按试点村分别建档立册，确保项目落地有章可循、有据可查。

（三）施用精致，结高效之"果"

为确保扶持资金安全高效使用，彭集街道制定了详细的项目资金管理办法。第一，专款专用，架设"瞄准镜"。东平县设立扶持基金专户，由彭集街道财政管理中心进行专账核算，并为各试点村建立台账，根据项目确定各村资金数额，确保扶持资金专款专用。如后代村的花菇种植项目已获扶持资金85万元。第二，分类细化，筑造"分水渠"。为提高资金使用效率，彭集街道将2600万元财政扶持资金划分为1000万元和1600万元两部分。其中1000万元对接金融机构，另1600万元细分成风险防控资金、合作社奖补资金、固定资产投资资金三类，直接用于项目扶持。第三，单项限额，安装"控制阀"。根据各类资金的"生产能力"设定资金限额，保障资金合理配置。以固定资产投资资金为例，资金投入混合经营型项目的最高限额为100万元，其他三类则不超过50万元。

二 多维施策，推动扶持资金"增容添效"

为提升财政扶持资金乘效，彭集街道创新资金使用机制，扩充资金容量，倍增资金效益。

（一）借力资本，由"固定金"到"涌动泉"

彭集街道锁定资金切口，对接金融机构撬动社会资本，形成支农贷款。一是资金入池，开发乘数"供给库"。街道提取1000万元与沪农商村镇银行合作创设"扶持资金池"。银行将资金池按照3倍系数放大，形成总额度3000万元的支农贷款。截至2017年3月，王庄村、西郭庄村等6个村庄已从中贷款共500多万元。二是配贷有道，搭建乘数"高速路"。贷款资金配置以"思路清晰、项目盈利"为依据，从而确保街道牢握资金投放的"方向盘"。例如，后围村的果树种植项目，拟创立集体品牌，预计每年可使村集体增收15万元，彭集街道为其提供贷款支持28万元。三是追资有据，铺设乘数"加速带"。发展态势优良、利润丰硕的项目，在一年贷款期满后，可追加扶持资金贷款，扩增项目收益。如小高庄村东旺木制品有限公司扩建项目，首次贷款80万元，实现村集体增收8万元，并纳税29万元，为此，彭集街道计划追资100万元。四是奖补贴息，添置乘数"驱动器"。项目主体先期支付的贷款利息，街道通过奖补方式予以返还，以此增强试点村发展集体经济的信心。马流泽村张兆民书记说道："奖补贴息减轻了贷款的压力和负担，增强了我们发展的决心和动力。"

（二）抱团联合，由"弱经营"到"强增收"

彭集街道聚拢分散资金，集中建设项目，扶助发展能力羸弱的村庄实现增收。其一，街道搭台，整资提效。街道整合八个村庄的扶持资金共382万元，投资建设两座仓库，并以此入股滨河新区仓储物流园，通过收取仓库租赁费的形式获取收益。其二，按股配利，弱村增收。村庄按其规模和人口确定资金占比及相应持股份额。两座仓库的保底租金和分红共同构成仓库租赁费收入，各村按照出资比例共享收益，每年最低可分得四五万元。其三，灵动抽资，优质着力。村庄若筹划出优质增收项目，可随时抽取出本村的份额资金投入项目建设。东平县农业局李鹏副局长讲道："灵活机动的抽资方式，可以保障扶持资金发挥最大效益。"

（三）回收再生，由"一次性"到"多循环"

彭集街道采用"资金回收、循环利用"机制，为资金"护源"监管及优质项目的持续发展提供有力保障。一方面，按期回收，构织"护金网"。街道按期回收扶持资金，稳定资金存有率。如固投资金在项目实施三年后按照20%、30%、50%的比例分三次收齐；扶持资金贷款按照"一年一清"的原则进行回收。另一方面，循环再生，延展"辐射域"。回收后的扶持资金由街道统筹管理，由此形成的"再生资金"用于扩大优势项目或帮扶其他村庄发展，使资金红利惠及更多项目。

（四）管控结合，由"减风险"到"固乘效"

彭集街道严把资金监控关，完善资金监管体系，为资金平稳使用与运行保驾护航。第一，分期发放，时效监管。财政扶持资金分期发放，每期资金划拨前进行项目发展评估。马流泽村股份经济合作社监事会会长任广明说道："分期评估就是'紧箍咒'，督促大家绞尽脑汁也要提高资金的使用效率。"第二，担保抵押，防损固本。流动资金使用严格遵照银行贷款、抵押手续递交相关材料。后围村田书记介绍："抵押担保的要求非常严格，村干部的家庭情况都要审查，我当时把结婚证都交上去了。"第三，三方联管，共护村账。扶持资金依照"一村一账"原则，采取"第三方建账、中介公司记账、农经站和街道财政部门联合审账"的方式，三方合力，共同管护资金安全。第四，示账于民，契合民意。试点村实行民主理财和财务公开制度，定期张榜公布账目信息，维护群众的知情权、参与权和监督权。后围村村民李桂田说，"现在政策好啊，我们村从'负债村'变成了'富裕村'，村集体经济的发展变革我们有目共睹"。

三 合链驱动，释放扶持资金"乘数效应"

东平县彭集街道通过精准资金配置、创新资金使用机制，破解了以往资金扶持"时效短、力度轻、作用弱"的僵局，充分激发了扶持资金的"乘数潜能"，探索出财政扶持资金提质增效的可行路径。

（一）分类适用是激发扶持资金"乘数效应"的基础

财政扶持资金使用具有受众多、作用范围广等特点，但不加区分的投放易造成资金使用低效。为此，彭集街道针对性地将财政扶持资金进行分类细化，并规定限额，按照扶持对象的属性有序投放，以资金类型为依据，按期循规回收资金，实现资金使用与项目需求相一致、与发展规模相匹配、与重点规划相协调，在有效提高资金利用率的同时降低了资金的流动风险，为激发扶持资金的"乘数效应"奠定了坚实基础。

（二）市场化运营是扩大扶持资金效能的有效途径

长期以来，财政资金多以"财政补贴"的方式扶持项目发展，难以发挥资金"四两拨千斤"的杠杆效应。彭集街道创新引入市场化运作机制，以扶持资金对接金融机构为突破，撬动社会资本，扩大资金规模，并通过贷款形式扶持项目发展，充分发挥市场在资源配置中的效率优势，实现"无形之手"和"有形之手"的有机衔接。实践证明，市场化的运作方式能有效链动金融资源与社会资本，助力资金效能提升。

（三）常态监督是稳固扶持资金效益的有力保障

与单一的事后监督相比，对财政扶持资金的事前、事中监督更能发挥源头监管作用，以便及时发现问题，防患于未然。彭集街道通过严格抵押担保手续，规范项目评审程序，分期发放扶持资金，并遵照"一村一账"原则对试点村的账目实行三方联管与定期公示，实现资金监管的全程化与常态化。从而为资金使用置好"防火墙"，确保了把有限的资金用在"刀刃"上，保障了资金效益的稳定持续。

产权股份"耕耘":激活脱贫攻坚内动力

——基于东平县产权改革与脱贫工作的调查与思考

当前我国正处在从扶贫攻坚到脱贫攻坚的新阶段。习近平总书记对此强调要注重激发贫困地区和贫困群众脱贫致富的内在活力,注重提高贫困地区和贫困群众自我发展能力。但近年来,部分贫困地区为完成脱贫任务,注重多"输血"少"造血",导致脱贫工作陷入"短期化、易返贫"的尴尬境地。为此,东平县主动作为,探索出以产权股份改革激发脱贫内生动力的新路子。具体而言,即以集体产权改革为切入点,以因地制宜发展产业为路径,以健全机制为保障,创新集体土地、家庭承包地和扶贫资金的利用方式,通过股份合作、股份经营和股份分红,激发出脱贫的内在动力,真正走出一条"长效脱贫"之路。

一 产权改革撬动,促成脱贫内动力"破土而出"

东平县通过将产权改革融入精准脱贫的方式,激活贫困户的脱贫意识、带动贫困村的经济发展。

(一)土地入股,推动股份合作,为脱贫厚植"新土壤"

东平县以盘活集体用地和家庭承包地为突破口,为脱贫攻坚铺平道路。一是股份式赋权，脱贫有资源。通过将土地折股量化，并赋予贫困户一定比例的股权，使其拥有脱贫资本。如接山镇后口头村将集体统一发包耕地、"四荒"资源和确权到户的家庭承包地分别设置为 A、B、C 三股，贫困户可根据自身入股种类，定期获得租金和分红。二是股份制管理，脱贫有阵地。为实现及时脱贫、有力脱贫，东平县改革试验村在产权改革基础上，成立土地股份合作社和集体股份经济合作社，将分散的贫困户组织起来。截至 2017 年 6 月，全县已有土地股份合作社 94 家、集体股份经济合作社 86 家。三是股份化经营，脱贫有渠道。分散经营难以产生规模效应，因此，东平县大力推进土地集中入股，促进股份化经营。

（二）资金入股，释放股份红利，向脱贫输送"富营养"

过去使用扶贫资金多是"撒芝麻盐"，收效甚微。鉴于此，东平县创新扶贫资金使用方式，释放其"乘数效应"。首先，变"分拨"为"聚拢"，捆绑入股。接山镇夏谢五村通过将 130 万元财政专项扶贫资金捆绑使用，以股金的形式投入引进的养鸡场中，贫困户年人均分红达 1000 多元。其次，划"优先"与"一般"，分类设股。接山镇通过将扶贫资金投入集体，按照不低于 60% 的比例量化给贫困户，设立为"优先股"，剩余部分量化给村集体，设为"一般股"，以此保证贫困户收入稳定。最后，从"保值"到"增值"，股权生利。接山镇夏谢五村成立的泰安市创富农业开发有限公司，其初始资金中有 35% 为扶贫资金，贫困户根据公司经营状况，每年可获得不同数额的红利，实现了扶贫资金的增值增效。

（三）产业带动，扩大股份效益，使脱贫获取"大丰收"

产业发展是脱贫得以实现的支撑和保障。为此，东平县在鼓励自主经营的基础上，积极探索其他产业发展形式。首先，入股企业，带动就业。斑鸠店镇通过整合 275 万元扶贫资金入股易而蔬生物科技有限公司，带动了周边 5 个贫困村 182 户、622 名贫困群众就业。其次，要素供给，帮扶创业。东平县部分股份合作的企业在带动当地就业时，还主动帮扶贫困户创业。如东平县山沙服饰公司通过提供技术指导带动贫困户创设制衣加工点，经理房华说道："2016 年我们通过提供技术、原材料等，带动了 26 户贫困户创业脱贫。"最后，培训辅助，提升技能。东平县部分股份合作企业在为贫困户提供就业岗位的同时，还辅以提供技能培训。如秦禾食用菌公司组织县内外专家，对1345名贫困群众定向开展食用菌种植技术培训，培育发展了21个食用菌扶贫专业村，大大提升了贫困户的就业技能。

（四）机制健全，深化股份改革，促脱贫增添"长效性"

东平县从创新机制下功夫，保证脱贫工作细致、高效。第一，完善需求对接机制，增强脱贫动能。为推动精准脱贫，2015年上半年夏谢五村省派第一书记吴绪东征求党员干部、贫困人口、经济能人意见建议共计1000余条，切实倾听了含贫困户在内的群众心声，使精准脱贫有的放矢。第二，建立利益联结机制，释放脱贫活力。过去，贫困户与集体联系不紧密。东平县以"利益联结"为关键突破口，扣准脱贫"命门"。接山镇朝阳庄村支部书记李强说道："现在贫困户都入社了，都赶着赚钱，脱贫工作自然就实现了。"第三，配套政策扶持机制，减少脱贫阻力。东平县为更好地实现脱贫攻坚，在贯彻落实中央精神的前提下，为集体产权股份改革配套了一系列"好政策""土政策"，畅通了脱贫之路。

二 产权收益衔接，推动脱贫事业"彰显生机"

东平县通过股份改革，一改贫困村和贫困户过去的面貌，使脱贫工作焕发出新的生机与活力。

（一）从"促脱贫"到"防返贫"，提升贫困户脱贫能力

东平县在扶贫工作中，不仅立足于眼前致富，更着眼于让贫困户长久脱贫。一是谋生本领得以增强。东平县通过将股份合作社与精准脱贫对接，帮助能力较弱的贫困户。如周林村一位82岁的独居老人，前期接受简单培训后被聘到村内玫瑰园从事采摘工作，每天可创收50多元。二是个人收入持续增加。一方面，贫困户通过土地入股获取保底租金和分红。如老湖镇周林村贫困户过去农业种植亩均效益在400～500元，如今通过土地入股，每亩保底收入至少为600元。另一方面，贫困户通过在合作社内部务工获取务工收入。马流泽村在发展股份经济合作社时吸纳了本村3名贫困户，每人每天可挣40元工资。三是脱贫成效不断凸显。周林村在股份改革前有着160个贫困人口，自成立瑞青土地股份合作社后，从2014年起已分红4次，帮助脱贫63人，脱贫率达40%，真正实现了"贫有所脱、弱有所扶"。

（二）从"负债村"到"富裕村"，壮大贫困村集体经济

东平县通过"产业式扶贫""造血式扶贫"，在很大程度上推动了贫困村集体经济的发展壮大。一方面，积累资产，增加了集体收入。接山镇周徐村、朝阳庄村等 7 村为省市级贫困村，集体资产基本为零，2016 年通过将 160 万元专项扶贫资金捆绑入股到周徐集体农场，每年可获租金 126 万元，7 个村按投资比例分红。另一方面，链接扶贫，拓宽了公益事业。彭集街道王庄村为市级贫困村，通过实行集体产权股份改革，实现了集体经济从无到有。在此基础上，村庄拿出集体收入的一部分专门用于帮扶贫困户，具体设为三档，即一档 1380 元/人，二档 480 元/人，三档 300 元/人，可以说为脱贫事业做出了巨大贡献。

（三）从"等靠要"到"愿作为"，助推脱贫攻坚向前一步

东平县彻底打破"穷惯了"的老旧思想，通过发展集体经济、帮助贫困户增收致富，促进了脱贫事业向前迈进一大步。一是脱贫意愿更强烈。东平县通过多次组织贫困村干部参观学习其他先进村，强化其要早日摘掉"贫困帽"的发展意识。东平县接山镇蘇子峪村马书记说："人家脱贫搞得好，我们也行。"二是脱贫干劲更充沛。2016 年以来，东平县依托产权改革共发展了 213 个扶贫产业项目，其中中央、省、市级专项扶贫资金项目 102 个，且已全部完工。接山镇尹山庄支部书记表示："政府支持，我们有干劲儿，也愿意干！"三是脱贫口碑更优质。2016 年全县贫困人口 57579 人，比 2012 年的 135838 人减少 78259 人，脱贫成效显著。彭集街道鲁屯村贫困户尚某说道："现在的党员干部一心为着群众，想早点带着我们贫困户增收变富。"

三 产权股份深耕，助力脱贫效力"持续绽放"

东平县之所以能够激发脱贫攻坚内动力，在于寻找到了"股份改革"这一有效的实现形式。其实践探索不仅对于东平县具有重要意义，更为全国其他地区开展脱贫工作提供了丰富经验。

（一）股份改革是实现持续性脱贫的有益探索

精准脱贫、持续脱贫不应仅仅停留在"输血"层面，还应找到"造血"的关键机制。然而过去很长一段时期内，部分地区的精准脱贫工作都

是以"单向补给"为主,造成"常返贫"。基于此,东平县探索出一条以产权股份改革为突破口,实现脱贫可持续的有效路径,即通过土地股份化,将土地入股到股份合作社,由股份合作社代为经营发展,贫困户可每年从中分得红利。实践证明,股份改革真正实现了长效脱贫、持续脱贫。

(二) 扶贫资金股份化是实现长效脱贫的有效手段

扶贫资金作为帮助贫困村和贫困人口脱贫的关键要素,其使用方式关系着脱贫效果。以往的扶贫资金多是"撒胡椒面""一次性使用",而分散使用资金难以产生规模效应,只能解决一时之困,使得脱贫难以持续。为此,东平县创新扶贫资金使用方法,通过将扶贫资金股份化,并按一定比例给贫困户分红,实现"以钱生钱",最终达到长效脱贫的目的。因此,灵活使用扶贫资金是实现长效脱贫的有效手段。

(三) 以产业发展扩大股份效益是实现长效脱贫的根本之策

习近平总书记强调,"发展产业是实现脱贫的根本之策。要因地制宜,把培育产业作为推动脱贫攻坚的根本出路"。东平县积极贯彻习总书记的讲话精神,立足农业大县这一现实基础,综合分析资源禀赋和有利条件,探索出"一镇多业""一村一品"的发展路径。同时,产业的不断发展,释放了股份改革的红利,为贫困户提供了稳定的收入来源,为长效脱贫打下了坚实的基础。由此可见,实现脱贫可持续根本在于因地制宜地发展产业,以此扩大股份经营的收益。

化资为股：挖掘扶贫资金"潜力股"

——基于山东省东平县扶贫资金股份化改革的调研

2017年3月印发的《中央财政专项扶贫资金管理办法》指出："扶贫资金应当围绕脱贫攻坚的总体目标和要求，统筹整合使用，形成合力，发挥整体效益。"当前，在脱贫攻坚的大环境下，扶贫资金的投入力度越来越大，但资金的使用和运作仍面临着"扶持多使用散，合力显弱；形式单创新低，增益趋少；监督乏循环无，持续偏难"等困境。对此，东平县积极探索"扶贫资金股份化"新模式，真正增强了扶贫资金的使用效能。具体而言，以整合资金为前提，统筹引领；以产业项目为支撑，折股联营；以动态退出为条件，提高效能；以农民增收为目的，按股分红，让资金"保增值、能增收、稳增益、长增效"，使贫困农民真正受益、持续受益。

一 定股引源，念好脱贫"股字经"

东平县创新扶贫模式将扶贫资金转变为资本，形成脱贫合力，直接投入经营项目中，实现扶贫资金"股份化"。

（一）资金打捆，"无偿补助"变"有偿股权"

东平县通过将扶贫资金捆绑使用，分类设股，以股分红，使农民"乐享"股权红利。一是整合资金,整出"根基"。接山镇周徐村集中周边七个省市级贫困村的专项扶贫资金共160万元,注入集体农场建设养殖小区,并委托公司运作,充分发挥了扶贫资金的规模效益。二是分类设股,设出"权别"。东平县在股份化的同时设置两类股份:优先股和一般股。扶贫资金投入村集体形成的经营性资产,按不低于60%量化给贫困户设立优先股,其余部分量化给村集体设立一般股;对于产业项目形成的收益,将按一定比例分红给贫困户。三是依股分红,分出"红利"。接山镇夏谢五村将上级扶贫160万元资金入股经营,一股一百,占村集体总股份的35%,专项扶贫资金股归全体贫困户共有,按贫困人口平均分红。

(二) 市场撬动,"注资注血"变"折股造血"

为使扶贫资金持续增值,东平县引企入村,以企带村,为贫困地区带来了"源头活水"。其一,链接市场,双管齐下。梯门镇西沟流村吸引外来投资者建设种苗基地,积极拓展和引进其他业务,为贫困小村引来了"金凤凰",带动了贫困村庄经济发展。"让市场主体'入主'贫困地区,可以充分利用贫困地区的资源",东平县广茂苗木花卉合作社理事长于其洪说。其二,引企进村,"股"尽其力。接山镇周徐村通过扶贫资金股权化经营,依托汉世伟集团,大力推广家庭农场、集体农场、致富农场,达到"人均养殖十头猪、彻底摘掉贫困帽"的效果。该村村民韩知青以前靠种地取得微薄收入,扣除生产投入和劳动成本便所剩无几,现在韩知青在集体农场二期项目工作,每天收入80元,一年出200个工,收入水平极大提高。其三,以企带村,"股"尽其值。接山镇夏谢五村将扶贫资金折股量化到扶贫对象,发展股份合作制经营项目,把130万元专项扶贫资金折股量化给219户贫困农户,以股金的形式投入养鸡场,实现扶贫资金集中发力。

(三) 保障收益,"风险持股"到"保障持股"

建立资金风险保障体系和退出机制、完善资金监管方法,是扶贫资金股权制可持续发展的重要举措。首先,轮流持股,众享红利。在脱贫攻坚期内,村集体按照国家统一的脱贫标准线给贫困户"补足差价"。周徐村贫困户郭道峰年收入只有种地的2000元钱,距离脱贫线3802元还差1802元,村集体从分红中拿出1802元来补助该贫困农民,使其脱贫。脱贫攻坚期过后，红利归集体所有，全体村民同股同权，共享发展红利。其次，安全保障，稳定收益。接山镇周徐集体农场与企业汉世伟合作，努力发挥合作办社优势，开展育种、防疫、销售等"多合一"服务，改善了农民"单打独斗抵御风险"的局面，降低了农户个人投资经营的潜在风险。最后，严格监管，阳光运营。后银山村在规范使用扶贫资金的同时，在三个片区各选举一名村民代表，构成集体经济组织的监事会，定期核查集体经济组织的账册，如发现问题则立即要求理事会成员给予合理解释，会计王继伦说道，"不会给出不合理的解释，如果有，那就麻烦大了"。

二　化股为利，算好脱贫"红利账"

东平县将扶贫资金股权化，集中利用资金挖掘优势项目，并实现公司化运作，使农民收入更加多元可持续。

（一）保驾护航：村企联心，多元收入

东平县"扶贫资金股份化"，盘活农村闲置资源，创造稳定收益，算清"三笔账"，让农民真正尝到"扶贫资金股权制"的甜头。第一，化分为合，增租增收。梯门镇西沟流村引导农户自愿将零星分散的碎片薄地承包田1000亩入股，每亩每年700元的租金，使昔日的荒山薄岭变成了如今的"金山银山"。该村村民张华将四亩土地流转给集体，每年可获取2000余元的租金收入，"现在这种方式不出力，不忙活，肃静（省事）"。第二，持股持红，联产联心。通过扶贫资金捆绑发力，对资金集合产生的利益按比分红，保证股金分红发放入户。"入股好，集体就算赔钱穷死，大家也有保底，赚了钱再一起分"，谈及入股分红，合作社理事长王瑞青自信满满。第三，就地就业，扶股扶岗。安村启用扶贫资金建立了中药材基地、粉皮小区、养殖基地和蔬菜基地四大产业，共创造170多个就业岗位，辐射带动周边22个村庄的90多名村民就业，使村民"在家门口种着自己的地，变成产业工人"。

（二）固本培元：资产盘活，集体增收

东平县把资金变资产变股份，进一步激发农村集体经济活力，多渠道增加了集体经济收入。一是定资产变活资本，总量提升。为了改变"集体零收入"的局面，南堂子村积极推进项目产业的发展，通过店铺租赁、门

票收入，每年增加村集体收入 50 多万元，极大地提高了集体收入的总量。二是闲资源强利用，效益提高。周林村村集体以瑞青土地合作社的玫瑰产业发展为依托，整合各项资金修建玫瑰精油加工厂，使原来闲置的资产最大限度地得以开发利用，使玫瑰的亩产值从原来的 300 元提高到现在的 6300 元，村集体效益显著提高。三是活资产巧增值，实力增强。2011 年，接山镇朝阳庄村将 400 亩四荒地全部收归集体，充分利用项目资金积极发展核桃种植，当年就增加村集体收入 8 万元，使原本负债高达 76 万的"只见哥哥不见嫂"的穷村逐渐变成远近闻名的名村。

（三）行稳致远：模式创新，持续发展

"资金股份化"的模式改变了以往一次性投入、分散使用、效率低下的投入格局，让扶贫资金"持续发力"。首先，由"一次投入"到"循环发展"。周徐村把国家扶贫资金纳入市场化运行的轨道，利用专项扶贫资金整合建设养殖小区，2017 年贫困户分红预计最高达 2000 元，实现扶贫资金循环发展。"政府给贫困户一人一只羊，他吃了就没了，无法解决贫困问题"，周徐村书记王秀乐说。其次，由"直接注入"改"间接注入"。彭集街道安村将扶贫资金作为参股资金入股合作社和企业，由"注"改"投"，由分"钱"到分"红"，带动贫困户增收致富。最后，由"短期扶贫"变"持续扶贫"。夏谢五村成立创富有限公司，2016 年每位贫困户分得 260 元分红，预计 2020 年全部脱贫，实现了资金的"持续发力"，改变了以往"扶贫不脱贫，脱贫易返贫"的死循环。

三　化利为益，激发扶贫"新酵母"

将扶贫资金折股投入，实现市场化运作，增加农户收入，进一步激发农村发展活力，是一种可持续的扶贫和产业发展模式。

（一）扶贫资金股份化是一种可持续的扶贫模式

2017 年中央一号文件指出，"鼓励地方开展资源变资产、资金变股金、农民变股东等改革，增强集体经济发展活力和实力"。在过去，扶贫资金使用采取"直接投入、一次性发放"的方式，难以保障扶贫资金持续发力。对此，山东省东平县积极探索扶贫资金股份化运营道路，将资金打捆入股，实现"三变"，从而创新了扶贫资金的使用模式，增加了集体经济发展活力，是一种可持续的扶贫模式，值得扶持与推广。

（二）产业支撑是促进扶贫资金落地的有效载体

产业支撑是实行扶贫资金股权制改革的重要载体。过去，扶贫资金面临着政府主导、单一运营的缺陷。对此，东平县积极探索资产收益扶贫新路径。一方面通过吸纳外来项目入村置业，借力发展。通过整合项目资金，建设产业项目，培育龙头企业，实现资金集中发力。另一方面通过对接现代产业项目，将农业生产与现代管理方式相衔接，保证资本"投入实、收益实"，极大提升了农民的收入。可见，项目支撑是促进扶贫资金落地的有效载体。

（三）市场运作是扩大扶贫资金股份效益的关键

在2017年"两会"上，习近平总书记特别指出，"防止返贫和继续攻坚同样重要，要继续巩固，增强'造血'功能"。东平县充分与市场合作，内外合力，一方面充分展现贫困村的"吸金"潜能，鼓励各类市场主体到贫困地区投资创业，培育新经济增长点，带活经济发展的"源头活水"。另一方面充分发挥市场机制，依靠市场力量，将固定的扶贫资金资本化，激活扶贫资金内生动力，村企合作，探索了一条"股权扶贫"新路子。

（四）动态管理是保证扶贫资金股份化收益的长效机制

扶贫资金折股投入是精准扶贫的一种新形式，而动态管理是维持其收益的长效机制。东平县一方面加强对扶贫资金折股投入的管理，做好贫困户、贫困村及相关企业的协调工作，保证扶贫资金折股投入工作的顺利进行。另一方面加强扶贫资金动态退出管理，将扶贫资金折股量化到本村贫困户身上，每年按股额比例给贫困户分红，脱贫后红利归集体所有。由此可见，动态管理是农户和村集体实现"双赢"、保证扶贫资金折股投入收益的长效机制。

慈善超市：打造精准脱贫"新航母"

——基于山东省东平县慈善超市运作的调查与思考

习近平总书记强调，完成贫困人口脱贫任务"需要不断改革创新扶贫机制和扶贫方式"。然而，当前我国部分地区由于脱贫"方式陈旧、方法老套、机制不活"等问题，脱贫工作陷入"资源难利用、对象难定位、需求难精准、效果难持续"的困境。鉴于此，山东省东平县积极改进工作思路，创新性地将"慈善超市"这一平台引入精准脱贫中去。具体而言，就是政府牵引巧助力，企业主导稳运营，社会参与献爱心，多方资源汇于慈善超市；探明需求在前，模拟市场运作，多重机制锁定，三管齐下畅通脱贫路径，造出了一艘扎根基层的精准脱贫"新航母"。

一 政牵社助，企业施力，脱贫资源得以搭载

东平县慈善超市巧妙地与政府、企业、社会三方资源相衔接，为精准脱贫工作提供强大的动力支撑。

（一）巧搭政府资源，筑牢脱贫根基

慈善超市搭载信息、资金、政策三大政府资源，为精准脱贫工作打实基础。一是链接扶贫信息"数据库"。通过与县扶贫办合作，精准对接扶

贫信息数据库，对贫困人口、扶贫信息进行实时监测、动态管理，做到"有的放矢"。二是承接机关干部"爱心金"。东平县各大机关、单位积极响应"慈善月"号召，以捐款的方式踊跃献出爱心。到2017年7月中旬，捐款金额已达408.6万元。与此同时，慈善超市主动承接该资金用于自身脱贫项目运作，真正让干部捐出的爱心落实到贫困户身上。谈及捐款，县农业局副局长李鹏表示："我们很愿意为贫困户献出一份爱心。"三是对接精准脱贫"政策网"。在充分了解精准脱贫政策的基础上，慈善超市将理论与实际精准对接，通过自身平台运作让政策文件"活起来"，准确落实到贫困户身上，使他们最大程度受益。接山镇宣传委员李云霞认为："慈善超市不仅让贫困户了解了脱贫政策，更重要的是让他们知道了怎么运用。"

（二）善搭企业资源，成为脱贫主力

慈善超市充分利用企业资源，使得企业成为精准脱贫的中坚力量。首先，供运行场所。本土企业儒原集团为慈善超市提供了2000m^2的土地，并附赠地面上的厂房作为慈善超市的运行场所。对此，县民政局局长李强感慨道："儒原集团赠送的这2000m^2土地，解决了慈善超市项目筹备初期最大的困难，无疑是雪中送炭。"其次，设爱心专柜。慈善超市共设立10个爱心专柜以接受企业捐助，截至2017年7月底，爱心专柜共涉及6个企业，总计物资2.3万件，其中仅彭集街道华联服装超市就捐赠全新服装达120件。再次，购低价商品。慈善超市与儒原集团合作，借助其旗下连锁超市进货量大、进货渠道广、进价相对低的优势，从该超市的进货渠道低价购进商品，有效控制了经营成本。最后，配管理人员。借合作契机，引入4名儒原连锁超市的专业管理人员，提升了慈善超市管理的科学性和规范性。儒原集团副总经理彭学杰表示："我们把儒原连锁超市专业的管理团队送到慈善超市来，就是要为其提供最好的管理技术。"

（三）活搭社会资源，配足脱贫能量

慈善超市凝聚社会力量，接收社会人士的爱心捐赠，使得普通群众也能为精准脱贫做出贡献。一方面，爱心人士随手捐。东平县爱心群众闻讯，纷纷将家中旧衣物整理出来捐给慈善超市。到2017年6月底，个人捐赠数量高达1.5万人次，收集旧衣服2万余件。"以前家里的旧衣服总是没地方放，扔了又觉得可惜，现在好了，可以捐到慈善超市发挥新价值"，爱心人士王孟运如是说。另一方面，慈善总会定向助。东平县慈善总会开通了对慈善超市定向捐赠的渠道，慈善超市可以通过该渠道接收社会人士的捐助，并将其"爱心"传递下去。据统计，截至2017年上半年，东平县慈善总会共收到社会人士定向捐物1.2万人次，折合人民币6万元。

二 需求掌舵，专业护航，脱贫机制得以输送

东平县慈善超市通过落实问需制度、利用市场规律、建立运行机制，打造出一套以慈善超市平台为依托的精准脱贫体系。

（一）问需于户，明确"缺什么"

东平县慈善超市多举措探明贫困户需求，将精准扶贫落到实处。首先，问明需求，意愿有人知。包保干部主动深入群众，到贫困户家中进行"一对一、面对面"的交流，通过详细了解其意愿把准需求脉搏。此外，东平县也对包保干部的走访次数做了每人每年不得低于6次的规定。其次，实时记录，供给有依据。包保干部在走访时把贫困户的意愿收集起来，帮助贫困户填写《贫困户所需物资登记表》，并上交到慈善超市，作为其提供物资的依据。到2017年7月中旬，慈善超市共收回登记表1021份。接山镇周徐村贫困户郭道峰谈道："干部们填表格的时候特别细心，逐条跟我确认。"最后，即时核实，需求不作伪。慈善超市为保证所填表格真实，要求贫困户本人和所在村支部书记现场核实表格内容，在双方均确认无误后签字，用双重保证精准锁定贫困户需求。

（二）市场运作，落实"如何帮"

东平县慈善超市通过模拟市场运作，将供给与需求对接，切实将脱贫物资送到贫困户手中。一是制扶贫卡，购买随时。基于干部捐款，制作实名制扶贫卡，干部可凭此卡在慈善超市中随时为贫困户购买专项扶贫物品。正在购物的王少祥这样说道："我们拿着扶贫卡什么时候都能来，很方便。"二是人卡表对应，监督及时。慈善超市规定包保干部购物时必须持扶贫卡，同时出示贫困户《所需物资登记表》，经超市工作人员确认人卡表信息一致后，方可发放其所购物资，由此实现了对购物行为的有效监督。三是收回执单，反馈实时。脱贫物资送达后，贫困户需确认签收。此

外，包保干部还需在一定时限内将回执单交回慈善超市，以此确保慈善超市对反馈信息的及时掌握。据统计，自运营以来，慈善超市累计收到回执单 1656 份。

（三）机制到位，确保"帮得好"

为使精准脱贫落到实处，东平县慈善超市确立了一整套运行机制。第一，采用象征低价，购物有尊严。慈善超市聘请工作人员，对爱心人士捐赠的旧衣物进行加工处理，并以象征性的低价出售，使贫困户能够更有尊严地享受脱贫物资。"这些衣服都是一元、两元、五元的低价，收入仅仅作为工人的工资，并不从中赢利，"慈善超市主管经理说。第二，完善账目体系，审计保透明。慈善超市对所有经济业务往来进行记录，从而形成完备的账目体系，且每半年邀请县审计局对其财务收支和经济效益进行审计，确保专款专用。第三，引进回收办法，物资不变质。为避免物资长期积压变质，慈善超市引进检查回收办法，定期对物资进行检查，接近保质期的物资将在第一时间予以撤换。"质量是第一位"，慈善超市主管经理说，"我们一定要保证贫困户拿到手的物资都是没有问题的"。第四，健全跟踪监管，脱贫可落实。东平县纪委、督查局、民政局和慈善超市定期派人对贫困户进行抽查式走访，以了解脱贫物资的落实情况。同时，慈善超市还将每年购物不足 6 次的干部名单上报相关部门，由其执行问询程序，以此保证脱贫工作有效落实。

三 多方合力，过程精准，脱贫事业得以起飞

东平县慈善超市的创新实践，带动了多元参与，促进了脱贫工作精准化，具有一定的现实意义和推广价值。

（一）专业化平台是助力精准脱贫的有效载体

精准脱贫的实现有赖于专业的平台依托。然而在以往的脱贫工作中长期存在"对象难认定、资源难到位"的双重难题，究其根本，在于没有形成一个专业化的脱贫平台。鉴于此，东平县在已有的平台基础上做足文章，具体而言，以慈善超市平台为载体，充分发挥其独有的聚合优势，即通过慈善超市灵活搭载政府、企业和社会的各类资源，以资源问需求、以资源聚民心，最终实现脱贫工作的精准化、高效化。可见，当前各地在开

展精准脱贫工作时，必须搭建或找准一个平台载体，利用其整合各方资源，从而促使精准脱贫落到实处。

（二）社会化参与是实现精准脱贫的动力保障

党的十九大报告提出，打赢脱贫攻坚战，要坚持大扶贫格局，动员全党全国全社会力量。东平县在推进精准脱贫的工作中，通过政府牵引，带动了儒原集团、慈善总会、爱心人士、贫困户等均参与到脱贫工作中来，壮大脱贫帮扶队伍，使得脱贫由政府的"一家事"逐渐转变为社会各方的"共同事"。东平的实践启示我们，在实现精准脱贫过程中，必须重视社会力量的参与。只有广泛动员社会各界，打好参与"组合拳"，才能为精准脱贫提供强大的动力支持。

（三）市场化运营是提升精准脱贫效率的关键

市场化运营的好处在于能够遵循市场经济的规律和要求，达到资源合理配置的作用。东平县创新精准脱贫工作机制，让慈善超市进行市场化运营，不仅转移了政府职能，激发了市场活力，实现了脱贫资源的最优配置，而且通过市场手段摸清贫困户需求，达成脱贫供需的无缝衔接，切实保障了贫困户的利益，有效提升了精准脱贫工作的效率，使得"真扶贫、扶真贫、真脱贫"的脱贫理念得以贯彻落实。由此可见，市场化运营是提升精准脱贫效率的关键，只有依托市场机制，允许脱贫项目、资金、措施等在全社会范围内运行和流动，打通精准脱贫的路径壁垒，才能做实、做好精准脱贫工作。

（四）精准脱贫的实现有赖于构筑"大扶贫开发"格局

国家《"十三五"脱贫攻坚规划》指出，推进精准脱贫工作需要"形成有利于发挥各方面优势、全社会协同推进的大扶贫开发格局"。东平县紧紧围绕这一要求，创新性地借助慈善超市平台，推动政府部门之间、政府与企业与社会之间的信息共享、资源统筹和规划衔接，通过整合优势与协调互动，形成了政府推动、企业主导、社会助力的大扶贫格局。可见，构筑扶贫开发的大视野、大思路、大格局，实现脱贫资源、脱贫信息、脱贫政策之间的互通，有利于精准脱贫的顺利实现。

电商引擎：注入精准脱贫"加速度"

——基于山东省东平县电商扶贫项目的调查与思考

中共中央国务院《关于打赢脱贫攻坚战的决定》中明确提出要实施电商扶贫工程。然而在实际的电商扶贫过程中，仍存在"专业培训偏虚、产业升级遇阻、增收成效趋弱"的困局，导致电商扶贫效能大打折扣。为走出这一困境，东平县借力电商发展，探索出一条"电商扶贫"的新路径。具体而言，以制度配套牵引脱贫方向、以规范流程注入脱贫动力、以立体网护助推脱贫发力，真正实现了以电商为"引擎"，带动产业转型升级、培育新型职业农民、护实农民农村增收，为精准脱贫注入了"加速度"。

一 巧引活施，点燃脱贫"发动机"

东平县通过夯实层级制度，激活内生动力，深耕脱贫土壤，使电商脱贫真正生效发力。

（一）政策引路，专项呵护，为脱贫补足"新燃料"

东平县依托制度制定和政策牵引，为电商扶贫顺利开展补齐"营养"。一是定准实施方案。为实现电商扶贫平稳落地，生力增效，东平县政府制定《关于加快电子商务发展的意见》等指导方案，确保电商扶贫项目顺利开展。二是做细政策宣传。后亭村在村主路沿街张贴电商扶贫口号宣传牌，极大地激活了村民对电商扶贫模式的兴趣。东平县电商产业园主任屈克志说，"宣传牌张贴的当天就有100多位村民赶来了解，大家都一副跃跃欲试的样子"。三是专设扶贫资金。东平县扶贫办为电商扶贫项目试点村拨付专款，为项目的开展提供强劲动力。后亭村党支部书记刘广格说，"俺村共获得扶贫资金48万，有政府的支持我们就更有干劲了"。

（二）专业支撑，立体防护，给脱贫添加"润滑剂"

通过借助专业主体，创活多策联动，东平县助力脱贫工作迈稳走实。首先，巧借力，助电商起步。滨河新区电商产业园区作为街道政府的代表，协调村集体将电商扶贫项目外包给泰安影响力电子商务有限公司，专业的运营保障了电商扶贫项目精准施力。其次，准定位，帮培训精准。影响力电子商务有限公司对后亭村适龄贫困户精准开展分阶段、分类目式的实战培训，推进普通农户向"电商潮人"转变。培训师刘远博说，"截至2017年5月，此类培训共举办了12期，受培训人员达到1000多人次，全县淘宝店铺已达400多家"。再次，活设榜，引农户同参。后亭村在村内显眼处张贴"英雄榜"，公示村民创业信息并做到日更周结，巧妙激发村民的电商创业热情。村民王洽看到之后立即报名参加电商扶贫培训班，现已在网上成功注册了自己的店铺。"我一直想扩大经营，看到榜上大家创业的事例，更坚定了我开网店的信心。"最后，牵红线，为创业解惑。除现场指导参训人员进行实际操作外，东平县还牵头专业公司建立微信群，对参训人员后续创业遇到的问题进行线上解答，保障农民电商发展少走弯路。截至2017年6月，网上咨询平台共接待咨询人数近300人，咨询个案约700例。

（三）产业扶持，层级挽护，让脱贫赢在"起跑线"

东平县通过立体防护、产业助力，为实现长远脱贫提供了重要保障。其一，搭三级网络，织好脱贫"立体网"。东平县打造县、乡、村三级电商服务网络，其中电商扶贫服务中心分为展示中心、实训中心和一对一专家诊断中心，从而立体化勾织了电商扶贫网。其二，引特色项目，唤来脱贫"金凤凰"。2016年9月，滨河新区电商产业园区联手村集体与海工科技公司对接，为后亭村引进绳编项目。村民潘小菌说，"公司提供原材料，我们可以将编好的工艺品售与公司或自主销售,现在我每天能有60~80元的收入"。其三,建电商基地,开辟脱贫"大后方"。从2017年开始,东平县吸引淘宝、京东等电商平台在当地建设产地直供、直发等电商基地,构建电商扶贫产业链,拓增农民致富渠道。仅后亭村一村就有店铺126家,实现年电子商务交易额2500多万元。

二 扩产增益,驶上脱贫"快车道"

东平县从扶财扶物到扶产扶智和扶人,为农民增收和持续发展储蓄了"源头活水",助力了脱贫工作花朵绽放。

(一)拓宽了脱贫空间,立体升级"条条顺"

东平县促进产业升级的同时吸引项目入村,为农民乐享增收和服务扎稳了桩脚。第一,挖特色,优化了结构。东平电商扶贫项目因村制宜,打造一乡一业、一村一品,并促使农产品上线营销,强化了农产品的标准化、品牌化程度。如泺农电商搭建了泺农网上商城,共发展乡村服务站点200多家,带动农产品上行100多种,增加了农产品的附加值。第二,招雇员,保障了就业。东平县以买卖惠、卖货郎为主的农村电商乡村服务站已发展到1000多家,帮助京东商城招募乡村推广员300多人,直接提供就业岗位2000个。第三,搭平台,拓深了服务。电商平台不仅为农民售卖农产品搭设了"绿色通道",还将农资和技术送至农民家门口。泺农电商经理张淑朋表示:"电商扶贫不仅仅是帮助农民开网店增加收入,还给农民提供了各类服务。"

(二)凸显了脱贫实效,多维增效"项项优"

电商扶贫的创新模式为农民和集体增收带来了实效,从根本上促使了乡村生活大变样。一方面增加了农民收入。"在淘宝大学讲师的帮助下我先后开设6家网店,吸纳周边6名建档立卡的贫困群众就业,使其人均增收2000元,"后亭村村民李梅说。另一方面增加了集体收入。泰安影响力电子商务有限公司与村集体签订合同,保障村集体在第一年通过电商扶贫项目获得的收入不低于扶贫专项资金的10%,即4.8万元;另外村集体还通过为农户提供货源和回购项目成品赚取差价,从而增加集体收入。

（三）盘活了脱贫棋局，全局创活"路路通"

激活内生动力、培育新型发展人才是解决返贫困局的长效保障。东平县电商扶贫的举措，让农民和农村多重受益。首先，挖掘了经营潜力。后亭村60岁村民彭秀凤积极打理自己的网上小店，成为村里知名的互联网"弄潮儿"。"一开始我就是个电脑盲，要是没有这些小老师的帮助，我做梦都没想到能从网上挣钱！"其次，培育了新型经营主体。老湖镇前埠子村村民解庆丽表示，"听了电商辅导老师的讲课，我也萌生了开网店的念头，现在我开网店卖家乡特产，生意一下子火了起来"。最后，留住了发展人才。毕业于职业技术学校的后亭村村民姜圣奎通过参与电商扶贫项目，在网上开店销售五谷杂粮，仅2016年网店就实现1.7万元的收入，"以前没有电商扶贫项目，我只能跑到外地去打工，现在不仅留了村，更顾了家"。

三 助力攻坚，跑出脱贫"加速度"

东平县创新电商扶贫模式，解决了农民难以增收和脱贫的难题，为社会精准扶贫提供了新的范本，具有重大的现实意义和推广价值。

（一）电商扶贫是农民创益增收的有益探索

2016年，国务院扶贫开发领导小组办公室发布《关于促进电商精准扶贫的指导意见》，明确指出要将电商扶贫纳入脱贫攻坚总体部署和工作体系，实施电商扶贫工程。东平县探索创新电商扶贫模式，充分挖掘了电商这一新兴事物的内在潜力，更盘活了乡村沉睡的资源，实现了资源向财产性收入的转化，不仅增加了农民的收入，更实现了贫困户的脱贫。这一创新型精准扶贫模式的探索，对于激发社会多途径参与精准扶贫的潜力、促进多元主体共同发挥助力脱贫具有重要的借鉴意义。

（二）政府统引是实现电商扶贫精准发力的保障

没有强大的后盾支持，电商扶贫项目的运转将成为无源之水。在电商扶贫项目运转之前，东平县即制定并出台多个指导意见，为项目的开展保驾护航。同时，东平县加强和知名电商平台的业务合作并搭建县、乡、村三级电商服务网络，立体化保障电商扶贫项目的开展和实效发挥，多重举措解决了电商扶贫项目的后顾之忧。可见，政府统引是实现电商扶贫精准发力的有效保障。

（三）专业培育是走稳电商扶贫之路的核心

国务院扶贫办出台的《关于促进电商精准扶贫的指导意见》提出，要加大贫困地区电商人才培训。电子商务虽已悄然成为农村转变经济发展方式、优化产业结构和促进农民创业增收的重要动力，但仍面临着专业人才匮乏的困境。东平县借助阿里研究院和淘宝大学等专业主体，免费为贫困户讲授电商知识和实际操作，实现了普通农民向"电商潮人"的快速转化，为实现贫困户的快速脱贫打下了坚实的基础。可见，走稳电商扶贫模式的核心所在是专业培育。

（四）激活脱贫内生动力是电商扶贫的根本

习近平总书记多次强调，"扶贫先扶志，扶贫必扶智"。过去的扶贫模式仍存在"给钱不给技、给物不给业"的现象，只有外部"输血"式扶贫而无内部"造血"式脱贫的模式往往难以激发贫困群众自我发展的内生动力，从而造成"扶贫难脱贫，脱贫易返贫"的尴尬境地。东平县一改过去的扶贫模式，借助电商扶贫项目对贫困户加强专业型培训、精细化服务，真正使农民掌握一技之长，带动农民就业创业，从根本上激活了贫困户脱贫的内生动力，具有可推广、可复制意义。

企业助力脱贫：农民过上"鲜花般的生活"

——基于山东省东平县企业参与精准脱贫工作的调查与思考

2016 年习近平总书记在考察永宁县闽户镇扶贫工作时强调，企业在加快自身发展的同时，也要在产业扶贫过程中发挥好推动作用。然而长期以来，以政府为主导的扶贫工作面临着"主体单一，模式粗放，机制缺乏"的困境，致使贫困户"脱贫参与不足，持续脱贫乏力，返贫现象频发"。对此，东平县企业以彰显自身责任为向导，以助力精准脱贫为契机，探索出一条"生产带动，运营推动，产业撬动"的助力脱贫攻坚模式。具体而言，就是企业以现代化生产带动为抓手，革新观念；以专业化运营推动为支撑，稳定脱贫；以规模化产业撬动为关键，长效富民；让贫困户"愿脱贫，能脱贫，稳脱贫"，从而过上"鲜花般的生活"。

一　现代生产带动，予民以能，育好脱贫"花苗"

为彰显社会责任，东平县企业塑造农民"主动脱贫观"，铸就农民"自我脱贫技"，为农民长效脱贫夯实基础。

（一）深入引导转观念，注入"鲜活水"

为激发农民脱贫内生动力，东平县企业以"精神脱贫"为突破口，扶起贫困户主动脱贫"志气"。其一，摒弃旧思想，改变农民"穷自在"。山沙公司组织工作人员进村宣传，入户宣讲，发放宣传资料，改变贫困户的"穷自在"落后思想，鼓励贫困户主动脱贫。其二，培养自信心，引导农民"战穷志"。鸿泰公司通过树立贫困户成功就业脱贫的典型，培养贫困户脱贫自信心，从而带动贫困户积极就业，实现稳定脱贫。其三，扶起新志气，助力农民"拔穷根"。鸿泰公司采用"招聘会入村"的方式，与贫困户面对面交流，当场解答贫困户就业疑问，实现了200多个贫困户"家门口就业"。

（二）精准指导输技术，筑实"培苗床"

企业推动技术到户，技能到人，打造持续扶贫机制。第一，统一培训，激发脱贫"牵引力"。瑞青公司统一培训农户种植技术，2016年统一培训农户达109户，同时带动了周边4个村子加入玫瑰种植。第二，定点帮扶，激起脱贫"创造力"。山沙公司通过提供技术、技能指导，带动贫困户创设制衣加工点，经理房华表示："2016年我们通过给技术，提技能，带动了26户贫困户创业脱贫。"第三，学习深造，培育脱贫"后发力"。瑞青公司每年选派15个贫困户到外省进行技术学习深造，不断增强贫困户脱贫"后发力"。第四，以老带新，孕育脱贫"内驱力"。山沙公司采用"传帮带，老带新"的形式，从其他厂调来一批高素质的老员工，手把手指导贫困户制衣技能，既实现了贫困户技能整体提升，也保障了其稳定增收。

（三）规范管理强能力，育出"新花苗"

企业立足自身专业化优势，瞄准贫困户，优化分工管理，拓展能力提升空间，实现贫困户的角色再造。一是科学化分工，明确自我脱贫能力。山沙公司采用"尊重意见，了解喜好，参考条件"相结合的方式，对61个贫困户进行分工管理，助力贫困户了解自身脱贫优势。二是流水式作业，提高生产协作能力。企业生产采用现代化流水作业，注重培养员工之间协作配合能力，实现贫困户快速适应现代化生产方式。一位入职的贫困户表示："刚进来跟不上流水线，后来有老员工带着，现在已经能够和大家配合着工作。"三是制度化考核，造就自我约束能力。企业建立员工考核制度，提高贫困户自我约束能力。山沙公司车间主任蒋先生表示："这些贫困户以前比较懒散,公司建立了针对性的考核制度,现在有了很大的进步。"

二 专业运营推动,授民以业,施好脱贫"底肥"

东平县企业立足市场优势,将自身发展与农民脱贫有机结合,实现农民脱贫有"道"。

(一)带动就业,固好脱贫"底"

东平县企业以车间生产带动贫困户就业,分岗安置,实现贫困户稳定增收。首先,精准对接,青壮进入"生产岗"。企业通过与贫困户精准对接,了解青壮贫困户意愿、个人优势,安排青壮贫困户进入不同的生产部门。东杨楼村的贫困户杨周礼有一定的缝纫基础,企业把他安排到服装生产线工作,每月工资可达 4000 元。其次,结对帮扶,老弱站上"爱心岗"。企业结对帮扶老弱贫困户,接纳年纪大、劳动能力弱的贫困人口就业,并对其进行合理安置。鸿泰公司董事长李洪星说道:"我们厂解决了 20 多个高龄贫困户就业,每个人每天不低于 40 元的工资。"最后,车间外延,病残走上"便民岗"。鸿泰公司将车间"外延"至行动不便的贫困户家里,公司上门培训编织技术,并提供编织原料。

(二)帮扶创业,下好脱贫"肥"

为打造"造血式"扶贫,东平县企业发挥市场优势,带动贫困户创业脱贫。一是提供原料,农民"少操心"。企业为贫困户提供生产原料,创设厂外加工点。例如鸿泰公司为前河涯村的一位贫困户提供柳条,该贫困户组织其他 3 名贫困人口开展柳条编织,每天收益可达 200 元。二是保障订单,农民"不担心"。企业通过提供生产订单,保障贫困户创业增收。东杨楼村的贫困户表示:"公司给我们下订单,我们不用担心产品生产和销路问题。"三是支持设备,农民"多省心"。为了支持贫困户创业,山沙公司给贫困户提供制衣特种机器,并解决维修和保养问题,带动了 26 个贫困户创业,实现了 600 多人就业,辐射了周围 41 个行政村。

三 规模产业撬动,富民以制,护好脱贫"花蕾"

东平县企业以产业为支撑,以机制为保障,实现企业与农民紧密联结,保证贫困户精准收益。

(一)利益联结,实现脱贫稳推进

东平县企业立足市场需求,构建企业与农户的利益联结机制,实现农民"小生产"联结企业"大市场"。一是订单入户,农企"肩并肩"。鸿泰公司和贫困户签订柳条种植订单,贫困户按照种植标准和订单规划种植柳条,公司保底回收每市斤 0.6 元。公司李经理表示:"2016 年柳条每亩产量仅为 4000 多斤,今年每亩可收 6000 斤以上,预计贫困户每亩收入 3600 元以上。"二是价格托底,农企"手拉手"。瑞青公司为贫困户提供玫瑰花苗、技术和种植标准,并设保护价托底收购。周林村的贫困户表示:"2016 年他们(瑞青公司)以 10 元每斤的价格托底,我们平均每亩玫瑰花收益在 6000 元以上。"三是土地入股,农企"心贴心"。企业采用"以股联民"的形式,贫困户以土地入股公司,享有保底收入和股份分红。周林村的贫困户以土地入股瑞青公司,每年享受保底和分红,截至 2016 年年底,周林村有 63 人实现脱贫。

(二)利益共享,保障农户享红利

为实现扶贫"一次性"向"可持续"转变,企业通过构建利益共享机制,用活资金,为脱贫"造血"。一是稳定活保底,为脱贫"输血"。企业采用股份合作制整合农村土地,贫困户土地入股,享有稳定保底收入。参与合作社的贫困户表示:"现在的保底只是暂时的,公司收益增加以后,保底也相应提高。"二是盘活死资金,为脱贫"造血"。鸿泰公司吸收沙河站镇扶贫资金 205 万元用于扩大生产,通过专业化的经营,实现资金增值,每年提取 10%的资金用于扶贫。三是共享股红利,为脱贫"活血"。企业采用"保底+分红"的扶贫模式,贫困户除了保底收入,还可享受股份红利。"2016 年我们平均每户分红 500 元,今年玫瑰情况比去年好,预计要翻一番",周林村的贫困户王胜宏表示。

(三)风险先担,确保脱贫可持续

为预防贫困户脱贫再返贫,东平县企业构建机制,以制护民,确保脱贫工作稳步推进。第一,纳民入链,脱贫少风险。企业把农民生产纳入企业生产链条,先担市场风险。如瑞青公司委托贫困户种植玫瑰花,以保护价托底,减少脱贫风险。一位种植玫瑰花的农户表示:"前几年因为市场原因，瑞青公司亏损很大，但因为有保护价托底，我们都赚到了钱。"第二，产业延伸，脱贫降风险。瑞青公司对玫瑰进行深加工，开发了玫瑰精油、玫瑰花酱等新产品，延伸产业链，不仅增强了企业抵抗风险的能力，也保障了贫困户的红利收入。第三，设立基金，脱贫低风险。企业每年扣除税收、成本后，提取一定的公积金和风险基金用于防范风险，保障贫困户稳定增收。瑞青公司董事长助理白陆远表示："我们扣除必要的费用后，留下50%作为风险基金，就是要保证贫困户脱贫低风险。"

四 社会责任牵动，扶民以立，绽放脱贫"花朵"

东平县企业主动彰显社会责任，将自身发展和贫困户有机联结，通过技能强化，就业帮扶，机制保障，助力农民迎来"鲜花般的生活"，给全国精准扶贫工作提供了有益借鉴。

（一）彰显社会责任是企业助力脱贫攻坚的出发点

国务院办公厅出台的《关于进一步动员社会各方面力量参与扶贫开发的意见》强调，"大力倡导民营企业扶贫，鼓励民营企业积极承担社会责任"。长期以来，以政府为主导的扶贫工作中社会力量参与不足，贫困主体参与性较低。东平县企业从"心"出发，彰显社会责任，通过"多方面技能培训，多方式就业帮扶，多种类产业扶植"等形式助力贫困户实现长效脱贫。因此，要积极引导企业彰显社会责任，打造脱贫新模式。

（二）构建利益联结机制是企业助力脱贫的关键

构建利益联结机制是企业助力扶贫的有效手段。过去，企业帮扶贫困户只是一种简单的帮扶关系，尚未真正形成供需对接、利益共享的格局。东平县企业以精准脱贫为切入点，通过构建订单保护机制、合作服务机制以及股份合作机制等多种联结机制，形成了农企利益共同体，不仅实现了企业跨越式发展，而且促使贫困户走上脱贫致富之路。东平经验启示我们，要着眼于构建农企利益联结机制，实现农企互利共进。

（三）予民以能是企业助力脱贫攻坚的核心

提升农民主动脱贫的能力是企业助力农民脱贫攻坚的核心。长期以来，有些贫困户信心不足，不愿脱贫；能力有限，不会脱贫；条件受限，不能脱贫。对此，东平企业以农民脱贫能力建设为核心，通过思想引导、技术帮扶、技能培训等形式多层次强化农民脱贫能力，突破"扶不起"，打破"穷依旧"。东平经验启示我们，实现精准脱贫，要强民以能，注重培育贫困户自我脱贫能力。

（四）实现农民生活提质是企业助力脱贫的方向

实现农民物质精神双脱贫是精准扶贫的终极目标，也是企业助力农民脱贫的方向。东平县企业发挥自身优势，以转思想、强技能引导贫困户走出"精神困境"，以促就业、带创业突破农民脱贫"帮而不富"，既富了农民"口袋"，也富了贫困户"脑袋"。因此，要引导企业明确推进脱贫攻坚方向，实现贫困户生活提质，助力农民迎来"鲜花般的生活"。

链式升级：探寻农村社区化良性发展之路

——基于山东省东平县移民搬迁社区的调查与思考

2017年6月中央《关于加强和完善城乡社区治理的意见》中指出，要"努力把社区建设成为和谐有序、绿色文明、创新包容、共建共享的幸福家园"。在当前城镇化的大背景下，各地的社区建设如火如荼，然而，一直以来，由于农村社区建设"难尊民意、难顾民利"，往往面临"逼民上楼、泥腿上楼、上楼致贫、上楼无治"等困境，使得新建社区难以真正成为农民的幸福家园。鉴于此，山东省东平县以移民搬迁社区建设为契机，以新生活辅导为着力点，转变生活方式，实现移民安居；以产业同步推进为支撑，以多元技能培训为动能，转变生产方式，实现移民乐业；通过重塑产权单元、打造服务单元、升级治理单元，促进多单元融合治理，由此层层推进，实现社区生活、生产、治理的全链条发展，探寻出一条"链式升级、良性循环"的农村社区化发展新路子。

一 生产难定，生活难安，库区移民深陷发展困境

东平县是全国第二、山东省第一移民大县，作为全国移民避险解困试点县，共涉及24.5万库区移民。长期以来，由于受自然灾害、区位条件的

影响，库区移民深陷发展困境。

（一）生存"危"，无处可避

受历史因素、自然灾害影响，库区移民面临生存危机。一方面，搬迁频繁，财产危机。东平县库区移民村因为多次迁移，造成土地等生产资源缺乏。如，在1956~1966年这十年间，东平县的沿湖7村至少迁移了10次，造成其中80%的村子无地。孟庄村书记徐延全对此感叹："我们村子穷就穷在搬迁，一搬三穷！"

另一方面，灾害频发，生命危险。库区移民长年临湖而居，洪涝灾害、地质灾害等自然灾害对村民生命财产安全形成长期威胁。在迁入凤凰社区之前，侯林村村民生活在湖区，涨水年份周围农田和房屋被淹没，到了落水年份，村民日常的生活用水以及浇灌农田的农业用水短缺，村民们日夜盼迁。

（二）生产"弱"，无业可从

一是无地可种。随着东平湖水库的建设，一级湖库区耕地全部淹没在水下，移民难以发展种养产业，无法以种地谋生，多以捕鱼为业。但自从5个多月的禁渔期后，青壮年村民纷纷外出，导致村庄无人发展。如，孟庄村常年外出务工人员占村庄基本劳动力的三分之二。二是无技可用。政府虽拨款为移民在湖滩开辟田地，但由于村民缺乏现代种植技术，种植方式粗放，收益单薄。如孟庄等7个村村民在未迁入湖韵苑社区时，由于无技术支撑，只能在"抬田"用简陋的木棚种植蔬菜。7个村共3000多亩田地，但村民人均年收入仍不足2000元。三是无钱可引。土地资源是产业发展的必备生产要素，但无地移民村庄占据很少的土地资源，无法吸引外来资金投资，由此限制了移民村庄产业的兴建发展。

（三）生活"贫"，无园可依

一方面，住房破旧狭窄，无房可居。东平库区移民开始于20世纪50年代，受当时搬迁条件约束，库区人均安置建房仅0.51间，住房狭窄，几代人挤在一个院子里的情况很常见。如，在州城街道孟庄，两兄弟为了能在一个院子住下，将只有15米长的院子又分成了两个小院子。此外，移民住房建设标准低，质量差，3.06万间成为危房，亟须修缮。如，州城街道沿湖7村有50%的房子仍为泥坯房。

另一方面，补贴"撒芝麻盐"，成效甚微。作为移民大县的东平，每年承接财政扶持资金3亿多元，但因资金一次性投放，分散使用，扶持效果不佳。如，州城街道沿湖7村的移民从2006年起，每人每月有50元的移民补贴，补贴期限为20年，但是这样分散的补贴，"就像撒芝麻盐，撒下去就看不见了，成效不明显，村民还是贫困"。

二 精细辅导，生活安居，避免"泥腿上楼"

为铺设农民适应新生活的"快车道"，东平县针对农民上楼面临的系列不适应问题，实现了农民从"泥腿上楼"到"洗脚上楼"再到"换脑上楼"。

（一）移民入社区，开启新生活

东平县尊民需、保农利，激发农民参与，使农民乐意上楼开始新生活，为新生活辅导做好铺垫。一是需求为导，唤醒新生活愿景。如，州城街道湖韵苑社区采取定向入户方式，同时通过变"上访"为"下访"，细致并实时掌握了7个搬迁村、共751户移民的住房、就业需求。通过为农民"算细账"的方式，激发对社区居住生活的向往。村民孟广军欣喜地表示："住楼房娶媳妇容易多了！"二是利益递进，重塑新生活信心。社区丈量房屋时，采取为移民多测量1拇指的距离，让利于民。此外，社区通过社区建筑务工、再利用原屋资源等方式，为农民留情增利，巧妙解决移民上楼不信任问题。如，湖韵苑社区让开发商购置农民难舍的房前屋后经济树木，以绿化新社区，以利增民信。三是参与激发，迸发新生活热情。社区采取分类随机择房机制，如，湖韵苑社区近60%的村支部书记抓到顶楼，使群众信服，保障农民参与公平。社区让移民以多种监督身份参与社区修建，实现"群众的楼群众管"。例如，湖韵苑社区的务工村民发现在建楼体出现裂缝，及时联系施工方，使墙体得以重修加固。此外，社区采用"实验室工作法"，选取孟庄村40户先期体验传口碑，引导群众搬迁新居。

（二）精细化辅导，适应新生活

为解决村民对新生活不适应的难题，东平县以干部担任新生活辅导员，开启新生活辅导模式。首先，提前介入，排查问题。如，州城街道组织108名新生活辅导员，提前进社区，以衡量自家的标准替村民验收新房，一旦发现问题立即上报，由指挥部安排专业人员整改。据统计，百名辅导员为社区群众协调解决上楼后的问题2600多项。其次，精细引导，上楼示范。辅导员在引导湖韵苑社区的居民入住的同时，面对面向村民演示天然气、坐便器等日常家用设施的使用方法及讲解入住注意事项。辅导结束后，请村民签字确认，确保辅导落实。再次，借助外力，专业培训。针对天然气、数字电视等移民入住后的新鲜事物，依托相关单位组织等提供免费培训。居民可根据自身需要，选择性参与。湖韵苑社区居民参与天然气培训次数达30次以上。最后，退出接力，持续辅导。在居民基本适应社区新生活后，108名辅导员离岗不离责，撤离社区时会留下联系方式以便继续辅导。州城街道人大黄副主席说：“我们人虽离开，心还要在社区。村民有任何问题和困难都可以随时咨询。"

（三）移民渐融入，享受新生活

新生活辅导不局限于让农民适应生活，同时更注重让农民享受新生活。其一，转变居住方式，变"频搬迁"为"安心居"。为改变库区移民"一搬三穷"的状况，东平县依据群众意愿，为各移民社区建设高标准社区楼房，并通过日常生活技能的辅导，帮助农民适应居住环境巨大改变，使其居家生活舒心，入住满意度达98%。村民王洪秋表示："现在没事下楼遛遛弯，回到家喝喝茶养养花，还觉着挺得劲。"其二，培养公共行为，变"脏乱差"为"明洁好"。湖韵苑社区通过建立爱心超市，将各项善行义举"明码标价"，如，爱护绿化环境、免费为居民义诊等行为均可积分，移民以积分购买商品，激发了农民公共意识，提高农民参与志愿活动积极性，使社区生活暖心。"之前是适应，现在是享受。原来我们村子在湖区里，又脏又乱，你看现在多干净，比城里都好"，85岁村民解培德说。其三，再造特色文化，变"洗脚上楼"为"换脑上楼"。州城街道湖韵苑社区利用社区特殊环境，打造河岸文化等社区特色文化，培育村民的社区意识，增强居民社区归属感。通过创业文化宣传，培育风险意识与竞争意识，引导村民积极参与市场经济中去。如今社区居民的日常话题慢慢转变成了"店面房、项目"等。

三 两区共建，生产乐业，避免"上楼致贫"

为解决农民"上楼失业""因楼致贫"等问题，东平县通过产园同步规划，配套建设，实现了村民增收，集体增利。

（一）产园同步共创，搭建新基地

东平县社区发展将产业园与社区建设同时进行，为农民与村集体增收搭建平台。一是以移民家园为基点，提升居住质量。社区为迁入居民统一建设社区楼房，规划3种户型，满足不同年龄层次、收入水平移民的住房需求。同步建设学校、卫生室、养老服务中心等公共基础设施。二是以产业园区为支撑，搭建就业平台。东平县在11个移民社区周边规划了30个产业园区，已有21个项目落地建设，有效带动1.2万余名库区贫困移民就业创收。三是以产园融合为保障，提供发展动力。在完善配套设施的基础上，社区通过新建厂房，为产业发展提供设备条件，而多个移民村集中居住也为企业提供劳动力，降低企业用工成本。

（二）特色产业发展，提供新岗位

一是引进劳动密集型产业。为满足就业需求，引进服装、纺织、玩具、农产品加工等劳动密集型产业，实现家门口就业。州城街道湖韵苑社区总投资1520万元，建设了有5个车间的服装加工园，安置沿湖七村800多人就业，妇女既可照顾孩子，又可实现增收。二是升级传统确定型产业。例如，老湖镇充分利用当地麻鸭养殖传统，规划建设浠源水产品加工厂；凤凰社区利用东平湖库区优越的自然条件，依托西三和瑞丰两大产业园区，发展特种动物养殖产业。三是培育地缘优势型产业。东平县依托东平湖优势，在沿湖周边规划建设30个产业园区，重点培育优质水产品、乡村旅游等产业。如，老湖镇凤凰社区利用湖区湿地生态资源，开发水浒湿地休闲旅游区，发展旅游产业等。四是发展电商产业。老湖镇凤凰社区积极开展电子商务培训，开网店的农户达120余家，主要从事东平湖湖产品的网上经营，现已有40~50个店铺长期经营有固定客户，户年增收2万余元。

（三）多元技能培训，适应新生产

东平县注重通过培训扶智，帮助移民就业，转变生产方式。其一，前置性培训，人才技术无缝对接。湖韵苑社区产业园创新机制，在产业园区尚未建成以前，便开始积极引进人才，并对移民进行生产培训，实现了人才和技术的无缝对接。已有260人提前到社区的服装加工老厂接受培训。其二，订单式培训，产业用工"私人订制"。东平县根据岗位及移民技能需求，将"填鸭式"培训改为"私人定制"、让移民自主"点餐"，再"量身定做"培训方案，全面提升移民生产技能。东平县先后举办库区移民生产技能培训班600余次，培训群众7.5万人次。其三，带动型培训，促进移民发展创业。依托企业，以邀请专家或者"老带新"的形式，提供技术、技能指导，带动贫困户创设制衣加工点。山沙公司经理房华表示："2016年我们通过给技术，提技能，带动了26户贫困户创业脱贫。"泰禾公司组织县内外专家对1345名贫困移民开展食用菌种植技术培训，培育了21个食用菌专业村。

四 层级衔接，治理融合，避免"上楼无治"

在实现农民安居乐业的同时，东平县积极探索创新政经分离的乡村治理机制，推进产权单元、服务单元、治理单元多单元融合的农村综合改革，为社区持续发展铺平道路。

（一）分类股改，配套产权单元

东平县将股份改革与社区建设相配套，使农民入社变股民，实现了人进社区、业进园区、居有改善、业有保障。首先，"集体资产型"村庄，提前股权改革。对于搬迁之前拥有集体资产的村庄，东平县对原村集体资产进行清产核资，股权量化，组建社区股份经济合作社。对没有土地资源开发或集体企业的村庄，由社区党支部代管原村集体经济组织，管理村庄的集体资产。老湖镇滨湖社区便在前期将有集体资产的朱桥村进行清产核资，股权量化。其次，"无产增产型"村庄，建立社区产权。对于搬迁之前没有集体资产的村庄，在新社区成立之后，共同拥有的资产，探索建立社区产权，组建社区股份经济合作社。州城街道王楼东村原位于湖区，村民多为无地，村集体无资产，在迁入湖韵苑社区后，集体增收，该社区成立了社区股份经济合作社。最后，"有产增产"型村庄，留原股设增股。对于搬迁之前的村庄，拥有集体资产的，先期进行清产核资，股权量化，进入社区之后保留原有的集体资产股份权益。新社区成立之后共同拥有的资产，探索建立社区产权，组建社区股份经济合作社。

（二）社区转型，打造服务单元

在建立社区产权单元的基础上，东平县同时推动社区服务单元的形成。一方面，以综合性服务单元统筹。村民入社区后，东平县改变原村庄传统的村委会组织架构，让其成为提供服务的平台。在社区层面，设置社区事务管理委员会，再下设社区公益事业服务站、红白事服务站、农民就业服务站、志愿者服务站等10个服务站，为社区移民服务。老湖镇凤凰社区的贾姓村民欣喜地表示："比起原来住在上边，现在方便多了。"另一方面，以专业化服务单元管理。社区通过引入专业的物业公司进行管理，提供专业服务，让居民享受社区生活，并且以租金分红交物业费的方式，实现了为服务提质、为居民减负。湖韵苑社区将服装加工等两个企业每年给的60万元集体土地和厂房设备租金，用于社区物业服务，减少村民开支。

（三）纵横互拓，升级治理单元

一方面，拓展行政单元。从横向来看，东平县在移民社区成立"三委"，即社区总支委员会、社区事务管理委员会和社区事务监督委员会。为增强党组织的领导核心作用，东平县移民社区实行党的组织覆盖和工作覆盖。老湖镇滨湖社区在社区总支委员会牵头下，进行清产核资，成立社区股份经济合作社。

另一方面，下沉自治单元。就纵向而言，移民新社区建立三级自治体系。在社区层面设置社区事务管理委员，形成社区居民自治；将原来的行政村变成自治单元，形成片区居民自治；根据楼栋分布，形成楼栋居民自治，形成了社区—片区—楼栋三级自治体系。州城街道湖韵苑社区以8户为一个楼栋单元，由居民推选楼栋长，负责定期收集和及时解决居民反映的问题等，建立了长效自治机制。

五　链式升级，良性循环，探寻农村社区化新路径

通过精细化的新生活辅导、"两区共建"、多单元融合治理，东平县移民社区探索出了一条社区良性发展的道路，使社区居民实现了生活安居、生产乐业、治理能力提升，具有重要的借鉴意义和推广价值。

（一）新生活辅导是移民走向社区化的基础和前提

农村社区建设最根本的是"以人为核心"的社区化，要以农民顺利适应现代社区生产生活方式为基础和前提。但长期以来，农民往往是带着老一套生产方式、生活习惯、思维方式上楼，对社区化的新生活不适应，致使新社区面临纠纷难解决、农民难融入、管理难有序等一系列问题。东平县以搬迁移民社区建设为契机，借助新生活辅导员，以精细辅导的方式，加快了农民适应新生活的脚步，农民更好地享受新生活，有效地实现了农民的社区化。

（二）"两区共建"是保障社区良性发展的关键

当前，社区建设对改造速度和建设形式的过分追求，使得单纯的"建高楼、搞环境、配公建"成为普遍现象，致使社区在发展过程中面临产业"空心化"、后续发展动力不足等问题。为此，东平县通过"两区共建"即移民家园和社区产业园同步建设，以产业留住农民；以农民就业和产业发展促村民和集体增收，以村民和集体增收推进社区持续发展，如此形成了一种良性循环，打破了农民"上楼致贫"的困境。由此可见，农村社区建设不是简单的人口聚集，更要解决农民就业发展的问题，通过产业发展与社区建设相衔接，让农民"住得进、能就业、可致富"。

（三）多单元融合治理是社区持续发展的重要保障

健全治理体系和提升治理能力是社区持续发展的重要支撑。在新型城镇化的大趋势下，社区治理的条件和环境也会发生改变，由过去的"单单元治理"逐步迈向"多单元治理"。东平县以产权改革为着力点，推动社区产权单元建设，为社区发展提供经济支撑；以服务转型为接力棒，实现居民共享服务，为社区良性发展提供动能；借助治理单元的升级再造，实现行政单元与自治单元的分离，推动居民自治能力提升。在推进产权单元、服务单元、治理单元多单元融合的过程中，健全了社区治理体系，为社区持续发展提供了制度保障。这启示我们：在社区建设的过程中，必须根据社区所承担的职能，因时制宜，因地制宜，构筑相应的治理单元，以多单元融合治理促进社区持续发展。

"护权让利"：为何这里的移民搬迁无上访？

——基于山东省东平县湖韵苑社区移民搬迁的调查与思考

移民搬迁工程是国家惠民利民的重要民生工程。但是，长期以来，移民搬迁工作往往是政府"单刀直入，单向发力，为移民而移民"，移民"利难以维，情难以系，为维权而上访"，政府和移民背道而驰，移民搬迁工程事与愿违。鉴于此，东平县湖韵苑社区以遵循民意为基础，以拓展民利为内核，以凸显移民主体地位为主线，上下互动、多维参与、社民共治，实现移民安居乐业，确保移民工程"功在眼下，利在长远"。

一 聚民之意，移民搬迁"心甘情愿"

面对需求各异的移民，湖韵苑社区以尊重移民意愿为先导，通过精细化问需摸底、指向性答疑解忧、物质精神结合激励，化"逼民上楼"为"引民上楼"。

（一）"精准把脉"，汇集民需

为确保移民"不带着问题上楼"，社区拆迁前期充分摸清群众需求。一方面，入户摸底，找准"脉搏"。社区采取"一户一表""一事一档"

的方式，切实掌握7个搬迁村，合计751户移民的住房及就业需求，为群众满意指明方向。另一方面，实时走访，掌握"症结"。湖韵苑党委变"上访"为"下访"，实时搜集群众困难的第一手资料。对此，湖韵苑社区李大爷感慨地说："社区干部基本上每隔两三天就要来我家和我拉拉话，让我有啥困难及时反映，一定尽量帮我落实。"

（二）"对症下药"，消解民虑

湖韵苑社区将移民的不同需求逐一落实，让群众看到实效，真正解除移民心中顾虑。一是讲好政策"算细账"，解民惑。村两委在充分宣讲移民搬迁政策的基础上，细致算好拆迁账、补偿账、购房账，为群众算清优惠，驱散"疑云"。社民王先生表示："村干部给我家一算，原来我拿一点钱就能住上楼房，可不是政策好嘛！"二是参观体验"传口碑"，树信心。湖韵苑社区先后组织若干批次，让群众代表参观先进搬迁社区，通过与当地村民交流心得，坚定整体搬迁信心，最终使得社区搬迁协议签订率达到100%。三是带头搬迁"立榜样"，稳民心。社区党委干部在拆迁、搬迁过程中领头示范，使群众服下"定心丸"。如湖韵苑社区王楼西村的马道义书记率先拆除自家2012年新建的二层楼房，以实际行动树榜样，带动普通群众安心拆迁。

（三）"活血固元"，激励民心

湖韵苑社区在察民需、解民惑的基础上辅以精神、物质双激励，激发群众"争先上楼"的热情。第一，以美好意愿牵引。社区带群众"跨大步"，向群众承诺第一步使居住环境得到改善，第二步提供就业机会促移民增收。对此，村民孟则远欣喜地说："环境改善了，就业跟上了，孩子娶媳妇可就容易多了！"第二，以倒序积分指引。湖韵苑社区依据村民签订协议的时间逐天递增赠予积分，积分越多则首轮抓阄顺序越靠后。部分村民为靠前抓阄，三更半夜便等在社区门口盼着签协议。第三，以限时得益吸引。湖韵苑社区为前三天签订协议的村民给予一定现金及生活物资奖励，充分调动群众热情。

二 让民于利，移民搬迁"有利可图"

湖韵苑社区在移民搬迁过程中不仅保障移民的基本权益，还积极开拓路径，为移民谋增利谋长利，确保上楼群众的"生存之道"。

（一）保基本，划标线

湖韵苑社区通过保价、保民、保公平，充分保障移民的基本利益。其一，房屋价格，一分不能多。湖韵苑社区为把好建筑质量关，在建设过程中，提高了所用建筑材料标准，造成建设资金超出预算，但社区并没有将这部分经济支出外摊，坚持房屋购置价格不变，以提质不提价切实保障了移民利益。其二，特困移民，一个也不落。社区为减轻28户上楼特困老人的经济负担，为其新房免费配上基础生活设施，保证"一个都不能少"。其三，机会公平，每户都一样。长期以来选房不公是移民上访的触发点。为此湖韵苑社区采取分类随机择房机制。以抓阄的方式，先抓顺序，再抓房号，选房结果当场公示并签字。在选房环节，该社区近60%的村支部书记抓到顶楼，但仍无一例外地进行签字确认，使居民更加确信选房的公正性。

（二）设增利，扩外延

社区最大程度增利于民，把为移民创收贯穿于移民建设工程的始终。一是"增留一拇指"，解难让利。湖韵苑社区在为群众丈量房屋时，做出约"一拇指"距离的让利，可谓"让出一小步，和谐一大步"。二是"家树变社树"，留情增利。对于移民难舍的房前屋后经济树木，社区牵头使开发商敞开收购，再将收购的树木用于绿化社区，在鼓了居民口袋的同时也圆了乡情。对此，社区王大娘喜气洋洋地说："咱家以前的苹果树又重新栽在楼下，我没事就下楼给它浇个水，感觉就跟原来一样！"三是"移民来保洁"，自营得利。为了更好地治理新社区，湖韵苑社区注册成立物业公司，优先安排村中贫困户上岗。社区保洁张阿姨表示："社区对咱贫困户照顾，我没啥文化，现在当个保洁员也能挣上工资了。"

（三）筑发展，谋持续

湖韵苑社区提供可持续受益机制，解决了群众最关心的"靠什么生活"的问题，使移民在"安居"的同时"乐业"。第一，社区配套，服务入户。社区实现水电暖家家通，并配套相关服务设施，为移民提供衣食住行便利，享受"城里"生活。马口村陈阿姨道出心声："现在自家干净利索，社区环境好，天天心情也美滋滋的。"第二，移民上楼，就业不愁。

湖韵苑社区通过配套产业园区建设，使家成为"金窝窝"，"下来楼就有活干"，实现家门口就业脱贫。截至2017年5月，社区服装加工园已建设完毕，可安置就业300余人，实现人均创收2000元/月。第三，产业投资，集体增收。湖韵苑社区建成后计划投资发展4个产业项目和1个生态景观项目，通过集体经济的发展带动社区移民持续受益。

三　赋民于权，移民搬迁"积极有为"

在移民搬迁工程中，湖韵苑社区赋予移民决策者、管理者、监督者多重身份，充分融合移民参与，变"消极被动"为"积极发力"。

（一）参与决策，移民坐"主位"

为提高移民满意度，湖韵苑社区充分强调在搬建迁各个环节中移民决策的参与，以增强移民的主体意识。一方面，搬不搬，移民说了算。湖韵苑社区召开多层面群众座谈会，根据群众意见对拆迁、搬迁协议进行补充细化，确保每一环节经群众同意、获群众许可，使群众手握决策权。另一方面，如何建，移民来做主。社区通过对移民进行住房面积、户型的意向性调查，根据移民自身需求规划社区建设，实现"自己的楼自己设计"。村民王爷爷回忆道："当时开大会，我就给干部说我们这些老人腿脚不好上不了楼，过几天干部就说给咱们老人建老人房，我们这说话也管用着呢！"

（二）参与管理，移民职"主事"

湖韵苑社区不但让移民参与决策，还让移民变身管理者，参与到移民搬迁全过程中。一是以宗亲力参与动员。社区以宗亲血缘为纽带，以亲带亲、以户带户，将普通群众纳入移民搬迁管理，充分激发其参与感。二是以家园情参与修建。社区建设过程中的一些打工者为未来社区移民，他们怀着建设家园之心添砖加瓦，实现了"自己的房子自己建"。三是以融入感带动居住。社区采用"实验室工作法"，以"试住"移民对社区的融入感带动其他移民的入住。湖韵苑社区在具体实施过程中选取孟庄村40户移民作为试点，他们以切身感受作好评，吸引了大批群众搬迁新居。

（三）参与监督，移民当"主将"

移民以多种监督身份参与移民工程建设，实现"群众的楼群众管"。

其一，移民代表固定监督，责任发力。搬迁村庄各选举产生一名义务监督员负责建设监督。如王庄村某义务监督员发现施工队在较冷工作环境下仍进行水泥作业，可能会影响施工质量，立即上报社区指挥部，使施工队停止作业。其二，务工移民过程监督，建监并力。实际参与施工建设的移民，可及时发现建设问题汇报整改。湖韵苑社区一村民在建筑作业时就发现在建楼体出现裂缝，并与施工方及时联系，及时进行了墙体加固重修。其三，普通村民随时监督，汇聚合力。湖韵苑社区2373位移民组成"最强监督团"，他们可自由进入建筑工地参与工程质量监督，他们亲身参与建筑监督、亲眼见证家园落成，增强了对新社区的亲近感、认同感。

四 以民为本，民利为先，实现移民搬迁零上访

东平县湖韵苑社区的创新实践，解决了移民上访三重难题，对于其他地区移民搬迁具有积极的启示意义和推广价值。

（一）问题前置是破解移民上访的有效切入点

过去政府对于移民的诉求往往是"先承诺、后解决"，这种滞后解决的方式使移民心中留有顾虑。对于"只承诺，不解决"的政府，移民更是唯恐避之而不及，政府与移民之前的信任鸿沟由此产生，这对移民搬迁工作的开展尤为不利。对此，湖韵苑社区不但"想群众之所想"，更是"想群众之未想"，通过多种方式摸清群众需求，并对症下药及时全面地落实群众诉求，将切实消除群众顾虑放在第一步，使移民上楼"不留疑问"。湖韵苑社区秉持"群众无小事"的责任感，将移民搬迁问题前置的做法，切实取得了群众信任，实现了群众欣然上楼。

（二）实现移民搬迁零上访的关键在于保障移民利益

切实保障移民利益是使搬迁移民满意的核心。过去，移民在搬迁过程中不仅要面临"失地"利益难以得到补偿的问题，还可能因为上楼后生产方式被迫转变而面临"失业"考验，善于"盘算"的移民大多因"失利"而不愿搬迁。而湖韵苑社区在搬迁过程中，将移民利益放在首位，拉伸移民既得利益线，延长移民致富产业线，以"两区共建"切实保障群众"搬得出、稳得住、能致富"，落实了移民的利益诉求，保障了移民可持续发展，也提升了移民的"满意度"。

（三）激发移民参与是助力移民搬迁零上访的重要条件

长期以来移民在搬迁过程中"被上楼"现象屡有发生，在搬不搬、如何建、如何迁等问题上，绝大多数移民被剥夺了话语权，对于即将入住的社区他们更是无从关注，缺少了作为搬迁主体的移民的源头防控和过程监管，移民搬迁的结果只能是群众的低认可度和满意度，甚至造成移民上访集聚爆发。湖韵苑在移民搬迁过程中，通过建立参与机制使移民有序参与决策、参与管理、参与监督，彰显了移民活力，在充分发挥移民自身的主观能动性的同时，维护了移民整体利益，增强了移民对新建社区的认同感。

（四）移民搬迁零上访是尊重移民主体地位的集中体现

移民搬迁无人上访充分体现了政府和社区对移民主体地位的重视和尊重。由于基层群众自治意识和维权意识相对薄弱，移民在与政府的对话中往往缺乏话语权，移民搬迁工程突出"移民主体地位"的要求在很大程度上被流于形式。湖韵苑社区在移民搬迁过程中，前期充分摸清移民需求和意愿，在此基础上实力维护移民的合法权益，同时注重激发群众参与，并以移民自身参与作为推进搬迁项目的根本动力，实现了社区拆迁安置零强拆、零事故和零上访，集中体现了对移民主体地位的尊重。

新生活辅导：铺设农民市民化"快车道"

——基于山东省东平县湖韵苑社区的调研与思考

习近平总书记强调，"新型城镇化建设要坚持以人的城镇化为核心"。当前，农民入社区，由于没有适时"充电"，其生产方式、行为方式、思维理念没有及时"进城"，使得本该更惬意的社区生活面临"生产无着落、生活无目标、观念无更新"等问题。有鉴于此，东平县湖韵苑社区积极探索，走出了一条以"新生活辅导"促进农民市民化的新路径。"新生活辅导"是指借助内外力量，以精细化辅导解决农民上楼后的诸多困难，使农民更快更好过上新生活。具体而言，就是以农民适应新生活为导向，依托新生活辅导员等多元辅导主体，通过精细辅导内容，灵活辅导方式，建立持续辅导机制，转变农民旧有的生产方式、行为模式和思维习惯，实现农民身份"破茧成蝶"，为农民享受社区化生活奠定基础。

一 融辅于社，开启农民市民化"小马达"

农民进社区，虽然"洗脚上楼"，但未根本"洗脑上楼"。为此，湖韵苑社区以干部进社区为契机，分阶段纳入多元辅导主体，采用多种辅导方式，对农民进行全方位辅导。

（一）多元辅导，分阶推进，配置适应新生活的"加速器"

为促进村民融入社区生活，湖韵苑社区的新生活辅导致力于让干部、物业公司等辅导主体在不同阶段发挥各自的辅导作用。首先，"社区是我家"，政府干部前期介入。州城街道组织108名干部提前进社区，干部像检查自家新房一样，帮助居民排查问题，一旦发现问题立即上报指挥部安排专业人员整改。对此，州城街道人大黄副主席说道："要把新房当成自己的家，不让农民带着问题上楼。"其次，"引导专业化"，物业公司后期辅助。湖韵苑社区通过在居民入住中期引进专业物业公司，借助专业人员，免费对村民进行天然气、用电知识等培训，培训次数分别达30次以上。最后，"离人不离心"，形成可持续性辅导。在居民基本适应社区新生活后，辅导员离岗不离责，撤离社区时会留下联系方式以便继续辅导。对此，街道干部表示："我们人虽离开，心还要在社区。村民有任何问题和困难都可以随时咨询。"

（二）辅导有料，因类设容，升级适应新生活的"新引擎"

湖韵苑社区的新生活辅导内容全面精细地涵盖了村民新生活的各方面。第一，日常技能示范，关怀家庭生活。每名新生活辅导员现场演示，手把手教各自负责的8户农民使用日常生活设施，让村民更好地适应新居的家庭生活。第二，特色文化再造，丰富社区生活。社区利用自身特殊环境，打造河岸文化、专栏文化、墙面文化、牌坊文化，形成具有湖韵苑特色的社区文化。通过借助特色文化兴活动，让农民下楼后生活多姿多彩。截至2017年6月，社区已建设5面文化墙。第三，就业培训前置，增添工厂生活。社区在产业园区尚未建成以前，便开始借助企业，对移民进行生产培训，同时依托政府移民教育培训基地进行移民创业就业培训。截至2017年6月，湖韵苑社区已有260人前往社区的服装加工老厂接受培训。

（三）辅导有方，换挡提速，握准适应新生活的"方向盘"

在精准细化辅导内容的基础上，注重巧妙运用辅导方式，使农民更易接受辅导。其一，服务卡随时辅导。相关部门将写有专业维护人员联系方式的服务卡发放到户，以便线上为民解惑。社区累积给居民发放水、电、气等5种服务卡。其二，辅导员上门讲解。新生活辅导员为解答村民疑问，上门讲解安全问题和注意事项，讲解完毕后请村民签字确认。据统计，新生活辅导员为社区群众协调解决上楼后的问题2600多项,社区王阿姨提道:"像干部亲自过来服务的情况,过去是不可能的。"其三,服务站固定引导。湖韵苑社区建立社区事务管理委员会,下设10类社区服务站,以定点服务的方式,使居民在日常服务中接受新生活辅导。

二 提质增速,助力农民市民化"加速度"

新生活辅导是移民社区为破解"村社转换"这道共性难题而进行的有益探索,有效促进了移民适应新生活、融入新生活、享受新生活。

(一)提供系统化辅导,变"上楼不管"为"引导适应"

在社区化发展过程中,通过多元主体提供全方位的辅导,帮助移民逐步适应社区生活。一是专业化辅导。入新社区后,天然气对于村民而言是新鲜事物,为此,社区依托燃气公司的专业人员为农民讲解燃气安全及使用。村民们在新生活辅导过程中获得了至少6项生活技能。二是精细化辅导。新生活辅导员通过瞄准需求,注重生活细节进行入户引导。对老弱病残特殊群体,采取分类细化的辅导方式,让每位上楼村民都有了适合自己的新生活辅导。三是持续化辅导。社区的新生活辅导不是"辅导一阵子,而是辅导一过程"。在入住的前、中、后都有辅导人员进行辅导,即使辅导员撤出社区,村民仍可咨询。

(二)推进人的城镇化,变"泥腿上楼"为"观念上楼"

农民住新楼,更要有新理念。为此,湖韵苑社区以辅导改习惯、提能力、转观念,使村民不仅实现了"洗脚上楼",而且实现了"换脑进城"。第一,村民"转身"变居民。通过示范讲解等生活方式的辅导,村民们改变了以往散漫无章的生活方式,适应了集中居住的生活,逐渐养成了居民的生活习惯。村民王洪秋表示:"现在没事下楼遛遛弯,回到家喝喝茶养养花,还觉着挺得劲。"第二,农民"转岗"变工人。村民通过参加就业培训,获取新的技能,很好地实现了失地农民再就业。"当了一辈子农民,现在咱也在家门口当回工人",村民王桂荣对此表示。第三,农民"转念"变社民。通过社区特色文化再造,建立了村民的社区意识。通过创业培训,引导村民积极参与到市场经济中去,培育了风险意识与竞争意识。如今许多村民的日常话题慢慢转变成了"店面房、项目"等。对此,社区干部说道:"我们鼓励移民发展小微企业,将湖产品包装或者深加工。"

(三)助力社区融合,变"入住不满"为"入住享受"

新生活辅导的过程也是帮助居民融入新社区的过程。其一,提高了生活满意度。通过新生活辅导员的前期介入,帮助居民排查问题,使湖韵苑社区的居民实现了水电气暖家家通、户户顺,居民入住满意度达98%。其二,提升了干部好评率。社区借助干部入户辅导这一举措,使干部好评率达100%。村民对干部的态度实现了从"不说话"到"说话",再到"说客气话"的大转变。其三,增强了社区认同感。湖韵苑社区是沿湖7村组成的移民新区,而社区借助新生活辅导,再造特色社区文化,以文化引领,实现了居民对社区的归属感。

(四)推动了自我管理,变"无序参与"为"规范自治"

社区的新生活辅导不仅带动了农民生产、生活习惯的改变,还促进了农民自我管理意识的提升。一是促进了社区居民交往。通过文化再造,扩大了村民的交往空间。村民现在喜欢走下楼、进广场闲聊。正如社区徐书记所说:"现在村民更多地会在广场上碰面聊天。"二是规范了社区公共行为。农民的行为模式不能通过简单的"洗脚上楼"实现,为此,湖韵苑社区通过新生活辅导一系列过程,逐渐改变以往农民入社区公共意识差的情况。村民李在荣对此说道:"现在乱扔垃圾的少了,随地吐痰的少了,大家比以前更注重自家卫生了。"三是培育了社区自治精神。在新生活辅导过程中,辅导员以类似楼栋长的身份各自负责每栋楼,在其退出社区时,引导居民根据自己的意愿,选举了自己楼栋的楼长,培育了居民参与社区管理的意识。环境的变化,让住户们格外珍惜。村民刘新明表示,自己越来越习惯于社区的生活方式,"之前看成是一种负担,现在则是享受"。

三 以新生活辅导助推农民市民化新起点

东平县探索出"新生活辅导"模式,引导农民实现了由农民向居民的"内生自变",为加快推进农民市民化提供了有价值的参考和借鉴。

(一)新生活辅导是破解农民市民化难题的着力点

农民市民化不是简单地使农民身份转变,其最终目标是要使农民实现从传统农村生产生活方式向现代城市生产生活方式的转变。但长期以来,上楼农民对"村社转换"之间的不适应被严重忽略，致使移民新社区管理难有序、问题难解决、居民难融合。为此，东平县湖韵苑社区以"有新房，更要有新理念"为思路，通过借助多方力量，从生产、生活、观念等方面给予农民辅导，帮助其上楼更好地适应新生活。因此，新生活辅导是助力农民顺利完成、行为模式、角色意识的转变有效途径。

（二）持续化辅导是助力农民适应新生活的有效方式

新生活辅导不是一次性辅导，而是需要进行持续性辅导。在社区建设中，农民往往是带着老一套生产生活习惯、思维方式上楼，而这些习惯短时间内无法立即彻底改变，短期的"样板辅导"势必难以满足农民对新生活的需求。为此，湖韵苑社区以新生活辅导员可持续辅导为人员保障，以服务站可固定引导为平台支撑，以物业公司等企业为持续专业引导，形成了持续性的辅导机制，确保上楼农民顺利适应新生活。可见，对上楼农民的可持续性辅导，是加快其适应新生活的题中之意。

（三）新生活辅导是实现人的城镇化的关键环节

习近平总书记强调，"新型城镇化建设要坚持以人的城镇化为核心"。但长期以来，城镇化建设更重视社区建设的城镇化，忽视了人的城镇化模式还未根本改变。东平县通过新生活辅导，对于农民上楼生活的困境进行全方位辅导，对农民下楼就业开展技能培训，通过湖韵苑社区完善的新生活辅导体系，解决居民的生活、生产、精神等各方面的问题，为人的城镇化创造有利条件。

从"家"到"院":迈出幸福养老"第一步"

——基于山东省东平县幸福院养老模式的调研与思考

《"十三五"国家老龄事业发展和养老体系建设规划》指出,要"通过举办农村幸福院、养老大院等方式,大力发展农村互助养老服务"。然而,在广大农村地区,由于长期存在养老"设施不全、观念不新、情感不融"等问题,导致老人对幸福院养老始终驻足不前。鉴于此,山东省东平县积极探索,走出一条从"家"到"院"的幸福养老新路径。具体而言,即以农村幸福院为依托,通过完善服务设施、转变老人观念、助力情感融合、巩固身份认同,搭建起一个老人从"家"到"院"的"便捷走廊",并以此激活老人自愿入住热情,为实现农村幸福养老提供新的经验与借鉴。

一 软硬共建,身心俱融:老人缘何入住幸福院

东平县通过设施建设、政策宣传、情感交流、认同培植,为老人从家到院层层铺路,夯实农村幸福养老根基。

(一)设施硬着陆,老人"便于住"

从幸福院基础设施建设入手,东平县为老人入住提供便利。首先,村

内建幸福院,养老就在"家门口"。为照顾老人故土难离的思想,东平县将幸福院建在村庄内部,方便老人常回家看看。对此,县民政局局长李强表示:"把幸福院建在村内,真正做到让老人'离家不离村,离亲不离情'。"其次,院内外留空间,活动引入"眼跟前"。马流泽村幸福院对院后一处废弃坑塘进行整修,搭建起200余米的九曲回廊,建成集文化、健身、休闲等于一体的活动乐园;此外,对村中空闲场地进行改造,通过安装健身器材进一步拓展老人活动空间。最后,按需配"四员",服务送到"心坎上"。针对老人衣食住行的不同需求,东平县各幸福院分别为老人配备炊事员、保洁员、服务员和管理员,切实将服务送至老人身边。"通过专人负责,老人生活的边边角角我们都能照顾到",后围村日间照料中心负责人李桂田如是说。

(二)观念软导入,老人"愿意住"

东平县通过扭转老人观念,解决老人不愿入住幸福院的难题。首先,"开小会",宣传好政策。大羊镇成立乡镇干部工作组,以座谈会的形式将幸福院建设、入住条件等政策内容告知镇内老人。其次,"喊喇叭",破解旧思想。小高庄村幸福院务管理委员会以"喊喇叭"的形式,向村中老人宣传幸福养老案例,通过宣传,有效扭转老人"养老靠子女"的旧有观念。截至2017年5月中旬,已有15名老人克服思想障碍入住幸福院。最后,"拉家常",注入新观念。各村干部借助熟人优势,在茶余饭后主动与老人拉家常,通过交谈传递养老新观念。耿山口村的耿文刚老人表示:"和书记拉拉呱,俺这老头子的养老观念也让带先进了。"

(三)情感稳搭桥,老人"乐于住"

东平县多措并举,搭建老人与干部、同伴及子女的情感交流渠道。首先,制服务卡,使老人与干部"心连心"。各村委会给老人制作并发放写有干部联系方式的服务卡,以此实现二者的及时联系,拉近老人与干部的心理距离。截至2017年7月,小高庄村幸福院入住的老人都通过服务卡与村干部建立起长久联系。其次,丰富活动,让老人与老人"手拉手"。后魏雪村幸福院通过书法、健身、广场舞等活动,为老人拓宽交流渠道,打破老人之间的情感壁垒,促使其情感融合。对此,冯德兰老人笑着说:"在一起玩的多了,大家就熟了,现在就跟亲人一样。"最后,鼓励看望,引老人与子女"面对面"。幸福院对子女探望次数进行登记,并以喇叭或张榜公布的形式予以表彰,进一步激发子女的敬老热情。

(四)认同渐显现,老人"住长久"

借助习惯延续和身份再造,东平县成功构建起老人的身份认同。一方面,沿袭农耕习惯,保留农民身份。为保证老人住长久,西王村幸福院院委会经多次探讨,同意将院内的1.5亩荒地交由院民韩允汪老人开辟使用。韩大爷边翻地边笑着说:"当了一辈子农民,干啥都不如干点农活来得畅快。"另一方面,参加"五好"评选,认可院民身份。东平县各幸福院每季主办一次"五好院民"评选活动,通过民主互评激发老人的参与意识,实现老人对其院民身份的认同。后魏雪村党支部书记郑昌华表示:"参与'五好'评选首先得是院民,这实际上是在让老人知道自己是谁哩。"

二 参享齐进,老少同益:托起农村养老幸福梦

东平县通过引导老人入住幸福院,使得老人、家庭与社会均受益,农村幸福养老成为可能。

(一)老人主体意识增强,由"漠不关心"到"幸福爆棚"

通过引导老人自愿入住幸福院,东平县激活了老人的主体意识。首先,养老观念更新,由"不离家"到"喜进院"。东平县通过为入住老人提供免费体检、护理讲座等服务,转变了老人对幸福院养老的错误认知。后魏雪村表现得尤为突出,在已有的22位入住老人基础上,又有18位老人因此而递交了入住申请。其次,参与意识增强,由"无所谓"到"愿参与"。西王村幸福院22位老人自主选举产生院务监督、卫生保洁、矛盾化解、生活监督等4个生活自治小组。其中,12位老人更是全程参与到幸福院的各项工作中去,参与意识日渐提升。最后,幸福指数提升,由"老忧心"到"常开心"。通过娱乐互带、生活互济、情感互慰等方式,老人尤其是空巢老人独居家中而产生的不适感逐渐被幸福院的温馨所冲淡。曾欲自杀的陈兆信老人在入住幸福院后,心态逐渐变好:"我现在不孤单了,觉得活着有意思了。"

(二)家庭成员关系更新,由"负重前行"到"轻装上阵"

老人从家到"院"的空间转换,使得其家庭关系减重释压。首先,子

女负担减轻。东平县老人通过自愿入"院",成功分置了子女负担。"老人年纪大了,我们生怕伺候不好,精神压力很大。搬进幸福院后,觉得压力轻了不少",耿山口村民耿文刚说道。其次,家庭矛盾缓解。通过自愿入住幸福院,老人降低了与其老伴、子女等的接触频率,无形中形成了一个"矛盾隔离带",家庭矛盾日渐消弭。据姜庄村主任姜兴合介绍,老人入住幸福院后,村里每年家庭矛盾纠纷减少7~8起。最后,代际关系和谐。随着老年人的离家入"院",其与年轻人的观念分歧暂时被搁置,加之年轻人对老人的定期看望,代际关系逐渐融洽。马流泽村幸福院委会的马明说:"孩子们来了以后陪着老人又唠嗑、又做饭洗衣,老人看着心里热乎,笑得嘴都合不拢。"

(三)养老服务愈加便民,由"悬在空中"到"触手可及"

从家到"院"的养老实践,助推了养老服务的落地生根。首先,服务距离得以缩短。马流泽村幸福院在院内就可为老人提供书报阅读、娱乐健身等服务。同时,其还将政府提供的医疗保健、电影放映等服务也引入其中,进一步缩短了服务的供给距离。其次,服务内容更加精细。针对老人需求,东瓦庄村幸福院开发建有餐厅、图书、卫生、娱乐、日间照料、老年活动等服务室,分门别类地为老人提供养老服务。该幸福院院长介绍说:"我们目前为老人提供的养老服务已达10种以上,基本能够满足老人最紧迫的养老需求。"最后,服务方式呈现多元。通过将志愿服务和老人的自助服务、互助服务相结合,幸福院积极拓展养老服务的渠道和路径。后银山村幸福院83岁的王守伦老爷子说:"单吃个饭,就有自己做、搭伙、去食堂3种选择。"

三 从"赡养"到"善养",农村幸福养老何以可为

东平县幸福院养老模式,既破解了老人"养老不离家"难题,又为农村幸福养老提供了"善养"模板和有益经验。

(一)服务便利是老人迈向幸福养老的前提

国务院《关于制定和实施老年人照顾服务项目的意见》中指出,要"加大基本公共服务资源向农村倾斜配置力度,提高农村老年人照顾服务的可及性和便利性"。对此,东平县通过引导服务下沉来缩短服务距离、

建立服务室来细化服务内容,通过他助、自助、互助相结合来丰富服务方式,使得养老服务由"高悬在空"变为"触手可及"。由此可见,服务便利是引导农村老人入住幸福院的前提,只有服务便捷,才能让老人真正迈向幸福养老。

(二)尊重习惯是老人迈向幸福养老的关键

传统养老模式下,政府多从"管理型"视角出发,对养老机构管得过死、对老人生活习惯尊重不够,致使机构养老大多不幸福。有鉴于此,东平县对幸福院实行"怎么建自由、怎么住自由、怎么管自由"的"三自由"策略,并通过允许入住老人开垦菜地、自主评选"五好院民"等措施,充分尊重老人的耕作习惯,使老人真正实现幸福养老。因而,建议各地政府在今后的村居养老建设中,充分贯彻"以人为本,共建共享"的原则,将尊重老人习惯作为促进老人迈向幸福养老的关键抓手。

(三)情感融合是老人迈向幸福养老的核心

老龄事业"十三五"规划明确提出,要"加强老年人精神关爱"。对此,东平县各幸福院积极行动,切实通过老人互娱、干群互助、代际互动等方式,来充分调动农村既有资源,修复老人入"院"前的情感网络,并以此促进老人与老人、老人与干部、老人与家人之间的情感融合,激发老人迈向幸福养老的热情与动力。可见,借力村庄既有的情感资源,多方修复老人情感网,是促使老人迈向幸福养老的核心所在。

(四)幸福院养老是创新养老模式的有益探索

"十三五"纲要指出,"目前中国的养老模式已经不能满足老龄化社会的发展需求,因而需要研究创新式发展"。东平县紧紧抓住"创新养老发展模式"这一关键话语,以老年人为突破口,通过善设施、转观念、融情感、促认同,走出了一条以幸福院为载体的自愿互助式养老新道路,有效破解了农村老人不愿入"院"、入而不乐、居而不久等难题,推动了老人主体意识转变和养老服务的落地生根,实现了农村老人幸福养老的目标,为农村养老模式创新做出了有益探索。

革故鼎新：文明节俭乡风
何以深入民心？

——基于山东省东平县"移风易俗"活动的调查与研究

2017年中央一号文件提出："要加强农村移风易俗工作，引导群众抵制婚丧嫁娶大操大办、人情债等陈规陋习。"然而，长期以来我国农村范围内仍存在"宴席铺张浪费、办事互相攀比、人情愈演愈烈"等问题，致使村民个人负债增多、家庭纠纷不断、村庄风气日下。对此，山东省东平县以移风易俗为突破口，探索出一条建设文明乡风的新路径。具体而言，即以红白理事会为载体，用服务推新风；以创规立制为支撑，用规章立新风；以适度奖惩为保障，用赏罚护新风，从而使移风易俗真正"进村入户"，破解了文明乡风"被自愿""难推行"的困境，让文明乡风外化于行、内化于心。

一 平台先行，力量聚合，筑文明乡风"地基"

东平县打破传统运动式的活动下乡的方式，通过夯实组织基础、集聚多元力量，构筑文明乡风的长效"载体"。

（一）搭平台送服务，促文明风气"落地"

东平县在原有红白理事会的基础上，创新性地形成了红白理事会、治丧委员会、监督委员会"三位一体"的服务平台，以服务带新风。一是红白理事会"垫基"，服务做实。东平县村庄以红白理事会为阵地，为村内有红白事的家庭提供服务。截至2017年6月，全县716个村（居）均成立红白理事会，实现县域全覆盖。二是治丧委员会"引路"，服务做细。红白理事会下设治丧委员会，专门负责村中白事操办。对此，姜庄村续开印老人说："村里的治丧委员会出人又出力，我们是省心又放心。"三是监督委员会"护航"，服务做正。为避免出现红白理事会有服务无监督，监督对人不对己、对下不对上的情况，东平县在村庄层面组建监督委员会，全程参与并摄像记录所操办的红白喜事，形成公开透明的服务体系。"监督委员会的6名成员都是村里德高望重、品行良好的村民"，赵楼村村支书陈凯介绍道。

（二）集角色汇力量，助文明风气"扎根"

东平县通过整合村庄内部小组组员、宗亲代表等资源，挖掘内生权威力量，以威信领新风。一方面，组长出任总理，开展源头防控。以村民小组为单位，由小组长担任大总理，牵头主办组内白事，从源头了遏制不良风气。如姜庄村11个村民小组均由小组长出任本组大总理，组内成员去世后，由大总理带领治丧委员会协助主家办理丧事。另一方面，宗亲入职理事，助力过程督导。村两委邀请村内有威信的宗亲代表担任理事会成员，充分发挥其说教与劝导作用。如安村理事会成员王继伦说："有大操大办的，干部不好去说，俺都可以出面，族里人不敢不听俺的，俺是他们三服以内的长辈宗亲。"

二 规则约束，创新思路，促文明乡风"施工"

在移风易俗工作具体推行过程中，东平县通过新规制导、宣传倡导、示范引导，为营造文明乡风培育"沃土"。

（一）建规立制，移风易俗"有蓝图"

东平县引导各村庄通过民主讨论、民主决议的方式，在汇聚民意的基础上创设新规，让文明乡风"有源可溯"。其一，汇集民意"扣心门"。为保障新规有广泛的群众基础，东平县号召村中党员干部入户走访，广集民意。如姜庄村姜兴合书记携村两委干部和党员代表分批走访了全村402户家庭,和村民"面对面"详谈,奠定新规制定的民意基础。其二,民主讨论"发心声"。为规避"一言堂",村两委召开村民大会,让群众共商共议新规细则。如大高庄村召集全村602户家庭开展了3次新风讨论活动,让村民针对婚丧标准、礼仪礼节等问题各抒己见。其三,民主决议"定心神"。通过层级民主决议,层层递进,保障新规的科学性与民主性。如姜庄村在确立新规时推行"三会三表三签字",即召开党员干部大会、村民代表大会、全体村民大会,要求与会人员现场表态,签名为证。

(二)方法创活,移风易俗"有路径"

在推行新风中,东平县通过印发"明白纸"、巧用小广播、携手微文艺、开展优教育,拓展文明乡风的宣传路径。第一,"明白纸"广推新规。村两委广发明白纸,让移风易俗新规入户到人。如姜庄村将"不设灵堂、不发烟、不上酒"等"十不"原则发放到全村402户家庭中,保证户户皆知。第二,"微文艺"广宣新风。将文艺演出与新风建设有机融合,用群众喜闻乐见的形式宣扬新风。如大高庄村每年在村内举办2场以"丧事简办、婚事新办"为主题的文艺汇演,广泛宣传先进典型。第三,"小广播"广扬正风。各村利用村内广播平台,确保村民悉知新规。对此,赵楼村村民马秀芝说:"村里的广播每天定时播放新风新规,现在我们都能背下来了。"第四,"优教育"广育文明。村庄以开办道德讲堂、播放教育片等形式开展移风易俗教育活动,让文明理念在村民心中扎根。截至2017年5月,大高村开设道德讲堂5场,播放精神文明电教片10部。

(三)示范引领,移风易俗"有标杆"

东平县积极依托干部带头领跑、党员言传身教、全民接力遵守,树立起遵守新风新规的先进标杆。首先,干部当好"领头羊"。村干部以身效法,带头实践新规。姜庄村村书记姜兴合在堂哥去世后,坚持按照"一碗菜、不发烟"等规定办理,成为村中丧事简办的第一人。其次,党员传好"接力棒"。村内党员深入群众,通过讲述自身实例来号召村民遵守新规。如大高庄村80名党员签订了《党员干部带头移风易俗承诺书》,并走进602户群众家门,以有血有肉的亲身事例,感召村民践行新规。最后,全员接好"文明旗"。作为实践主体,东平县村民自觉遵照新规,主动落实。姜庄村实行新规的第一年办丧事15起,无一户违反,如今新规已经沿袭

11 年，依然保持"零违规"的记录。

三 监督随行，奖惩激励，护文明乡风"竣工"

创新机制是移风易俗的关键，东平县将适度奖惩融汇于移风易俗工作之中，实现了文明乡风的"高效聚能"。

（一）双线监督，为新风发展装"防护栏"

村庄通过构造责任联动的监督网，来带动村民集体荣誉感，实现村民交互式监督。一方面，划片管理促自主监督。村庄内部划片管理，以责任连带机制激活村民自我监督。如安村以胡同为单元，胡同内若有一户村民违规，该胡同将集体被取消享受节日慰问品的资格。另一方面，有奖举报推相互监督。各村以有奖举报的方式，撬动村内成员相互监督，形成群防群治的监督机制。在具体措施上，安村规定举报者可凭借照片、音频、视频等证据举报办事主家或理事会成员，一经查实，被举报者将被处以 2000 元罚款，罚金全部奖励给举报者。

（二）多维激励，为新风模范颁"文明奖"

东平县从物质、服务、精神多维度激发村民动力，为新规新风设立助推体系。一是物质回馈促主动。东平县各村以小额现金奖励为守规村民"点赞"，提升村民参与积极性。如姜庄村规定，按规火化并葬入集体公墓的逝者家庭都将免费获得价值 200 元的骨灰盒一个。二是服务鼓励促乐意。村中红白理事会免费为守规村民服务，协助其招待宾客、置办宴席等。后口头村李大爷说道："我们家的老人去世就是理事会来给办的，让我们少操了不少心。"三是精神嘉奖促积极。东平县将守规遵规纳入村庄"十星级文明户""好媳妇好婆婆"等群众精神文明评选活动的考核标准，提升了村民守规遵规的积极性。

（三）多元惩处，为新风推行拉"警戒线"

作为一种负强化手段，适度惩罚可以有效地预防和纠正违规行为，保证全民"不越轨、不触雷、不踩线"。首先，现金处罚划"准线"。东平县在村规中增加了经济处罚内容，主要以现金惩罚形式对违规行为进行惩戒。如姜庄村规定，对于违规的逝者家属，党员罚款 2000 元，普通群众罚款 500 元，对此，姜庄村村委主任表示："自从立了这个规矩，我们还没有收过一次罚款呢！"其次，撤销服务示"界线"。对于违规农户，村庄将取消其享受红白理事会服务的资格。如安村一位农户，因违反规定，花费20多万元为家人办理丧葬，村中红白理事会成员无一人提供服务。最后，通报批评鸣"警钟"。村委会通过全村广播、张贴告示栏等方式通报批评违规村民，并规劝其遵守新规。如姜庄村村民尚昌香因不愿按规简办儿子喜事，村庄对其通报批评，使其从简操办，事后从中受益的尚昌香乐呵呵地说："可给我省下不少钱呢！"

四 革故鼎新，长效培育，打造文明乡风新常态

东平县在以移风易俗促文明升级的过程中，通过精准利益靶心、盘活乡土资源、构建内生规则、涵育文明观念，开创了农村文明新常态，是移风易俗的有益探索，具有重要的借鉴意义。

（一）适应群众利益是推进移风易俗的核心环节

发动农民群众的主体力量是推进移风易俗的内在要求，而找准利益衔接点，谋求农民利益的"最大公约数"则是实现这一要求的根基所在。长期以来，移风易俗缺少"以农民为主视角，把道理说通说透"，致使其陷入"进退两难"的窘境。东平县紧扣村民利益需求，通过入户汇民意、需求共商议、民主决新规，做村民利益的"代言人"，加之，以群众自主监督、交互监督的方式，推进新规"阳光"运作，实现村民利益与新风新规的无缝对接，减小了改革"摩擦力"，确保了移风易俗的顺利推进。

（二）移风易俗的有效落地需借力乡土内在资源

传统模式下，政府号召、村委发力多是自上而下单向度的，缺乏自下而上的协同性，难以真正激活农村移风易俗的"内动力"，造成移风易俗面临现实阻滞。鉴于此，东平县以红白理事会为主体，下设治丧委员会与监督委员会，吸纳威望宗亲、村民小组长、草根精英入职其中，充分发挥内部乡贤的联系、规诫、劝导作用，激活了农村移风易俗的"内生动力"，形成"一个阵地，双向合促"的多元共力格局，促使移风易俗不断深入。

（三）内生规则是保证移风易俗持续运行的关键

移风易俗在实践中落地扎根，离不开村庄规则的内生供给。东平县充分发挥村规民约的"小宪法"作用，引导村民在民主决议的基础上将新规

新风融入其中,以责任连带促村民共同遵守,以物质鼓励、服务供给、精神嘉奖推村民自觉实践,从而让新规则内化于农民心中,破解了以往条件下移风易俗"存于表面、流于形式"的困境,带动了移风易俗保质增效。

(四)推进移风易俗重在培育农民的文明新观念

2017年中央一号文件提出,要培育与社会主义核心价值观相契合、与社会主义新农村建设相适应的文明乡风。东平县抓住农村"组看组,户看户,群众看干部"的现实特点,在移风易俗过程中通过干部带头垂范,文明评比寓教于荣,多维宣导寓教于乐,并借力正、反面典型对比让群众认知"看得见"的实惠,提升了群众对厚养薄葬、婚丧简办、节俭养德等文明新观念的认同感,进而将其化为农民的思想自觉,将"要我改"进化为"我要改",助推了文明乡风长效化。

附　录

一　县农村综合改革的媒体报道情况

作为移民大县、农业大县和扶贫重点县，山东省东平县在农村综合改革方面取得了卓越成绩，并受到了多方媒体的关注。从2014年起至2017年全年，人民日报、农民日报等中央权威媒体和齐鲁晚报、泰山网等省市级地方媒体对东平县脱贫攻坚和农村综合改革的专门性报道超过20篇，全景再现了东平县的改革历程。现将典型新闻报道梳理和摘录如下。

表附1　权威媒体报道情况

文章标题	出处	时间
分类设股推进农村集体资产股份合作	农民日报	2017年4月24日
"将改革进行到底"地方经验报告会暨第三届中国地方改革创新成果新闻发布会召开	人民网	2017年9月26日
专家研讨四地农村改革成果	人民日报	2017年9月26日
第三届中国地方改革创新成果在京举办新闻发布会	半月谈网	2017年10月11日
第三届中国地方改革创新成果新闻发布会在京举行	凤凰网山东	2017年9月28日
产权改革盘活内地农村经济建设	文汇报	2017年10月12日
山东东平入选第三届中国地方改革创新成果	新华社	2017年9月26日
山东东平探索推广"产业园区+移民社区"模式	中国改革报	2017年9月27日
东平农村产权改革经验走向全国	今日东平报	2017年9月28日
中国地方改革成果发布会举行，东平县作典型发言	泰山网	2017年10月6日

续表

文章标题	出处	时间
泰安东平耿山口村搬出黄河滩住进楼房	齐鲁晚报	2017年10月17日
东平湖移民搬迁记：移民搬迁 一户都不能少	齐鲁网	2017年2月28日
东平县4.6万移民60年前别故土 如今回迁住新楼	齐鲁晚报	2017年2月12日
一个穷村如何蜕变：东平"土改"	中国青年报	2015年11月2日
山东东平县实施农村土地产权制度改革 实现了农民致富、集体增收	人民网-人民日报	2015年1月5日
东平幸福院，穷村富村都能建	人民网-人民日报	2015年9月20日
产权改革让东平土地"活"起来	大众网	2016年11月23日
泰安市东平县彭集街道：村集体经济发展探索出"四种模式"	鲁网	2016年7月27日
习近平定调农村土改 山东东平土地入股受关注	南方报业网-南方农村报	2014年9月30日
专家指山东"东平样本"破农村集体经济诸多难题	中国新闻网	2014年9月30日

二　重点报道原文摘录

"将改革进行到底"地方经验报告会暨第三届中国地方改革创新成果新闻发布会召开

人民网　2017年9月26日

人民网北京9月26日电 由教育部人文社会科学重点研究基地·华中师范大学中国农村研究院、华中师范大学中国城市治理研究院联合主办的"'将改革进行到底'地方经验报告会暨第三届中国地方改革创新成果新闻发布会"26日在北京召开。安徽省天长市、湖北省京山县、山东省东平县、广东省新兴县作为地方治理改革创新探索者实践者共同参加会议并发言。

华中师范大学中国农村研究院院长邓大才教授介绍，安徽省天长市的农村综合改革可称之为一条"攻坚之路",其基本特点可以用四个"全"来概括,即天长市通过全面启动、全域覆盖、全程创新、全员增效的改革手段,迈入农业现代"经营之路",实现农村全面发展新跨越。湖北省京山县的农村集体资产股份权能改革可总结为一条"精改之路",以精细的因村施策、精致的分类配股、精准的节点定权和精深的静态管理,让群众参与其中,充分自治。广东省新兴县的一二三产业改革是一条"融合之路",一产优先,引领"接二连三",实现产业共生;企业主位,助推"农企一体",实现主体共生;机制协调,明晰"主体权责",实现制度共生;多元驱动,促生"产县共荣",实现发展共生,最终实现共创、共享、共融、共生。这"四条路"的几个共同特点是以产权改革为动力、以机制建构为手段、以盘活资源为抓手、以共享共赢为目标,这对于中西部贫困地区的发展之路大有借鉴意义。

据悉,中国地方改革创新成果新闻发布会此前已成功举办两届,旨在鼓励各地方政府按照习近平总书记"既当改革的促进派,又当改革的实干家"的要求,朝着"基层更有活力、基础更加扎实、基层队伍更有战斗力"的目标,积极打通基层治理能力治理体系的"最后一公里"。

安徽天长:农村综合改革让田野充满新希望

安徽省天长市稳步开展农村集体资产股份权能改革试点,稳妥落实农村土地"三权分置",统筹推进其他涉农综合改革,有效促进了农业增效、农民增收、农村发展。

具体来看:一是农村股改,一石激起千层浪。天长市"按照边试点、边总结、先入轨、后提升"的思路,通过改革,农民对集体资产由"看得见,摸得着,管不着"到"既监督,又当家,还分红",农村工作呈现出"农民有动力,干部有压力,集体资产有活力,基层组织建设有合力"的新格局。二是"三权分置",地有人种,人有事做。通过确权登记颁证、土地有序流转、适度规模经营等一系列措施,解放了农村劳动力,激活了农业生产力。三是综合改革,田野里充满新希望。天长市通过推进基层农经体系改革,打造得力的农经管理队伍体系,确保农村改革发展"事有人干、责有人负"。

湖北京山：聚焦群众获得感 因村施策精配股权

京山县作为改革试点县（市）之一，其特点主要体现在：第一，按照不同村庄类型的资源禀赋差异分类推进，探索出了可推广可复制的"3342"工作法，即清地确权、清产核资、清人分类的"三清理"明晰底数；确定资产量化范围、民主决定股权设置、静态管理的"三步走"固化股权；规范股权占有、收益分配、有偿退出、股份继承的"四规范"赋予权能；成立集体经济股份合作社和土地股份合作社的"两合作"激活要素。第二，聚焦关键环节，创新股权配置新模式。通过因村配股，量化到人；依据节点配股，尊重历史；采取层级配股，兼顾现实；按照贡献配股，权责对等的原则。第三，激活发展动能，放大试点效应。通过25个试点村股改"精品"的打造，京山县不仅实现了农民财产性收入稳定增加，农村集体经济持续壮大、乡村治理水平明显提升，而且现代农业也得到迅猛发展。农村集体产权制度改革是明晰产权、唤醒农村沉睡资源的改革重头戏。

山东东平：以农村产权改革攻坚长效脱贫

作为移民大县、农业大县和扶贫重点县，移民如何长效脱贫、农民如何脱贫致富、农村如何持续发展，是亟待攻克的难题。为此，东平县坚持问题导向，全力推进农村产权制度改革，破解农村经济发展难题，构建脱贫致富稳固长效机制。其做法主要有：一是产权改革，创新股份投入机制，破解"动力不足"难题，夯实发展基础，包括土地资源份额化，激发内在资源动力、集体产权股份化，盘活内部资产动力、国家投入股权化，提升外部扶持动力。二是产权拓展，深化股份合作机制，从市场联动、聚合多元要素、创新资源配置方法，到政府推动、搭建交易平台、创新流转流通方法，以及社会参与、引入慈善超市、创新协同推进方法，外带乡土支持、建立互助协会，创新内生内动方法。三是产权衔接，优化精准精细机制，破解"途径不畅"难题，提升改革发展效力。四是全链升级，建立共建共享机制，破解"效益不显"难题，释放改革红利。

广东新兴：促进融合共生 打造中国样本

面对一二三产业难协调，农民难增收、县域难发展的困境，广东省新兴县通过以温氏为代表的龙头企业带动传统农业现代化转型，基于农业产业内在需要带动二三产业发展，走出了一条一二三产业"融合共生"的中国道路。具体而言，一是一产优先，基于农业升级的内生需要，延伸发展二、三产业，实现产业融合共生；二是企业主导，借力风险先担和利益共享，构建农企利益共同体，实现主体融合共生。三是机制协调，创新政府引导与监督职能，明晰企业社会责任，实现制度融合共生。基于产业内生需求，以一产带动二三产发展的形式，新兴县走出了一条不同于传统产业融合模式但符合我国"三农"实际的新道路。

产权改革盘活内地农村经济建设

文汇报　2017年10月12日　记者：马琳

"十三五"规划明确提出要全面推进社会主义新农村建设，促进农村基层治理改革创新。在日前举行的"将改革进行到底"地方经验报告会暨第三届中国地方改革创新成果新闻发布会上，安徽省天长市、湖北省京山县、山东省东平县、广东省新兴县介绍了各自的改革实践经验。华中师范大学中国农村研究院院长邓大才表示，上述四地实践走的"四条路"都是以产权改革为动力、以机制建构为手段、以盘活资源为抓手、以共享共赢为目标，这对于中西部贫困地区的发展之路大有借鉴意义。

记者从华中师范大学中国农村研究院、华中师范大学中国城市治理研究院联合主办的"将改革进行到底"地方经验报告会暨第三届中国地方改革创新成果新闻发布会了解到，安徽省天长市近年来稳步开展农村集体资产股份权能改革试点，稳妥落实农村土地"三权分置"，统筹推进其他涉农综合改革，有效促进了农业增效、农民增收、农村发展。

华中师范大学中国农村研究院院长邓大才认为，天长市的农村综合改革可称之为一条"攻坚之路"，其基本特点可以用四个"全"来概括，即天长市通过全面启动、全域覆盖、全程创新、全员增效的改革手段，迈入农业现代"经营之路"，实现农村全面发展新跨越。

湖北省京山县的改革之路走的是农村集体资产股份权能改革，邓大才指出，京山县的农村集体资产股份权能改革可总结为一条"精改之路"，以精细的因村施策、精致的分类配股、精准的节点定权和精深的静态管理，让群众参与其中，充分自治。农民不仅有获得感，更提升了对政府的认同感和农村治理水平。

山东省东平县在农民如何脱贫致富、农村如何持续发展等难题方面进行了探索。邓大才分析，东平县以产权改革推进脱贫的"克难之路"，其特点在于，在贫穷的地区通过产权改革发展了集体经济，引进了先进制度，不仅跑出了东平的改革速度，而且进一步提升了东平改革的高度。

此外，广东省新兴县通过以温氏为代表的龙头企业带动传统农业现代化转型，走出了一条一产优先，引领二三产业的"融合共生"发展道路。

山东东平入选第三届中国地方改革创新成果

新华社　2017年9月26日　记者：解颉理　苏本善

9月26日，华中师范大学中国农村研究院、华中师范大学中国城市治理研究院正式发布第三届中国地方改革创新成果，通过产权改革发展集体经济的山东东平经验入选。

据东平县委副书记宫庆会介绍，近年来，东平县坚持问题导向，全力推进农村产权制度改革，破解农村经济发展难题，构建脱贫致富稳固长效机制。一是产权改革，创新股份投入机制，破解"动力不足"难题，夯实发展基础，包括土地资源份额化，激发内在资源动力、集体产权股份化、盘活内部资产动力、国家投入股权化，提升外部扶持动力。二是产权拓展，深化股份合作机制，破解"方法不灵"难题，激活发展潜力，从市场联动、聚合多元要素、创新资源配置方法，到政府推动、搭建交易平台、创新流转流通方法，以及社会参与、引入慈善超市、创新协同推进方法、外带乡土支持、建立互助协会，创新内生内动方法。三是产权衔接，优化精准精细机制，破解"途径不畅"难题，提升改革发展效力，例如精准施策，构建需求导向机制，畅通政策落地途径；精确分类，创新两区共建机制，畅通产业脱贫途径。四是全链升级，建立共建共享机制，破解"效益不显"难题，释放改革红利。

"东平改革最大的特点就是紧紧抓住产权这个牛鼻子带动了全局工作的发展。"长江学者、华中师范大学中国农村研究院教授徐勇说,东平县通过改革把沉睡的土地资本唤醒,然后让土地发挥最大的效益,给农村改革闯出了一条新路子。

山东东平探索推广"产业园区+移民社区"模式

中国改革报 2017年9月27日

山东省东平县作为移民大县、农业大县和扶贫重点县,近年来利用群众旧房拆迁后留出的空地发展产业,探索推广"产业园区+移民社区"模式,让群众"搬得进、稳得下、能致富",取得了良好成效。这是记者从9月26日由华中师范大学中国农村研究院、华中师范大学中国城市治理研究院联合主办的"'将改革进行到底'地方经验报告会暨第三届中国地方改革创新成果新闻发布会"上获得的消息。

社区建设与产权改革同步推进

东平县共有省市级贫困村112个,是全国第二、山东省第一的移民大县。自2014年以来,该县实施了"移民避险解困、黄河滩区迁建、易地扶贫搬迁"三大工程,利用4年时间,规划建设24个社区安置点、30个特色产业园区,彻底解决库区移民5.1万人、滩区居民4436人和危居贫困人口15762人的安居和生产生活问题。在改革中,东平县探索出了一条"搬迁扶贫"之路,让群众搬离了"水上漂""滑坡体",住上了宽敞、舒适的楼房。

借此机遇,东平县将社区建设与产权改革同步推进,突出移民社区和产业园区"两区共建"。一方面,撤村并居,整体搬迁,成立社区配套组织,管理社会事务。另一方面,对原村集体资产进行清产核资,股权量化,组建社区股份经济合作社,农民入社变股民,实现人进社区、业进园区、居有改善、业有保障。目前,东平县在11个移民社区周边规划了30个产业园区,已有21个项目落地建设,有效带动1.2万余名库区贫困移民就业创收。

对不涉及移民搬迁的乡镇，实行每个乡镇建设一个特色园区，发展特色种养、乡村旅游、电子商务、光伏发电等特色产业项目。目前，该县已建设扶贫就业点46个，带动5500名贫困群众增收；规划建设乡村旅游示范点36个，发展星级农家乐、渔家乐160家，带动2283户、5385名贫困群众增收。

股权设置"因村制宜、分类设股"

东平县坚持问题导向，全力推进农村产权制度改革，破解农村经济发展难题，构建脱贫致富稳固长效机制。"政经分离"是东平县"产权"工作的一大亮点。通过清产核资、界定成员、量化股权等环节，东平县对集体资产资源存量较大的村进行了股份改革。在股权设置上"因村制宜、分类设股"。截至2017年8月，东平县716个村（居）全部开展了清产核资，468个村实施集体产权改革，共量化集体资产5.6亿元、集体资源12万亩。据东平县县委副书记宫庆会介绍，该县农村产权改革主要有以下几种做法。

产权改革。创新股份投入机制，破解"动力不足"难题，夯实发展基础，包括土地资源份额化，激发内在资源动力、集体产权股份化，盘活内部资产动力、国家投入股权化，提升外部扶持动力。

产权拓展。深化股份合作机制，破解"方法不灵"难题，激活发展潜力，从市场联动、聚合多元要素、创新资源配置方法，到政府推动、搭建交易平台、创新流转流通方法，以及社会参与、引入慈善超市，创新协同推进方法，外带乡土支持、建立互助协会，创新内生内动方法。

产权衔接。优化精准精细机制，破解"途径不畅"难题，提升改革发展效力，例如精准施策，构建需求导向机制，畅通政策落地途径；精确分类，创新两区共建机制，畅通产业脱贫途径。

全链升级。建立共建共享机制，破解"效益不显"难题，释放改革红利。

农民土地承包权财产性收益翻倍

据介绍，产权改革后，农户的承包权也得到增值，原来农户之间的土地流转一般每亩300~500元，入股后每亩保底在700~1000元，土地承包权的财产性收益翻倍。同时，通过集体资产入股，进一步盘活了集体资源和资产。目前,村集体收入10万元以上的村已超过40%。村庄以"集体福利"的形式为村民提供服务,在效益分配上,保证老年人、困难群众的村级福利和村民的社会保障等公共服务支出,最大限度保障村民利益。

华中师范大学中国农村研究院院长邓大才教授指出,山东省东平县以产权改革推进脱贫的"克难之路",是探索贫困地区以改革促进农村发展的标本,特点在于在贫困地区通过产权改革发展了集体经济,引进了先进制度,不仅跑出了改革速度,而且进一步提升了改革的高度。

东平农村产权改革经验走向全国

今日东平报　2017年9月28日　记者：杨庆国

9月26日,"将改革进行到底"地方经验报告会暨第三届中国地方改革创新成果新闻发布会在北京举行。我县作为参会的四个典型县市区之一,在会上介绍了农村产权改革经验成果。

县委副书记宫庆会出席发布会,并作了题为《以农村产权改革攻坚长效脱贫》的交流发言,发言从"搞好顶层设计,探索产权改革实现形式""发挥市场作用,拓展产权改革空间路径""对接民生福祉,最大限度放大改革红利"三个方面入手,详细阐述了我县农村产权改革经验成果,获得参会专家的一致好评。

"我觉得东平改革最大特色就是从产权着手,把产权融进改革的每一个过程。比如,集体经济发展融进了产权,股份合作制也以产权为核心,还有农村的多种新型金融集体的发展、组织、壮大都离不开产权,所以我认为东平最大的特点就是紧紧抓住产权这个'牛鼻子'带动了全局工作的发展。"华中师范大学中国农村研究院院长邓大才说,"东平改革还有两大优势,一是紧紧依靠党组织,党的基层组织在这过程中间发挥着重要的领导作用;二是紧紧依靠着村民,相信群众、依靠群众、组织群众,充分落实村民自治,这是东平最大的优势"。

发布会现场,中央电视台、新华社、山东电视台、大众日报、南方日报等多家主流媒体先后就改革背景、改革模式、改革体会等问题分别进行了提问，并对我县改革成果表示出浓厚兴趣，拟定近期到东平对我县农村产权改革进行深度采访，报道适合全国其他地区可复制、可推广的"东平经验"。

"东平的农村产权改革明确了农村集体产权归属，盘活了农村集体资产，发展了集体经济，对广大农村具有积极的借鉴意义和推广价值。"农业部农村合作经济经营管理总站巡视员黄延信接受采访时说道。

据悉，本次发布会由教育部人文社会科学重点研究基地·华中师范大学中国农村研究院、华中师范大学中国城市治理研究院联合主办，活动旨在总结地方改革先进经验、探索农村改革新路径，以促发改革先导性作用。

中国地方改革成果发布会举行，东平县作典型发言

泰山网　2017年10月6日　记者：成杰

9月26号，"将改革进行到底"地方经验报告会暨第三届中国地方改革创新成果新闻发布会在北京举行，东平县作典型发言。

本次新闻发布会由华中师范大学中国农村研究院、华中师范大学中国城市治理研究院主办，安徽省天长市、湖北省京山县、山东省东平县、广东省新兴县分别作典型发言，东平县主要分享了农村集体产权改革攻坚长效脱贫的经验做法。

近年来，东平县全力推进农村产权制度改革，立足农业大县的实际，以集体资产、资源以及财政扶持资金为要素，推进股份经济合作改革，创新经营方式方法，把搭建产权交易平台、搞活资本流通作为实现资产增值的关键，真正激发农村经济发展活力，带动农民增收致富。

后　记

当前我国正处在全面建成小康社会的决胜攻坚阶段，乡村社会也正处于从"管理民主"走向"治理有效"的转型时期。党的十九大明确提出"实施乡村振兴战略"，并将其作为新时代做好"三农"工作的总抓手。作为移民大县、农业大县和扶贫重点县，山东省东平县根据自身实际，积极实践、勇于创新，探索出了"东平攻坚"的乡村发展和振兴道路。

本书的内容和案例主要来自东平县的农村综合改革实践和探索，尤其是2015年东平县被列为第二批全国农村改革试验区之后，该县以产权改革为主线，推进农村综合改革，形成了丰富的改革案例和素材。而本书的写作也得到了东平县委县政府的大力支持，作为农村综合改革的具体实施单位，东平县农业局为我们的调研和写作提供了积极支持。2017年，华中师范大学中国农村研究院曾派出十余位教师、博士生和硕士生先后多次前往东平县各乡镇进行实地调查，并与东平县委县政府、县直部门、各乡镇主要领导以及相关部门、乡村干部、农民群众进行了多次座谈。可以说，拙著主要记录的就是调研过程中党员、干部、农民等群体的故事和感受。同时，也正是东平县各级领导干部与普通农民的积极实践和参与，才有了"东平攻坚"的诞生。

拙著的撰写是在徐勇教授、邓大才教授的具体组织和指导下完成的。

徐勇教授与邓大才教授不仅为课题组指出了东平县"东平攻坚"的价值、特点与意义，更是对拙著的提纲、内容进行了细心指导与审定。拙著的具体执笔者是华中师范大学中国农村研究院一批年轻的"80后""90后"博士研究生与硕士研究生。其中，张利明老师负责了拙著的统稿与具体组织，方帅负责了导论与结论部分的写作，徐娅楠、余蔚凌合作完成了第一章的撰写，刘长勇与张毅合作完成了第二章的撰写，第三章由冯超、李环两位共同完成，第四章主要由赵哲、于国萍两位承担，第五章由龚丽兰、王莽莽、苏梦曦三位共同完成，第六章主要由钟楚原、拜杰欣、李东阳三位撰写而成。经验总结部分由张利明、方帅、龚丽兰、刘长勇、徐娅楠、冯超、李环、张毅、于国萍、赵哲、钟楚原、李东阳、拜杰欣、王莽莽、余蔚凌、苏梦曦等共同撰写完成。由于撰写者理论与实践的局限，部分内容可能有失偏颇，我们也期望能够得到理论者与实践者的批评与谅解！

"东平攻坚"仅仅是东平县农村综合改革中的一个部分，但这一部分却引发着我们对贫困落后地区长久脱贫与持续发展的深思。我们相信，在中央改革创新精神的指引下，东平县的实践必将进一步走向成熟，东平的经验也必将结出制度的果实，为乡村振兴贡献更多的经验借鉴！

图书在版编目(CIP)数据

东平攻坚：以产权改革攻克决胜阶段难题／张利明等著．－－北京：社会科学文献出版社，2019.3
（智库书系．地方经验研究）
ISBN 978-7-5201-4399-8

Ⅰ.①东… Ⅱ.①张… Ⅲ.①农村-产权制度改革-研究-东平县 Ⅳ.①F327.524

中国版本图书馆 CIP 数据核字（2019）第 036645 号

智库书系·地方经验研究

东平攻坚：以产权改革攻克决胜阶段难题

著　　者／张利明　方　帅　等

出 版 人／谢寿光
项目统筹／王　绯　赵慧英
责任编辑／崔晓璇　赵慧英

出　　版／社会科学文献出版社·社会政法分社（010）59367156
　　　　　地址：北京市北三环中路甲29号院华龙大厦　邮编：100029
　　　　　网址：www.ssap.com.cn
发　　行／市场营销中心（010）59367081　59367083
印　　装／三河市龙林印务有限公司

规　　格／开　本：787mm×1092mm　1/16
　　　　　印　张：18.5　字　数：288千字

版　　次／2019年3月第1版　2019年3月第1次印刷

书　　号／ISBN 978-7-5201-4399-8
定　　价／89.00元

本书如有印装质量问题，请与读者服务中心（010-59367028）联系

▲ 版权所有 翻印必究